"十二五"普通高等教育本科国家级规划教材
全媒体时代广播电视专业系列教材

播音主持概论

Boyin Zhuchi Gailun

姚喜双　著

高等教育出版社·北京

内容简介

本教材理论联系实践，播音主持并重，既涵括了播音基础理论与基本技能方面的内容，又涵括了当前热门的有关主持人的内容，并穿插了大量生动鲜活的实务案例。本书在理论上从播音主持的发展历程、创作规律、特点、方法、原则等方面系统论述了播音主持的创作活动；在实践上紧密结合生动案例，全面论述播音员主持人的素养、经验以及各类广播电视节目的播音主持创作活动，并且针对互联网高速发展的现状，增加了网络播音主持的相关内容。

本书既可作为高等院校广播电视专业、播音主持专业以及相关专业的基础课程教材，也可作为广播电视行业相关人员的参考书。

图书在版编目(CIP)数据

播音主持概论/姚喜双著. —北京：高等教育出版社，2012.3（2024.12重印）

ISBN 978－7－04－033297－1

Ⅰ.①播… Ⅱ.①姚… Ⅲ.①播音－语言艺术－高等学校－教材②主持人－语言艺术－高等学校－教材 Ⅳ.①G222.2

中国版本图书馆CIP数据核字（2012）第000252号

策划编辑 武 黎 赵悸简　责任编辑 赵悸简　封面设计 于 涛　版式设计 杜微言

责任校对 杨雪莲　责任印制 赵义民

出版发行	高等教育出版社	咨询电话	400－810－0598
社　址	北京市西城区德外大街4号	网　址	http://www.hep.edu.cn
邮政编码	100120		http://www.hep.com.cn
印　刷	北京市白帆印务有限公司	网上订购	http://www.landraco.com
开　本	787mm × 960mm　1/16		http://www.landraco.com.cn
印　张	22.5	版　次	2012年3月第1版
字　数	320千字	印　次	2024年12月第21次印刷
购书热线	010－58581118	定　价	44.70元

本书如有缺页、倒页、脱页等质量问题，请到所购图书销售部门联系调换

物 料 号 33297-A0

导　言

近年来，随着广播电视事业的蓬勃发展，播音主持队伍也不断壮大起来。不仅传统媒体深入发展，而且新媒体也不断兴起，两者之间虽有竞争，但更多的是融合、共进和共同发展。据不完全统计，到目前为止，各类媒体播音主持从业人员已有十万多人。另外，播音主持的分工越来越细，范围越来越广，过去只有广播播音员，后来有了广播主持人，再后来有了电视播音员和主持人，现在又有了网络主持人。同时，节目形态增加了，节目内容丰富了，栏目形式多样了，频道也增多了，传播方式也有了很大改进（如上星的传播、有线的传播、网上的传播互动等）。所有这些发展和变化都给我们提出了新的课题、新的研究平台和领域。

播音主持是一门学科，更是一门学问。广播电视事业的快速发展急需我们对播音主持实践的内容、形态、发展、经验和问题进行研究、归纳和总结，急需有来自实践的理论对当前播音主持实践进行指导。一直以来，有关播音主持具体技巧和经验的研究比较多，而系统深入的理论研究比较少，对其发展脉络的梳理比较少。究其原因，一方面是由于播音主持的发展历史比较短，从人民广播电台建立算起才有 70 多年历史，从我国广播诞生开始算起也不到 100 年历史，跟其他学科比起来，播音主持历史是较短的；另一方面是因为播音主持工作实践性强、形象性强、音声性强，形象稍纵而过，声音一纵即逝，难以形容，难以描述，对其认识总结起来有一定难度，还需要一个过程。尤其是把声音和形象转化为文字，作为理论进行总结更是有难度的，有时候声音只可意会不可言传；有时候让老播音员带着播一遍很容易，但是在理论描写和阐述上却有一定难度。另外，还有一个原因就是我们的播音主持队伍实践工作多，对理论研究少。新闻强调时效性，业界忙于实践，而学校老师忙于教学，所以能进行理论研究的人不多，这是一个现实。

我曾多年既从事播音教学工作，又承担着播音理论研究工作，深知播音主持作为一门学问，必须有史有论，即不仅需要一部研究播音主持理论的著作，需要一部研究播音主持发展史的著作，还需要有术语有词典。20多年前，我着手研究播音理论，也曾出版过这方面的书，如《播音学概论》。但是同播音主持实践相比，同一线的需求相比，过去的理论研究还有很大的差距，例如我对广播播音研究得多，对电视播音研究得少，那个年代没有网络，所以没有对网络主持进行研究；对播音员研究得多，对主持人研究得少，因为那时候主持人才刚刚兴起；对中央台研究得多，对地方台研究得少，因为中央台毕竟是龙头，资源多，资料多，我们广播电视领域好多历史源头是从中央台的成立算起的；对中国大陆研究多，对海外研究少。这些都是我感到遗憾的地方。因此，一直以来我有个心愿，如果有一块完整的时间，能够静下心来弥补前面的遗憾，不光研究广播播音理论，也能够研究电视播音理论，还涉猎网络的播音理论；不光研究播音的理论，还把主持人的实践总结起来，同时借鉴海外的理论，对我来说，将是一件非常美好的事情。

现在从客观上来讲，已经具备了条件，我们可以看到改革开放30多年来，我们的电视播音已经比较成熟，主持人遍及各电台电视台，网络主持人也已经兴起。从主观方面来看，我虽然事务缠身，工作繁忙，心有余而力不足，但是高教社的同仁们催促着我，同行和同学们期盼着我，我也希望尽快拿出一本《播音主持概论》来满足大家的需求，努力挤出时间来写一点东西。但是由于精力所限和时间所迫，写出的东西还是有遗憾。虽然挂上了“主持”一词，但对于主持的研究还需要有很大拓展；虽然网络播音主持在书里涉及一点，但是对网络播音主持的研究还没有迈开步，还有很远的路要走，这些只能靠大家共同努力来弥补。我希望看到我的同仁、我的学生也能写出这方面的书，希望比我写得好，写得更全面。

“播音主持概论”的研究对象，不同于具体的播音主持业务活动，但它又源于播音主持业务活动。我将其研究对象概括为：研究播音主持活动发生发展一般规律的科学。这里面有两个关键词，一个是“活动”，一个是“一般”。第一个关键词是“活动”，我们是以播音主持活动为研究对象，而不是以人为研究对象。无论是什么人，什么事情，只要与播音主持活动有关系我们就研究它。例如：夏青为了练习上牙的力量，吃东西时用上牙去咬；葛兰在早晨播“新闻和报纸摘要”节目之前，都会吃很硬很干的烧饼练习嚼肌，这些都与播音主持活动中锻炼口腔控制能力和咬字有很大关系，都在我们的研究范围之内。第二个关键词是“一般”。我们研究的活动和播音业务研究的活动是不一样的，这是概论课，不是研究具体的技巧，而是研究基本规律，它区别于播音主持业务课，区别于播音主持发声课，我们对它既要进行共时的研究，也要进行历时的研究；不光要研究它的现在，也要研究它的过去和将来。我们要研究它的规律，找到规律性的东西，以此指导服务实践，预测发展趋势。

研究的内容要紧紧围绕着研究对象，内容是对象的具体化，那么内容怎么来确定呢？我们研究活动的内容，首先要认识播音主持活动是什么样的活动，要进行定性研究，即播音主持活动的性质是什么，有什么特征，这样才可以回答研究对象的问题，才能找到它的规律。找到性质和特征后，就要研究播音主持在广播电视传媒中处于什么样的位置，有什么作用，要本质地、宏观地分析性质、特征、地位和作用。既然把播音主持看成一个活动，这个活动就是一个事物，而事物就是一个矛盾体，决定播音主持矛盾运动的因素有外部因素和内部因素，而事物发展的关键是内在因素，是内在的动因。从哲学的角度来说，内在因素是无数的，在众多的因素中，肯定有最基本的因素。对播音主持来说，最基本的因素就是矛盾运动的两个方面，一个是传播者，一个是接受者，他们共同构成了播音主持活动，缺一不可。

播音员、主持人对受众的传播是有条件的传播而不是无条件的传播，这个传播得有一个依据。过去是依据稿子，现在除了稿子外，还要依据音乐、音响、画面、节目、栏目、频道等。因此，除了“传”和“受”，本书也把传播依据作为播音主持创作的要素之一。在这三个要素中，最主要的就是创作的主体——播音员、主持人。创作主体通过有声语言和副语言进行传播，通过声音和形象进行传播，这是传播手段，也是播音员、主持人的看家本领。虽然声音和形象中的一些因素是先天的，但是后天的成分更重要；声音和形象虽然有标准，但是美的表现形态是多种多样的。声音和形象的社会属性决定了其自然属性，声音可以练好，形象可以打造出来。

怎么样使播音主持活动开展起来？这里有一个创作方法和原则的问题。创作方法，是从一般规律的角度来讲的，像文学概论里研究浪漫主义、现实主义的创作方法一样，播音主持概论不是研究具体播音的技法，而是研究更高层次的总体的创作方法：还原—转化—表达。这个方法也是从规律来的。在创作活动中，在认识规律的基础上，我们定出了播音主持创作原则。只有有了创作工具，研究了创作规律，掌握了创作方法，遵循了创作原则，才能开始进行创作。在创作的过程中，我们不能眉毛胡子一把抓，要研究播音主持的分类，分类的意义和原则，为什么要分类，怎么去分类。这个分类是多角度分层次的，不是一刀切。就像新闻评论是按文体来分的，宣读和交谈是按表达样式来分的，播音和主持是按活动方式来分的，而且要边分类边综合，只有这样才能分好。

本书对播音主持业务，即对各个类别和文体的播音主持创作活动也做了一个关于创作特征的简单概述，但是所用笔墨不多。应该说按照多角度的分类，播音主持的创作活动是千差万别、千变万化的，但是我们只研究一些最常用最基本的形态。本书将“播音主持文体概述”内容分了上中下三个章节，“上”主要是从广播播音的角度阐述，“中”是从广播电视主持的角度阐述，“下”是从电视播音的角度阐述，当然这里面也有穿插和融合，并且对于网络主持也有提及。

从逻辑的角度来说，我们进行了分类，也作出了定义，就必然要对创作主体的个性和风格进行研究，这也是摆在我们面前的课题。过去我也写过播音主持风格方面的著作，我研究播音风格到现在经过了快 30 年。30 年来，有关风格的研究条件越来越好。我最初考虑这个问题的时候比较艰难，因为那个年代不让谈个人风格，而现在有了良好的宽松的环境，鼓励大家研究风格，这是很好的客观条件。我们要考虑播音主持的含义和特征是什么，播音主持风格构成要素是什么，播音主持风格形成的原因是什么。此外，作为创作主体要想胜任播音主持这个工作，就要增强自身素质和修养，所以本书有一章专门谈了一下创作主体的素质和修养。

如果从活动的层面提升到事业的层面，活动发生发展的科学，就是事业发生发展的科学，所以对于播音主持创作来说，就要研究人民广播的播音是怎么形成的。对此，我分为三个时期（新中国成立前、新中国成立后、改革开放新时期）展开论述。其实，我们应该有一本专门的著作《中国播音主持发展史》，希望同行们，也希望我的学生们能够在这方面深入研究，取得成果。

对于播音主持发展史的研究，我思考的主要是分期的问题。人民广播 70 多年来，对其发展历史怎么样划分时期，有人以语言划分，有人以科技进步来划分，有人以政治的体制机制来划分，这些说法都有道理，但是还需要让分期符合中国特色广播电视事业的实际，所以我的方法是，以政治为主线，参照科技的发展和语言的发展划分时期。

进行历时的研究之后就有一个继承借鉴和创新发展的问题，我总结了一下传统经验，对未来发展进行了展望，从社会政治经济体制的改革，包括媒体的发展、科技手段的进步、文化建设、语言表达、审美的追求等方面，对未来的播音主持状况和发展作出了推测。

播音主持的性质究竟是什么？怎么给它定性？这个问题是我们始终要思考的。齐越老师说，播音员首先是党的宣传员，首先是新闻工作者，然后才是语言艺术工作者。人们对播音主持的性质一直有不同的认识，有人认为，播音主持就是党的喉舌，这当然非常正确，体现了党性原则。播音员、主持人，每天从事的是党的新闻工作，新闻性、党性在我们头脑中占据着重要地位。还有人认为，播音员与主持人是艺术家，强调其艺术的性质，但是一味地、单纯地只定位为艺术，可能还不妥。播音主持强调真实，不需要艺术的渲染，但又强调艺术的表达，这就很矛盾。事实上，播音主持是语言学下的一个分支，我们国家都是在语言学及应用语言学下设立其博士点、硕士点。此外，中央电视台一直强调新闻立台，包括历届中央电视台主持人大赛，也很重视播音主持的新闻性。20多年前，我在给学生上播音导论课时讲到，播音的性质是脚踩三条船，一条船是新闻，一条船是语言，一条船是艺术。我说播音是多质的，播音的“质”是“混纺的”、“合金的”。这三条船是不是都一样大呢？并不是，新闻这条船是航空母舰，其他两条船都是小舰艇、小舢板。齐越老师说：“播音员、主持人首先是党的新闻工作者”，新闻性是播音主持的主要特性。虽然是“混纺的”、“合金的”，新闻性应占70%，而不是新闻、语言、艺术各占1/3，所以它的性质应是以新闻为主。后来，随着科学技术的发展，我们也认识到技术手段的重要，首先我们要对话筒有所了解，要对整个传播系统进行学习。我在负责播音主持学院工作的时候，就给学生加上了传播系统技术方面的课程，使同学们了解广播电视是怎么传播的。播音主持离不开技术，它不像话剧，只要舞台上的声音和形象达标就行，播音主持要看你的声音入不入话筒，形象上不上镜，这也是我们考察的关键内容。这些技术手段，也决定了我们播音主持艺术的发展，所以之后我把播音主持的性质概括为脚踩四条船：新闻、语言、艺术、技术。这是我个人的认识，它到底科学不科学，还需要大家讨论，需要实践检验。

对于播音主持的创造性，有两个方面启发了我，一方面是恩格斯说的，“创造性在限制性当中体现”。我想播音主持正是这样一个受限制的活动。播音主持创作活动主要由两个方面决定，一个是播音员、主持人，一个是受众。受众是传播对象，他们不在播音员、主持人面前，但播音员、主持人说话时表现出好像受众就在面前一样，这就体现出了其创造能力。一旦有了限制就有了创造。尽管在节目现场，我们也可以看到主持人与现场观众进行交流，但主持人真正的受众却在电视机前和收音机旁，这个限制是永远存在的。另一方面，我受到了符号学的启发。符号学认为建立起一套新的符号系统就是创造。播音员和主持人把书面语转化成了口语，从播音学的角度来讲，这不是原有系统的修修补补，而是已经超出了文字语言的符号系统；而且在播音主持表达系统中不仅有停连，还有重音、语气和节奏，有情感的表达，所以它构建了一个新的符号系统。这里播音员、主持人通过主观努力使语言符号系统发生了转变，再加上其他的创作依据，包括音乐、音响、画面等与语言结合后的组合重构，这些都凝结着创作者的心血，所以说播音主持的性质，不仅有多质性，还有创造性。

本书在播音主持属性方面还讲到播音主持的特征。特征就是它的特点，但不仅仅是单一的特点。比如说，有人说播音主持的特点就是说普通话标准点儿，这样概括就太单一了。研究特点的思路和方法应该是综合的、系统的、深入的、全方位的，播音主持所包含的特征既有它自己独有的，也有它作为这个门类所共有的。从研究对象来看，既然播音主持概论是研究这个活动发生发展规律的科学，就应该动态地系统地考察，从准备播音主持稿件的时候有什么特点，展开想象活动的时候有什么特点，形成声音后有什么特点，一直到传播和接收有什么特点等，我们都要考察。

从播音主持的创造性来看，播音主持创作与别的创作相比，它不仅有一度创造，还有二度创造，它有双重性。北京人民艺术剧院焦菊隐导演对戏剧研究很深入。他说："演员既是助产士，又是产妇本身。"助产士是再创造，产妇是直接创造。演员拿到剧本的时候，是再创造，是助产士；同时，因为演员不是简单地将剧本展现给观众，而是要把剧本上的文字变成他的声音、表情，这是直接创造。对于播音主持创作来说，从与编辑记者的合作这个角度来讲，播音员、主持人是助产士，是二度创造，因为他拿到的稿件、依据的画面和音乐等已经是观念形态化以后的东西；从播音员、主持人形之于声，对符号系统的改变，从他的创造性在限制性中得到体现来说，他又是一度创造。

创作的材料有什么特点？我们创作的素材、创作的依据都是观念形态化以后的东西，这和作家的创作材料有些不同。比如山药蛋派作家，他们的素材都直接来自山西农村，是第一手材料，他们创作的材料都是从火热的生活中得来的。但是我们播音主持的材料往往是二度的，是编辑记者采访回来后写成的文字，而不是现实生活本身。播音主持面对的材料必须还原到现实生活本身才能有感情，所以播音主持创作首先是还原，要想象现实生活本身。二度性即是我们戴着镣铐跳舞，但也给了我们创造空间。

我们用什么创造？播音员、主持人的工具是什么？是嗓子和样子，是声音和形象，这是我们的创作手段，也是播音主持创作显著的特点之一。老师教课用的工具是粉笔，粉笔这一材料本身是自然属性。播音员、主持人的工具就复杂了，它既有自然属性的一面，又具有社会属性的一面，它是一个社会化的过程，也就是说我们的声音和形象既是先天的，又是后天的。在播音主持创作过程中，只要我们的文字稿件一化为声音，通过形象展示出来，就必然有表态性，所以表态性是播音主持创作工具的重要特征之一。

创作对象不在场，交流对象是虚拟的，这也是播音主持创作的一个特征。创作对象不在场，但播音主持时又要表现出交流感，这就要求播音员、主持人要有对象感、镜头感，在想象中和受众有真切的交流和互动。另外，人们常说播音员、主持人发音标准，这说明播音员、主持人说的是标准的普通话。周恩来说，什么是普通话，“你们听中央人民广播电台播音员说的话就是普通话”。因此语言规范这个特点也成了受众对播音员、主持人的要求，即规范性。声音要规范，形象要自然、真切、端庄、朴实。播音主持创作中感情表达要具有真实性，这也是播音主持创作的一个特点。我们的表达不是艺术的夸张，演员表演可以夸张，他的真实是艺术的真实、角色的真实。播音员、主持人定位是情感的朴实、新闻的真实，也就是说，播音主持是客观报道，但不是客观主义，客观报道具有表态性，这个态度是真实的，而不是虚构的。

播音主持创作和话剧、电影相比具有明显的时间限制。从拿到稿件到迅速播出，要求有时效性，有时是现场直播，就有了即时性。创作时间的紧迫性要求我们广义备稿，要全面掌握背景，才能应对急稿。要求我们要把握好时间，具有很强的时间观念，每分钟能播多少字，要心中有数。我多次担任中央人民广播电台和中央电视台主持人大赛评委，在评分中，时间的把握是硬标准。

创作活动的日常性，是播音主持创作的又一个特点。齐越老师说过：我们的播音创作“每天都得从零做起”。新闻是易碎品，新闻不是塑造人物性格和形象，播音员、主持人由于传播信息而被受众认识，你不播音了，人们自然就会忘记你；你今天播得好，受众就认同你，你播得不好，就不被认同；你今天播得好，不代表明天受众就会认同你，你今天播得不好，明天还可以改进。这种日常性就要求播音员、主持人每天都要从零做起，每天都要保持最佳状态。播音主持还具有强烈的时代性。新闻是时代的产儿，播音主持是时代的艺术，我们现在的播音主持创作，和改革开放时期的播音创作，和“文革”时期的播音创作，和新中国成立之前的播音创作，和延安（陕北）时期的播音创作，是不一样的，每个时期都有明显的时代特征。播音主持具有时代的特点，受时代的影响。

播音主持到底有什么地位、什么作用呢？播音主持在整个广播电视传播系统当中，处于传播前沿，所有的传播内容都从这里播送出去，播音员、主持人是电台电视台的门面。播音主持是广播电视传播中关键的一环，架起了受众和媒体之间、媒体和政府之间的桥梁。这种地位要求播音员、主持人应该有强烈的责任感和使命感。而在播音主持的各种作用中，最重要的是构建语言传播系统，驾驭稿件和节目进程，使传播潜能变为传播现实，达到传播形成的作用。对于其他作用，本书也进行了详细阐述。

播音主持活动的构成要素包括创作主体、创作素材和受众。播音员和节目主持人是创作主体，创作主体有一个定位、分类的问题。很多从事播音主持工作的朋友或者刚刚从事这个行业的青年朋友问我，怎么来给自己定位，我在本书中对此做出了相关分析和解答。

创作素材有什么特征呢？我认为主要是可感性、可变性、二度性和局限性。可感性，是指画面、音乐、音响等创作素材可以被直接感觉到，文字稿件描写的场景内容也可以唤起我们的感受。可变性，主要是指创作素材本身的运动变化，文字稿件自身的内在张力，而且创作主体可以对其进行塑造、调整、布局，突出其重点。二度性是指所有的创作素材都是观念形态化以后的东西，播音员、主持人要理解稿件，理解作者、音乐编辑、摄像记者等的创作意图，并把他们已创作出的成品进行再加工创造，将素材还原为现实生活本身。局限性，主要是说无论何种创作素材，都在不同方面、不同程度上受到限制。我们了解其局限性的目的，就是要充分利用各种要素之长，相互补充结合，以弥补其短，克服局限性。

第三个构成要素是受众。受众，广播时代叫听众，电视时代叫观众，现在是网络和多媒体时代，我们统称为受众。从创作者的角度看，受众是播音主持创作的客体；从接受者的角度看，受众又是接受主体。我们要重视受众心理的研究才能把传播工作做好。当然，对于受众也可以从很多角度进行分类，如从媒体的角度、从年龄的角度、从职业的角度、从性别的角度、从国别的角度等。这些都是从形式上来分，即从量变的角度来考虑。在研究时，既要注重受众的量，更要抓住受众的质，还要注重研究受众的需求和传播规律以及它们之间的关系。通过研究你会发现，虽然受众可以从不同角度分类，但是其基本规律，也就是其“质”是相通的，如受众的层次性、信息接收的线性规律、接收过程的情感性、独立思考时的创造性等，无论是何种“量”的受众，都会体现出这种“质”的规律。

研究了构成要素以后，就要研究创作的手段——有声语言和副语言。有声语言来源于发声系统，系统全面地去论述语音发声的知识和技巧不是本书的任务，在这里，有关发声方面我只抓住几个点，强调气息运用要“深、匀、通、活”，即吸气要深，呼气要匀，气息要通畅，声音运用要灵活。其中的关键是“活”，声音运用要灵活有弹性，要有感情支配，用情感带动声音自如变化，这种声音才是经久耐听的。

本书在表达系统方面讲了内部技巧和外部技巧。内部技巧有情景再现、内在语、对象感，外部技巧包括停连、重音、语气、节奏。这里关键是把内部技巧的东西体现出来。无论是感受、表达，还是内外部技巧，都需要把我们的情感调动起来，情感是核心。情感的核心作用贯穿于播音主持创作的全过程。从用声的角度，从情、气、声的关系看，因情用气，气随情动，感情是气息的动力，有了饱满的感情，再加上对气息的科学运用，才能发出动听的声音。从内容表达的角度看，情感的核心作用是指语言能否传情达意，传情是达意的基础，关键是要靠感受、想象和联想调动起播音主持创作的情感，这也是内部技巧中“情景再现”的内容。

在谈到有声语言时，论述了有声语言的几种表达样式，包括宣读式、播报式、讲述式、谈话式等，使用时要因稿件和节目内容而变化。书中还分析了播音主持有声语言的特征，即创造性、音声性、规范性、情感性、时效性、社会性、身份感、对象感、语境感和分寸感等。此外，还论述了思维反应律、词语感受律、对比推进律、情声和谐律、呼吸自如律、自我调检律等播音主持创作的语言表达规律。

在副语言方面，我采用了宽派的视角和副语言的概念，包括体态系统和静态系统。副语言有很多特点，如共通性、传承性、符号性、模糊性、伴随性、集成性等，怎样利用这些特点来做好传播工作？本书对此问题进行了详细论述。

另外，我们要坚持正确的创作道路。说到这个正确的创作道路，我想起了一件往事。当年，我的导师齐越老师给敬一丹和我上课，播音系交给齐老师一个任务——总结概括一下正确的播音创作道路。齐越老师找我们一起讨论，原来的设想是我们两人协助齐老师概括出一段话表述正确的播音创作道路。我们讨论的时候，齐老师要求我们每个人都要有自己的见解，虽然齐老师看上去很严肃，对我们要求很严格，但他在学术上非常民主宽容，鼓励我们大胆创新。结果我们三个人的见解都不一样，并且各自坚持己见，最后齐老师让我们各自写下自己的表述。今天本书中的观点就是综合吸收了当年我们各自观点的表述，将正确的播音创作道路概括为：“站在无产阶级党性和党的政策的立场上，以新闻工作者特有的敏感，把握国内外形势的发展变化和人民群众的思想实际，准确及时地、高效率高质量地完成‘深入理解—具体感受—形之于声—及于受众’的过程，以积极自如的话筒前状态进行有声语言的再创造，达到恰切的思想感情与尽可能完美的语言技巧的统一，体裁风格与声音形式的统一，准确、鲜明、生动地传达出稿件的精神实质，发挥广播电视教育和鼓舞人民大众的作用。”

要深入地开展研究工作就要进行分类。分类的原则应该是多层次细分法，边划分边综合。播音主持创作的分类很重要，把它们分清楚，能够提高我们研究的针对性，便于我们进行深入研究。

关于各种文体的概述，我不做一一分析，但有几个关键点，比如，新闻播音（这里主要是指消息）的关键点是“求新”，主要是看新鲜感有没有传达出来；评论播音就是论理，要有穿透力，观点要鲜明；通讯播音就是要传情，以情感人；对话播音虽然是个比较老的播音文体，但是其表达形式对今天的学习和研究还有很大帮助。文艺播音主要是把握好解说词和作品的有机融合。广播谈话节目主持要选好论题，选好访谈对象，把握好节目进程。电视广告播音主要是把握好受众心理，求新、求特、求异。体育解说主要是了解比赛背景以及相关知识，语言及时迅速，表述准确到位。电视新闻播音主持，主要是掌握口播新闻、电视新闻片配音、现场报道和新闻节目主持等播音主持形式。口播新闻关键是要把握好与镜头的交流感，善于用有声语言和副语言的相互配合来划分稿件层次，突出表达重点；新闻片配音要把握好与画面、音乐等的配合，要以声带画、声画有机结合；现场新闻报道，关键是要寻找好新闻线索，把握好新闻现场，选择好采访对象，处理好现场画面，报道语言简洁、明确、切题；电视新闻节目主持，关键是把握整合节目进程节奏，做好现场连线、现场采访和即兴评论等的串联；网络主持，信息传递交互性强，主持创作具有综合性，其音频主持具有广播播音主持的一些特征，其视频主持具有电视播音主持的基本特点。

播音主持风格是播音主持创作过程中体现出的创作个性和思想特色，它以运动状态贯穿于播音主持创作的全过程，又以相对稳定的状态凝结在播音作品上，具有独特性、附着性、稳定性、可变性和多样性等特征。播音主持风格是播音员、主持人长期实践形成的。

播音主持风格的构成要素是独特的感受、独特的表达。只有有了独特的感受，才能有独特的表达。至于风格形成的原因，一个是客观原因，一个是主观原因。客观原因既包括时代的、民族的、阶级的和政治的，也包括媒体的、频道的、节目的、稿件的等。主观原因主要指播音员、主持人的性格特征、生活经历、业务条件和审美追求等。例如，齐越老师三岁时母亲就去世了，又经历了战争年代，他坚韧的性格，爱憎分明、豪迈坚定的播音风格，和这种生活经历有很大的关系。在审美追求方面，林如追求无我的审美境界，我给她写过一幅字，称赞她为：无我空灵之境，含蓄淡雅之风。她所追求的效果是，为听众服务却不让他们感受到播音员的存在。播音主持的这些风格要在长期的创作实践中才能形成。

本书用一章专门谈了播音员、主持人的素质和修养。素质和修养是播音主持创作成败的基础和关键。我曾在多届央视主持人大赛中担任评委，记者问我主持人获得成功的关键是什么，我回答说是“三力”，即功力、能力、亲和力，也就是语言功力、组织能力和人格魅力。语言功力，包括语言的基本功和语言交流的能力；组织能力，包括对节目进程和对现场把握及掌控的能力；人格魅力即主持人的亲和力，是通过前两项主持人的表现所反映出来的主持人的素质和修养，人格魅力非常重要，因为它最能反映出播音员、主持人的价值取向和自身素质。可以说播音员、主持人的素质修养问题既是一个基础问题，又是一个关键问题，也是一个永恒的话题，必须认真对待，采取措施，大力加强和提高播音员、主持人的素质和修养。

关于播音主持发展历程的研究，关键是解决怎么分期的问题，也包括预测未来的发展趋势。在研究发展历程、划分历史时期和发展阶段方面，我主张以政治的角度为主，兼顾语言和技术及媒体的产生和发展。这样，人民广播 70 多年的播音主持历史就可以划分为五个阶段：延安（陕北）时期，即新中国成立前的播音；和平建设时期，即新中国成立后到“十年动乱”前的播音；“十年动乱”具有特殊性，可单独划分为一个时期；然后是拨乱反正，改革开放新时期的播音主持；最后是中国社会进入网络新媒体时代的播音主持。

在研究 70 多年人民广播播音主持的发展历程时，还应当考虑其形成的基础。本书主要从语文基础和广播基础两个方面进行了阐述。为强调对人民广播播音主持优良传统的继承和发展，本书用一定篇幅阐述了抗日战争时期和解放战争时期的人民广播，并以中央台为主线，适当兼顾地方台播音主持的发展。研究未来的发展因素，就要考虑时代的发展，科技的进步，信息社会的形成，经济、政治、文化体制的改革和发展，思想观念的变革，以及媒体的发展、传播工具的更新、传播方式的变化、传播条件的改善等。未来的播音主持发展状况，用一句话来概括，就是变与不变的有机统一。随着时代的发展，播音主持也会不断完善并体现出时代特征，但是，中国特色社会主义广播电视播音主持的根本性质不会改变。尽管我国进入了新的世纪、新的发展时期，但仍处于社会主义初级阶段，播音主持一定要体现中国特色，要注意时代特点与阶段性特征的有机统一。

总之，关于这本教材，不在于我们写出了什么，关键在于我们为什么要写，动因在哪里；对于未来发展，不在于我们预测了什么，关键在于我们预测的理由和条件是什么；不在于我们字面上写了什么，关键在于字面背后的内涵是什么。

以上这些，是我在给研究生上课时讲的，他们记录下来了，在此算作本书的导读吧。我感谢我的研究生孙琰洁、许璐、张丁、卢迪迪、霍慧娜、李桃等同学为本书做了录入工作，付出了辛勤劳动。同时，我更要感谢高等教育出版社文科分社社长迟宝东、策划编辑武黎和责任编辑赵憬简等同仁所付出的辛勤劳动！

姚喜双

2011年12月

目　　录

第一章　绪　　论

内容提要

本章讲述了播音主持概论研究的意义；分析了播音主持概论研究的对象，即以播音主持活动为研究对象，研究播音主持活动发生、发展的规律；概述了播音主持概论研究的内容；指出了研究的原则和方法，即坚持马克思主义的世界观和方法论，以辩证唯物主义和历史唯物主义为指导，采用系统的、比较的、借鉴的、实验的方法。

第一节　研究意义与研究对象

一、研究意义

从广义上讲，播音，是指电台、电视台等电子传媒所进行的一切有声语言和副语言传播信息的活动，包括各种声音、音响、音乐、语言、文字、图像等所进行的传播信息的活动，如“中央人民广播电台，现在开始播音”,“今天全天的播音到这里结束”。本书所要讲述的播音，不是上面所指的广义上的播音，而是指播音员运用有声语言和副语言，通过广播、电视、网络等传媒进行的传播活动。

主持是指在广播、电视等传媒中，主持人和播音员等以个体出现，代表媒体，用有声语言和副语言对节目传播进程的驾驭活动。

播音主持是广播、电视、网络等媒介传播过程中关键的一环，是广播电视事业的重要组成部分。对播音主持的研究，是播音主持这门新兴学科发展的必需；是播音主持自身矛盾运动的必然。它对于播音主持70多年的历史和丰富现实经验的总结，对于播音主持这门既具有边缘性又具独立性的新兴学科发生、发展规律的揭示和运用，并使之理论化、系统化、规范化和科学化，对于播音主持理论体系的构建，对于播音主持实践的指导，对于播音主持队伍素质的培养和提升，对于广播电视节目质量的提高，对于广播电视事业的发展，都具有重要意义。

人民广播已经具有70多年的播音主持实践。从1940年12月30日人民广播第一次播音起，到今天百花争艳的播音主持创作，这期间积累了丰富的实践经验，并对这些经验和理论进行了总结，这些都为播音主持概论的研究和建立奠定了基础。随着播音主持实践的不断发展和播音主持理论研究的不断深入，播音主持艺术作为一门学科，其独立性也越来越充分地显示出来，并得到了国家和社会的承认。一批播音主持学者、专家、教授，在长期的播音实践、教学实践和播音理论的研究中涌现；一批播音主持新秀脱颖而出、茁壮成长；一批学术著作应运而生、相继问世，这些都是播音主持概论研究和建立的有利条件。而播音主持这门学科的独立性和边缘性，播音主持创作的独特性和复杂性，使得系统的播音主持理论研究工作成为必要，也使中国播音学研究和播音主持概论建立成为必然。

播音主持，涉及新闻学、传播学、语言学、艺术学、心理学、社会学等，属边缘学科。只有很好地认识上述各相关学科的规律以及这些规律对于播音主持的作用，才能对播音主持进行立体的透视，才能系统、完整、全面地揭示播音主持发生、发展的规律。同时，播音主持这门学科虽然受其他学科的制约，但又不能为某一学科完全包含或代替，有它自身的矛盾运动规律，有它自己的质的规定性，只有对其规律进行深入的探讨，才能有效地利用和把握这些规律。播音主持概论将担负起上述重任。播音主持概论的建立，播音创作规律的研究，也有助于扩大新闻学、广播电视传播学、语言学等学科的研究领域，深化其研究内容。

播音主持如果缺乏理论指导则是盲目的。由于播音主持学科的边缘性、综合性，决定了播音主持创作活动也必然是一个复杂的系统工程。播音主持创作既要遵循广播电视传播的规律，又要遵循新闻学、语言学、心理学和美学的规律。只有用播音主持理论作指导，才能很好地认识和运用上述规律，把握好播音主持创作活动。尤其是当前广播电视事业改革不断深入，播音主持创作实践的内容更加丰富，形式更加多样，建立播音主持体系，包括播音主持概论是历史的和现实的播音主持实践的要求，是播音主持自身矛盾运动发展，同时也是我国广播、电视、网络等传媒事业发展的必然结果。

二、研究对象

中国播音学，其研究内容和范围是中国的播音，主要是人民广播的播音（这里的广播是一个大概念，包括电视等媒介在内）。

播音主持概论，是中国播音学的重要组成部分。它主要是研究人民广播播音主持发生、发展的一般规律，是中国特色社会主义播音主持体系建立和发展规律的科学。具体来讲，它主要以播音主持创作为研究对象，是研究播音主持创作这一活动发生、发展的一般规律的科学。

研究播音主持创作的一般规律，是播音主持概论同播音主持学科其他领域研究对象的主要区别。播音主持概论不是对个别具体技巧的描写，而是通过研究播音主持创作活动，论述播音主持创作的一般规律和基本方法。

播音主持创作具有以下一些特点：

1．播音主持创作是一个动态系统

以播音创作为研究对象，是把其看成一个活动系统，说明该研究对象不是孤立地指其中的某一个具体要素，而是囊括所有相关人和物参与的运动变化的系统。这里所要研究的人和物，都被纳入播音创作活动这个坐标中来，研究他（它）们在这个坐标系中的运行轨迹和相互关系。

2．播音主持创作是一个开放系统

所谓以播音主持创作活动为对象，包含着这样的意思：一个播音员或主持人，没有投入播音主持创作活动，也许去吃饭了，也许去做买卖了，这不一定是播音学研究的范畴。如果这些活动同播音主持创作发生了关系，我们从播音主持创作活动这一视角去观察，他（她）吃饭的动作可能和咬字规律有关系，他（她）做买卖可能同职业规范和职业道德有关系，这便是研究对象。同时，一位播音爱好者或一个中学生，他们虽然不是播音员或主持人，但是在从事播音主持，也投入到播音主持创作这一活动中了，也应是研究对象。把播音主持创作作为一个开放系统来研究，就要既研究播音主持创作系统内部各要素及其相互作用，又研究播音主持创作系统同外部的联系以及外部各系统对播音主持创作这一系统的影响。

3．播音主持创作是一个弹性系统

所谓弹性，就是能张能缩，可大可小。它既从微观上体现着千丝万缕的联系，又从宏观上包容着千河百渠的汇集。从共时的角度看，它既包含着从微观上研究某个人、某一次的播音创作经验的总结，也包含着从宏观上研究某个电台电视台、某个群体的播音创作规律的概括；它既可以研究中央台的播音创作，也可以研究地方台的播音创作；既可以研究广播的播音创作，也可以研究电视的播音创作，还可以研究主持人的播音创作。从历时的角度看，它既可以研究一个阶段、一个时期的播音，又可以研究不同时期的播音；既可以研究延安、陕北时期的播音，也可以研究改革开放新时期的播音主持，还可以展望未来播音主持的发展趋势。

4．播音主持创作是一个全息的系统

播音主持创作既包括创作系统内部各要素及其相互关系，又包括各要素所承接的外部各种信息。这一对象，既包括创作活动自身，又包括前创作过程的创作准备活动和创作活动物化后的创作成果；既包括对创作主体、对象、依据、条件、载体的研究，又包括对创作内容、形式、方法、技巧、规律、原则、个性、风格、鉴赏、批评、继承、借鉴、创新等的研究。

播音主持创作活动，正是播音主持这一事物矛盾运动的体现。播音主持创作系统的运动性、开放性和全息性、综合性，使得处在不同时空（其中包括不同的传播媒介、不同的节目形式、不同的创作主体、不同的创作对象、不同的创作依据、不同的创作环境、不同的创作时期）的矛盾运动千变万化，呈现出不同的特征。尽管有许多矛盾，但其中必定有一个是基本矛盾，而构成这个矛盾的基本要素包括三个方面：创作者（播音员、节目主持人）、创作依据（节目、稿件〈包括腹稿〉、画面、音乐、音响）、受众（听众、观众）。对于创作者来说，创作依据和受众都是客体，他的任务是充分发挥自己的主观能动性，把创作素材组织成适合视听觉接受的播音主持作品传达给受众。所以，播和受，就构成基本的矛盾运动，它在不同的创作时空中，有着不同的体现方式，但无论有多少形式，它总是最基本的。在这一基本矛盾中，创作主体的创作方法、内容、形式、特点、风格、原则等便构成播音主持的内部规律，即创作活动的系统内容要素及其相互关系；而创作活动与社会生活、政治制度、科学文化、其他艺术等的关系，即创作活动系统与外部的联系，以及外部各系统的作用，便构成播音主持的外部规律。播音主持概论正是要对这内、外部规律进行研究。

由于播音主持创作基本矛盾运动的特征，决定了播音主持创作自身的规定性，决定了播音主持学科的独立性。由于创作系统的开放性、综合性涉及许多学科，也决定了播音主持学科的边缘性，这使得播音主持创作同其他一些语言艺术活动有许多相通或相似之处。这些相通和相似之处，也需要进行研究。同时，还要根据播音主持创作的特点，将其从其他语言艺术中剥离出来。如话剧、电影、朗读、朗诵等，都是语言艺术，同话剧、电影相比，播音主持则更强调新闻的真实性；同朗读、朗诵相比，播音主持创作则更强调广播电视的时效性；同广播电视其他环节，如新闻采编等活动相比，播音主持则更显示出语言表达艺术的特征。这些都说明了播音主持创作活动的特殊性，播音主持学科的独立性，以及确定播音主持研究对象的必要性。

第二节　研究内容与研究方法

一、研究内容

播音主持概论研究可归纳为四部分内容，即本质论、创作论、风格论和发展论。

本质论：力求揭示播音主持的性质和特征，论述其所具有的创造性、新闻性、艺术性以及所反映出的创作特征；论述播音主持的地位、功能和作用。

创作论：论述播音主持创作基本要素及其相互关系，论述播音主持创作手段的特征，论述播音主持创作的基本方法，揭示播音主持创作的基本规律，阐述播音主持创作的原则，简述播音主持创作的分类和一些播音主持文体的创作特征。

风格论：论述播音主持风格的基本含义和特征，播音主持风格的构成要素，播音主持风格的形成原因以及人民广播播音主持风格的基本样式和特点。

发展论：简述人民广播播音的发展概况，展望播音主持发展的趋势，探讨播音主持工作继承与创新、借鉴与发展的辩证关系。

二、研究方法

由于播音主持创作活动的复杂性和播音学科的边缘性，使中国播音学的研究成为一个复杂的系统工程，掌握正确的研究方法尤为重要。研究方法应从两个方面考虑：一个是富于指导意义的基本的方法，另一个是针对学科特点的具体的研究方法。

马克思主义的世界观和方法论，是一切科学研究的指导思想和科学方法，同样也应是中国播音学的指导思想和科学方法。坚持这一指导思想，在中国播音学的研究中，就要以辩证唯物主义和历史唯物主义观点为指导，坚持理论与实践的统一，共性与个性的统一，同时要坚持实事求是的科学态度，贯彻百花齐放、百家争鸣的方针。

根据中国播音学学科特点，可以采用以下的研究方法。

1. 系统的方法

恩格斯指出："我们所面对着的整个自然界形成一个体系，即各种物体相互联系的总体，而我们在这里所说的物体，是指所有的物质存在，从星球到原子。"[①]播音主持创作也是一个系统工程。在对其进行研究时，不仅要考虑到每一个要素的特点，而且要分析它们之间的相互作用、相互联系、相互影响。比如，当我们研究创作主体——播音员、主持人的语言表达方式时，就不能不考虑创作客体——听众或观众的收听收看习惯和规律；当我们研究电视解说词的表达规律时，就不能不考虑其画面内容和运动方式，等等。

2. 全息的方法

由于播音主持创作系统的复杂性，我们在研究时，就必须对它进行立体的透视，把其系统内容要素的所有联系看做一个开放的系统，对其系统外的所有关系，以及系统外要素对系统内要素的作用进行综合分析，才能得出正确结论。比如，当我们研究播音主持情感的表达时，我们就不能不把播音主持创作作为一个开放的系统来考虑，看看播音主持与生活之间的关系。生活是播音主持创作的源泉，生活中情感的表达规律正是播音主持情感的表达规律之本。从全息方法考虑，还应该看到，播音主持情感的表达，不仅是播音员"小我"这个情感，还应该体现党的宣传员这个"大我"所应有的情感，体现出政治水平和政策分寸感；从言语活动的角度来看，还应该体现出语言表达情感所应有的线性规律、时间和过程性规律。全息的研究，意味着综合、全面、发展、运动地考虑播音主持创作活动及其所含要素的内外部各种联系。

3. 比较的方法

由于播音主持学科的边缘性以及创作活动的复杂性和多样性，许多规律只有通过对比才能认清，各种特征只有进行比较才能发现。这种比较可以通过横向比较和纵向比较进行。

横向比较，包括对同一时期不同的播音员主持人、不同的播音主

① 《马克思恩格斯全集》第二十卷，人民出版社 1971 年版，第 409 页。

持创作、不同的播音主持作品的比较研究。

纵向比较，包括对不同时期同一个播音员主持人、同一类播音主持创作活动、同一类播音主持作品的比较研究。

4．借鉴的方法

由于播音主持学科的边缘性和其较为年轻的特点，对播音主持的研究就需要借鉴相近学科的一些内容和研究方法。比如借鉴歌唱用气和戏曲咬字中某些有用的东西，借鉴朗读、朗诵、话剧、电影在语言表达技巧方面某些相通的地方，也包括借鉴国外播音和节目主持方面的一些可取之处。当然，这种借鉴应是取我所需、为我所用，而不是照搬照抄、生搬硬套。

5．实验的方法

由于播音主持是一门实践性很强的学科，播音主持概论研究，应该通过大量分析录音、录像作品来完成；声音的鉴定，必须通过有关仪器的测试来完成。这样，定性分析才有量化的基础，定量分析也才有一定的可能，理论联系实际才能得到真正的落实，研究的科学性才有一定的保证。

当然，播音主持概论研究方法远不止上述五条，这五条只是起码应该做到的。同时，上述五种方法也应结合实际，综合运用。

思考题

1．播音主持概论研究的对象是什么？

2．播音主持概论研究的主要方法有哪些？

第二章　播音主持的属性

内容提要

本章从播音主持活动的创造性和多质性两个方面论述了播音主持的性质。从播音员、主持人与稿件的关系和受众的关系两个方面阐述了其创造性。从语言、新闻、艺术、技术四个方面论述了其多质性，并指出新闻性是其主调。本章还从创造和再造的双重性、创作素材的二度性、创作手段的声像性、交流对象的虚拟性、吐字发音的规范性、感情表达的真实性、创作时间的紧迫性、创作范围的社会性、接收方式的个体性、创作活动的日常性、强烈鲜明的时代性等方面简述了播音主持创作的特征。

第一节　播音主持的性质

播音主持创作活动具有复杂性和多样性，我们对播音主持性质的认识不应是单一的，而应是全方位的。

播音主持，既具有自然属性，如声音传播、形象建立的物理和生理属性，以及电子传播的特性等，又具有社会属性，如播音创作中的党性原则，民族、时代、政治、社会等因素的限定；既具有新闻属性，又具有某些艺术的特征；既具有创造性，又具有再造性。

一、播音主持的创造性

有人以为创造是从无到有，其实不然。从总体讲，大千世界、万事万物是不灭的，所以，创造也就无所谓从无到有，而只是一个转化过程。现代意义上的创造，就是看是否通过人的主观能动性的发挥，人的本质力量的显现，改变旧的符号系统，建立新的符号系统。如果通过人的主观能动性的发挥，改变了原有的符号系统，建立了新的符号系统，就是创造。这里，一方面强调要有符号系统的改变，另一方面强调要有人的参与，有人的主观能动性的发挥和作用。比如，日月星辰的运行，每时每刻都在改变原有的符号系统，但也不能认为是创造，因为没有人的参与。卫星上天是创造，因为它在天上运转的过程，是人化了的过程，是人的主观能动性发挥的结果，是人的本质力量的显现，是人的力量改变了原来材料的符号系统，并在此基础上建立起一套能够围绕地球运转的新的材料符号系统，所以我们说这是创造。这些材料并不是从无到有的，而是转化过来的。以上是说自然科学方面的创造。社会科学，包括艺术方面的创造，也是通过人的主观能动性的发挥，改变旧的符号系统，建立新的符号系统。但社会科学，尤其是艺术，主要是通过情感的力量来改变旧的符号系统，建立新的符号系统。如作为舞蹈艺术创作材料的人的肢体、日常生活中的运动，也是在改变着旧的符号系统，但这显然不能说是创造。而按照舞蹈艺术编排的意图，通过情感的力量，改变旧的肢体运动符号的系统，建立起新的符合舞蹈艺术规律和要求的符号系统，我们说这是艺术创造。绘画、音乐等艺术创造都是如此，它们都是通过人的情感的力量改变旧的符号系统，按照其规律和要求，建立新的符号系统。

播音员主持人、稿件（素材）、受众（听、观众等）之间的矛盾运动构成播音主持活动。其中，播音员主持人是播音创作的主体，稿件（素材）和受众（听、观众等）是客体。从播音员主持人同稿件的关系看，播音员主持人通过主观能动性的发挥，通过情感的力量，建立起了一套新的符号系统，即把按文字排列传递信息的符号系统，转化为按有声语言和副语言（体态语）传递信息的符号系统。从播音员主持人同受众（听、观众等）的关系看，播音员主持人播音时，坐在播音室里，面对的是话筒和摄像机的镜头，看不到广播电视的听众或观众，这本身对播音员主持人感情、语言的表达和交流都是一种限制。创造性正是在限制中显现出来，如果没有了限制，也就无需创造了。播音员主持人播音时，正是要通过主观能动性的发挥，去感受受众（听、观众等）的存在，面前无人，心中有人，从而达到与受众（听、观众）在感情上、语言上沟通的效果。所以，无论是从播音员主持人同稿件（素材）的关系看，还是从播音员主持人同受众（听、观众等）的关系看，播音主持都是一项创造性的活动。这种创造活动，包括有稿播出和无稿播出两个方面。不能只认为无稿播音主持才有创造，有稿播音主持也同样具有创造性。正如张颂所指出的："有稿播音，要'以稿件为依据'，要有一系列的创造思维的流动，去开掘和发现那里面的丰富内涵和情景意象，从中获得人文积淀、感情色彩、修辞效果和人生况味，然后，准确、鲜明、生动地形之于声，及于受众。"[①]"有稿播音……是一种创作。这种创作不仅把文字语言转变为有声语言，而且把自己的理解、感受、个性结构系统、审美理想追求，融入有声语言。"[②] "播音员以稿件为依据，通过对稿件的分析，透过文字语言，发现并开掘文字背后、文字之外的意蕴和观念，把'理想的力量'复原为'理想的意图'，再以这'理想的意图'为引导，去揭示被加强和加重了的'理想的力量'，并通过深化和美化的有声语言，催动这'理想的力量'的进一步物化和人化，从而达到'锦上添花'的目的，使受众愿意接受。"[③]

二、播音主持的多质性

播音主持学科的边缘性、综合性和播音主持创作活动的复杂性，使其创造活动反映出这样几点属性：播音主持是一项特殊的言语活动，具有言语传播的性质；播音主持是一项新闻实践活动，具有新闻性；播音主持是一项艺术创作活动，具有某种艺术属性；播音主持活动离不开技术手段，具有某些技术属性。

①②③ 张颂：《播音语言通论》，北京广播学院出版社 1994 年版，第 116～119 页。

播音主持这一创作活动，至少直接集语言、新闻、艺术、技术于一身，是一个复杂的系统工程。

从语言学角度看，播音主持是一项特殊的言语活动。播音主持言语活动的过程是：心理—生理—物理—生理—心理。其中，第一个心理、生理活动，是发送信息的人，即播音员、主持人发送信息的过程；第二个生理、心理活动，是接受信息的人，即听众或观众接收信息的过程；物理活动的过程，是声音在空间传播的过程（包括电子技术的运用）。上述所说的5个运动过程，实则瞬间完成。其中，生理和物理活动的过程，具有自然属性；心理活动的内容，具有社会属性。播音主持这一言语活动的特殊性在于：一般生活中的言语活动，交流对象在场，言语交流即言语活动的过程是一个完整和相对封闭的系统，信息发送者即说话人可以及时获得交流对象的信息反馈，并根据这种反馈随时调整自己的交流状态。播音主持时，播音员、主持人（除现场主持节目外）一般是坐在播音间里的，面对话筒和镜头，听、观众不在场。播音员、主持人听不到、看不到听众或观众的反馈，无法和听、观众产生真正意义上的交流，只是单向地将信息传递给听、观众。播音员、主持人只能凭自己的经验和感觉，去寻找“对象感”，在播音主持创作中尽可能做到与想象中的听、观众“交流”。所以，播音主持这一言语活动的过程，是一个相对不完整的、开放的系统。这种听、观众在交流时不在场所形成的言语活动交流过程的“残缺”性，正是播音主持言语活动的特殊性之一。播音主持言语活动的特殊性还在于：日常生活的言语活动，是言语者自己要说的话；播音主持这一言语活动必须依据稿件（素材），并且要把稿件（素材）转化为自己要说的话。此外，日常生活中的言语活动，言语者是代表自己讲话；播音主持这一言语活动，播音员、主持人是代表电台、电视台以至于代表党和政府讲话。同时，播音主持这一言语活动中，言语者还受到话筒、镜头等传播条件的限制，副语言不能充分运用，尤其是电台播音，只能靠声音传递信息，这些都构成了播音主持言语活动的特殊性。所以说，播音主持是一项特殊的言语活动。

从新闻学的角度看，播音主持又是一项新闻实践活动。播音主持是广播电视宣传的最后一环，播音员、主持人是电台、电视台的“门面”，也是电台、电视台宣传过程中的一道工序，所以，播音主持创作也应该遵从新闻学的基本规律和原则。陆定一给新闻下的定义一直为新闻界所沿用：“新闻是新近发生的事实的报道。”[①]这个定义中讲了三个要素，一个是“新”，“新”是新闻的生命，它要求新闻报道要注重时效性；一个是“事实”，事实的准确无误是新闻价值得以实现的保证，它要求新闻报道必须遵循真实性原则；一个是“报道”，“报道”使新闻价值的实现成为可能，新闻报道要遵照客观报道的原则。客观报道，不同于“客观主义”，所谓“客观主义”要“纯客观”，“不加进自己的感情态度”，实际上做不到，是一种主观随意性的东西。而客观报道，则要求按照客观实际，根据人民群众改造自然、改造社会的实践活动进行报道。它不仅要反映人民群众实践活动本身，也要反映人民群众在实践活动中的喜怒哀乐。所以，客观报道不是没有感情态度的，而是具有表态性的。这里的客观不是指无态度，而是要从客观实际出发，防止主观随意性。播音主持既然是一项新闻实践活动，新闻定义的三要素必然反映在播音主持创作活动中，播音主持创作也无时无刻不在体现这三要素。“新”、“时效性”体现在播音创作中，就是要有“新鲜感”和“时代感”；“事实”、“真实性原则”体现在播音主持创作中就是要有“真实感”和“分寸感”；“客观报道”体现在播音主持创作中，就是要有“表态性”。

从艺术的角度看，播音主持又是一项艺术创造活动。前面已谈过播音主持具有创造性的原因，即按情感活动的规律重新建立播音主持创作的符号系统。播音主持创作语言本身不等同于生活语言，它是一门语言艺术，播音创作过程，从感受到表达，从情感的引发到语言的组织和表现，都具有某些艺术属性。所以说，播音主持又是一项艺术创造活动。

从技术的角度看，播音主持创作活动始终有技术手段伴随，其所有语言、艺术表达活动，都是建立在技术手段基础上的。当今，随着广播

① 康荫：《新闻广播电视研究》，中国广播电视出版社 1982 年版，第 48 页。

电视等传播媒体的发展、传播方式的更新，如在传播中人机对话、人机互助、人机并用等的逐步实现，播音主持创作中的技术含量越来越明显。

三、播音主持性质的主调

播音主持的多性质，即其性质中既包含自然属性，又包括社会属性；既包括新闻性，又具有言语传播和艺术及技术的属性，等等。这些属性同时发挥作用，构成了播音主持的性质。同时，这些属性又不是平均用力，作用均等，其中新闻性占据举足轻重的位置。新闻的真实性原则，使得播音主持创作中播音员、主持人情感的表达与演员表演中情感的表达有了质的区别；新闻的时效性、报道的连续性、政策分寸的把握，又使得播音主持言语表达技巧区别于朗读、朗诵、讲演等，由此，播音主持言语活动具有了自身的规定性。所以说，新闻性是播音主持的主调。当然，强调主调，并不是说其他属性不重要，主调正是在与其他属性的和谐统一中才能起作用，所以说，播音员、主持人既是新闻工作者，也是语言艺术工作者。

第二节 播音主持创作的特征

本节从播音主持创作活动的特点，创作活动中各要素的特点，从这一创作活动同其他艺术创作活动以及其他广播电视实践活动的比较中，概括和分析播音主持创作的特征。

一、创造和再造的双重性

播音主持，既有创造，也有再造，我们统称为创造性。从广播电视节目制作到传送这个大系统看，播音主持是在采访、编辑这个创作活动后的又一次创造，可以称为再创造。从播音员、主持人对腹稿和文字稿件符号系统的转换，建构生成符合听觉、视觉规律新的符号系统来看，又实属创造。播音创造和再造的形式和类别是丰富的、多种多样的，播音员、主持人承担的创作任务有时也是交替进行的，有时既要承担一度创作任务，又要承担二度创作任务。播音主持既是对大的传播系统而言的再造，又是对播音主持语言表达系统结构本身而言的创造。正如著名话剧导演焦菊隐所说，演员既是助产士，又是产妇本身，即演员的表演对剧本来说是一次再造，对表演本身又是一次创造。播音主持也是如此，播音员、主持人肩负着创造和再造的双重任务和职能。认识播音主持创造内涵的丰富性，认识播音主持创作活动系统的复杂性，可以克服对播音主持肤浅、表面的认识，主动去探索和把握播音主持创作规律，较好地完成播音主持这一具有创造性的工作。

二、创作素材的二度性

播音主持创作的素材有其鲜明特点。播音主持创作时，创作者（播音员、主持人）所用素材，包括文字稿件、资料、画面、音乐、音响等，已经是编辑、记者、原作者（有时包括播音员、主持人自己去一线采访）观念形态化以后的东西了，已经不完全是原始生活素材了，所以具有二度性。电台播音员、主持人看到的文字稿件，已是编辑、记者对客观事物的抽象，电视播音员、主持人看到的画面，已是摄像记者和电视编辑对客观现实的提炼、剪接，这里都渗透了主观意图。创作素材的二度性，一方面要求播音主持创作者要更多地深入社会，深入生活，增强感性认识，弥补未经一度创作的不足，在为受众还原一度创作的过程中，体现出真情实感，在创作中体现出原稿和原片的写作和拍摄风格、编辑风格；另一方面也提示创作者，尽管直接参与了一度创作，也并不意味着就可以一劳永逸。二度创作，同样有其自身的创作规律，需要花力气去探索、去把握，可以说播音主持创作是“戴着镣铐舞蹈”。

三、创作手段的声像性

播音主持创作的手段是播音员、主持人运用的有声语言和副语言（体态语、形象）。有声语言和副语言都是按照时间序列运行的，稍纵即逝，有其长处，也有其局限。这种传播手段有很强的个体性，即一人一声，一人一面，便于形成不同的播音特色和风格。播音创作手段的物质材料——声音和形象，既有自然属性，即生理、物理运动的一面；又有社会属性，即这一手段本身是一个社会化的过程。所以在运用过程中既要注意把握自然属性一面，按听觉、视觉规律，按个体接收特点来传播信息，又要注重其社会属性一面，准确表达感情、体现思想。语言是思维的直接反映，是思想感情的表达手段，语言赖以存在的物质基础是人，人虽具有个体性的一面，但不会孤立地存在于世界上，人的本质正是社会关系的总和，具有社会属性的特征，所以在传播过程中又必须反映出人的态度、思想和感情。播音主持创作虽具有声像的传播手段，但较之日常生活中的言语交际活动，其手段还是显得局限和单一。日常生活中，人们言语活动传递信息的手段是多渠道的、立体的、丰富的，播音主持创作中，在电台播音的播音员、主持人只能用声音这唯一的手段；电视播音员、主持人虽有一定的副语言帮忙，但也大多是半身图像，体态语也不能充分展示。这种手段的单一局限性，又为播音主持创作提出了更高的要求，也使其特点更为明显。

四、交流对象的虚拟性

日常生活中，人们言语活动的交流对象在场，而播音时播音员、主持人面对话筒或摄像机镜头，交流对象（听众、观众）一般不在场。播音员、主持人在播音间里报道新闻，主持话题节目，直接面对话筒、面对摄像机镜头，必须运用对象感等技巧不间断地、专一地同播音员、主持人想象中的、虚拟的广播听众和电视观众进行交流。有的节目，比如知识竞赛、文艺演出等，有许多观众在场，这为交流提供了有利条件。但大多数情况下，真正的受众即收音机旁、电视机前的听、观众，播音员、主持人不应忘记与他们进行交流，要不断地提示自己体现出对象感。

五、吐字发音的规范性

播音主持语言要通过话筒，经过电子传播系统才能传送出去，要求其声音必须集中，字音准确清晰。只有这样，播音员、主持人的声音才能“入话筒”，才能在声音信号压缩或放大时不走样。电子传媒覆盖面广，其传播具有广泛的社会性，无形中，播音员、主持人已成为听众、观众的语音老师，所以播音语言必须规范，其语言、语音、修辞等都必须严格遵守普通话所规定的标准。它比话剧、电影等表演艺术语言规范性的要求更高一些，播音员、主持人应该成为推广和运用普通话的典范。那种把带些方言味道的播音自封为是有特色有自己风格，那种有意模仿港台腔的播音，都是与规范性的要求相背离的，是急待解决的问题。为保证播音语言的规范性，1994 年 10 月，国家语委、国家教委、广播电影电视部联合颁布《关于开展普通话水平测试工作的决定》，该决定指出：“普通话……是以汉语传送的各级广播电台、电视台的规范语言……是播音员、节目主持人等专业人员必备的素质。”并要求：“县级以上（含县级）广播电台和电视台的播音员、节目主持人应达到一级水平（此要求列入广播电影电视部部颁岗位规范，逐步实行持普通话等级合格证书上岗）。……对播音员、节目主持人等岗位人员，从 1995 年起逐步实行持普通话等级证书上岗制度。”与此同时，国家语委也颁布实施《普通话水平测试大纲》，将普通话水平分为三级六等。2000 年 10 月，国家颁布了《中华人民共和国国家通用语言文字法》，其中第十九条规定，以普通话作为工作语言的播音员、节目主持人的普通话水平，应当分别达到国家规定的等级标准，对尚未达到国家规定的普通话等级标准的，分情况进行培训。这从法律上规定了播音主持语言应当规范。

六、感情表达的真实性

真实的情感是播音创作的核心，是有声语言表达的支柱。由播音主持的新闻属性所决定，其感情表达必须遵循新闻真实性原则。播音员、主持人必须准确地把握自己的身份，即党的宣传员、新闻工作者。播音主持在情感表达上，要求做到真实，把握好分寸，切忌艺术地渲染和夸张，要呈现出恰切、质朴的特点。在文艺性稿件的播音中（除小说讲播和电影配音外），包括歌曲介绍，电影、戏剧、音乐、舞剧等的解说，文学作品赏析等的播音，播音员可以在稿件的基础上，借助某种艺术想象的手法来调动感情，但在语言表达样式上不宜采用角色化的语言，而应多用转述、介绍、解说、描写等语言样式。

七、创作时间的紧迫性

新闻传播的时效性、广播电视等现代化电子传媒的迅捷性，决定了播音主持创作时间的紧迫性。播音员、主持人不可能像话剧演员、电影演员那样，对原作有一个反复准备的过程。播音主持创作者在播音主持时，尤其是做新闻报道、现场直播、实况转播时，有时连看一遍稿子的时间都没有，有时还要即兴评述。随着信息化社会生活节奏的加快，人们对时效性的要求也越来越高，致使播音主持创作时间的紧迫性也越来越明显。这就要求播音主持创作者必须增强广义备稿能力，提高即兴表达能力、应变能力和把握全局能力，加强日常基本功训练，包括思想、文化、业务等方面素质的提高，才能胜任并顺利完成播音主持创作活动。

八、创作范围的社会性

广播电视等现代化电子传媒在信息传播过程中所具有的广泛性、公开性的特点，使得播音主持创作也具有很强的社会性。尽管播音员、主持人面对话筒、镜头播音主持，多数时间所处的天地是小小的播音室，但广播电视的传播特征决定了播音主持创作具有广阔的受众空间，它以全球为舞台，以全社会的人为受众。这一创作活动，比任何一场话剧戏曲表演或电影演出的受众不知要多多少倍，“而受众又是多层次、多情状的，以个别体现着一般，以个性蕴含着共性。因此，在播音过程中，‘这一个’和‘此一瞬’紧密结合，汇入传播总渠道，渗透到各个地方”①。所以，“这个时代，这个社会，客观世界形势以及当今受众的收听收看心态，应该成为须臾不可漠视的现实”②。这就要求播音主持创作者具有较强的驾驭全局的能力、较高的政策水平，要求播音主持作品有较高的质量，能够经得住各个领域、不同层次受

①② 阎玉主编：《中国广播电视学》，中国广播电视出版社1990年版，第532页。

众的推敲。此外，播音主持作品在电台、电视台向全社会播出时，还要考虑到其导向性和适宜性，尤其是现代电子传媒，都已运用卫星传输，实现了跨境、跨国传播，所以还要考虑对外传播的效果等。这些都要求播音主持创作者，有声语言传播者，即便是一个省、一个市、一个县的播音员或节目主持人，也要有全局观念、大局意识、国家意识、国际意识。

九、接收方式的个体性

现在广播电视传播直入家庭，其接收方式是以家庭和个体为单位，所以，尽管语言传播者的声音传遍千家万户，以亿万人为受众，但传播者实际上还是与一个家庭、一个或几个人交流。因此，尽管播音主持语言传播者拥有广大的空间，巨大的舞台，亿万的受众，但在话筒和镜头前，仍不要忘记广播电视直入家庭这一传播特点；在用声和交流上，不应像话剧演员在舞台上一样与观众交流，而应根据自身的传播特点，根据受众个人接收的规律，确定好自己的交流方式和用声量大小，这样才能够深入家庭，深入每个受众心中。

十、创作活动的日常性

在所有的艺术创作活动中，可以说播音主持创作活动发生的频率最高，它是每日每时甚至是分分秒秒都在进行着。这种日常性，也就决定了播音主持创作的连续性和紧迫性。这就要求播音员、主持人既要具备敏捷快速的创作反应能力，又要具有持之以恒的毅力、耐力。这种日常性所导致的播音主持创作的连续性，决定了播音主持创作主体形象的构建不是一时的事，听、观众对主体形象的评价只能是一个动态发展变化的过程：你今天创作得好，明天退步了，听、观众也不会认为你好。相反，尽管暂时形象效果不太理想，但是只要努力，形象会逐步好起来，听、观众也是会承认你的。这说明，播音主持创作的日常性决定着播音员、主持人形象的建立是没有止境的，它贯穿于创作生命的全过程，创作主体应有持之以恒的毅力，“每次都应从零做起”。

十一、强烈鲜明的时代性

播音主持创作活动具有鲜明的时代特性，这是由广播电视传媒的时效性、迅捷性，播音主持创作活动的紧迫性、日常性、社会性所决定的。如果说新闻是时代的产儿，播音主持就是时代的艺术。播音主持创作者必须牢牢把握时代的脉搏，掌握时代节奏，才能创作出为人们所接受和喜闻乐见的优秀作品。“落在时代之后或远离时代之外，不论语言多么色彩斑斓，也只能是落伍者的哀叹，成为时代主旋律的不谐和音。”①

上述播音创作的特征，有些是播音主持创作独有的，有些是与其他创作活动交叉共有的，要综合、全面地进行分析研究。

思考题

1. 为什么说播音主持具有创造性？
2. 播音主持创作的特征是什么？

① 张颂：《播音语言通论》，北京广播学院出版社1994年版，第132页。

第三章 播音主持的地位与作用

内容提要

本章从传播前沿地位、关键一环地位、桥梁纽带地位等方面阐述了播音主持工作的地位。本章同时还论述了播音主持的作用，即：播音主持构建语言（副语言）传播系统，驾驭稿件和节目进程使传播潜能变为传播现实，具有传播形成作用；传递信息，体现态度，揭示语义内涵，表明思想实质，具有了解和认识社会作用；传达感情，形象具体生动，吸引感染受众，具有鼓舞、教育、激励作用；规范美化语言，建设语言文明，具有语言表达的示范作用。

第一节 播音主持的地位

播音主持，是广播电视传播系统中的重要组成部分，是广播电视传媒的关键一环。“播音主持在广播电视节目中的地位，可以概括为‘传播前沿’、‘中介工序’、‘联系纽带’。”[①]

一、传播前沿地位

播音主持是广播电视传播的前沿。广播电视节目在经过前期的采编后，要通过播音主持环节最后传播出去，前面的所有准备工作，都要输送到这个前沿以实现最终的传播目的，完成信息传递的任务。“广

---

① 阎玉主编：《中国广播电视学》，中国广播电视出版社 1990 年版，第 529 页。

播是给人听的，而不是给人看的，播音工作在广播中占有十分重要的地位。广播的特点是通过电声系统传播声音和有声语言进行宣传。广播编辑部的大多数文字稿件需要通过播音员的再创造，在话筒前直接播出或者录音播出，和听众见面。因此，播音工作是整个广播宣传中的重要组成部分，是广播工作的最后一个环节，是语言广播的集中体现。”[①]传播前沿的地位，要求播音员和节目主持人把握好传播规律，提高有声语言和副语言传播的功力和水平，在受众中建立良好形象，这样才能无愧电台、电视台“门面”的称号。

二、关键一环地位

播音主持是广播电视传播的关键一环。广播电视传播中，所有的创作活动，都要通过播音主持这关键一环体现出来，可以说，播音主持凝聚了所有创作活动的成果。从某种意义上讲，没有播音主持，就没有广播电视传播。广播电视节目质量的高低优劣，部分是由播音主持创作决定的。所以，播音员、主持人在把握好语言基本功的同时，还必须有全局意识，有较高的政治、政策、文化素养，有一定的采访、编辑、制作节目的能力，并能够通过语言和副语言表达，将其充分体现出来。

三、桥梁纽带地位

播音主持是广播电视传播的桥梁纽带。我国的广播电视传媒，是党和政府联系人民群众的桥梁和纽带。播音主持正是这桥梁和纽带的凝结点，是桥梁纽带形象的体现。播音主持时，播音员、节目主持人以电台、电视台代言人身份直接与听、观众见面，构成了一个传输与反馈的双向交流的渠道。播音员、节目主持人正是这双向交流的信息员、交通员。这就要求播音员、节目主持人应有强烈的政治责任感，上传下达，完成好宣传党的方针政策、反映人民群众呼声的任务，还

① 夏青、林如、铁城、冯云：《中国人民广播电台台史资料汇编·播音工作》，第612页。（内部资料）

要求播音员、节目主持人注意并认真处理多方面、多形式的受众反馈。

第二节 播音主持的作用

随着广播电视事业的迅速发展，电子传媒手段的充分运用，播音主持创作的天地更为广阔，播音主持的地位日益提高，播音主持的作用越来越重要了。在广播电视传播过程中，播音主持至少具有以下作用：

1. 构建语言（副语言）传播系统，驾驭稿件和节目进程，使传播潜能变为传播现实，具有传播形成作用。在广播电视传播中，播音主持是关键一环，具有创造性。通过播音主持创作活动，将前期所有的传播符号系统，如文字、音响、画面等素材，都纳入播音主持创作中，变为播音主持传播系统中的素材，播音主持创作者按照语言传播规律将其重新结构、组装，汇入有声语言（副语言）传播渠道，使其传播潜能变为传播现实。同时，播音员、主持人还要驾驭节目进程，保证节目顺利播出。所以说，播音主持具有传播形成作用。

2. 传递信息，体现态度，揭示语义内涵，表明思想实质，具有了解和认识社会作用。当播音主持创作者构建了语言传播系统、形成传播后，播音主持便发挥着传递信息的功能。播音主持创作者在传递信息的过程中，把文字符号变为有声语言和副语言符号，这一传播符号不像文字符号那么抽象，它具有很强的直观性和表态性，这一符号时时刻刻都在体现着传播者的态度。播音主持创作者在传播过程中，必须通过有声语言和副语言表明其态度观点，不能含糊，还要运用播音主持创作的强化和弱化功能，分出主次，体现信息重点，直接、准确、鲜明地揭示语义实质和思想内涵，引导和帮助受众了解、认识社会。

3. 传达感情，形象具体生动，吸引感染受众，具有鼓舞、教育、激励作用。播音主持创作不光是为了传达概念信息，更要传达情感信息。播音主持创作的核心就是要以情感人。播音主持创作者将静止抽象的文字符号，转化生成为具体可感、形象生动的情感信息，通过播音主持创作者饱含情感的有声语言和副语言传达给受众，使受众在接受信息的同时，受到鼓舞、教育和激励，使良好的主张变为千百万人的自觉的行动。纵观人民广播的发展历程，有许多生动感人的实例：

1940年冬天，人民广播初创时期，播音员麦风（徐瑞璋）、姚雯、肖岩充满战斗激情的声音第一次响彻在神州上空，给国统区人民极大鼓舞，他们的播音被誉为“茫茫黑夜的灯塔”。

1946年初夏，国民党空军上尉刘本善经常收听延安新华广播电台播音员饱含真情、传达真理和正义情感的播音，受到感召，毅然驾机飞往延安。他在回忆录中赞扬延安新华广播电台的播音是：“使茫茫大海中的人们，在暗夜时看见了远方的灯塔，产生了希望，认清了方向，增强了奋斗的力量。”

抗美援朝期间，志愿军战士陈叙强给中央人民广播电台播音员潘捷、夏青的信中说：我们出国后，经过和凶恶的敌人几个战役的搏斗并取得胜利后，才有可能安定下来，才有条件收听祖国广播。当重又听到“中央人民广播电台……”熟悉的声音时，就像见到了久别的母亲，声音是那么坚定、热情，充满信心和希望。你们辛勤的劳动，鼓舞和教育了大步前进的人民，特别是给我们带来了无限的亲切和温暖。

20世纪60年代，齐越播出的长篇通讯《县委书记的榜样——焦裕禄》；80年代，林如播出的通讯《假如党员都像她》，沈力主持的“为您服务”，虹云、陈铎主持的“话说长江”；90年代，方明播出的特写《在大海中永生》；进入新世纪以来，敬一丹、白岩松主持的“感动中国人物评选”，罗京解说的奥运会开幕式，李瑞英、康辉解说的国庆阅兵……这些优秀的播音主持创作，感情真挚，形象生动，感染和鼓舞了一批又一批受众。

原中央广播事业局局长梅益在给中央人民广播电台播音部的信中说：播音工作的重要作用，我想是不用多说的。当全国千千万万的人经常地而且细心地倾听着一个人的声音，并且从这个声音里受到教育，得到鼓舞的时候，你说这个工作不重要？这个岗位不光荣？

邓小平也曾说过：不管多么潦乱的文字，一排成铅字就顺眼多了，再由播音员一念，又增色许多。

以上这些，都是对播音主持鼓舞、教育、激励作用的肯定。

4. 规范美化语言，建设语言文明，具有语言表达的审美示范作用。播音主持可以规范语言，在推广普通话过程中具有典型示范作用。同时，体现着较深的语言功力、较强的语言能力、较高的语言魅力的优秀的语言表达，能够展示出汉语普通话在传播中的美，具有审美示范作用。“寓庄于谐，寓教于乐，赏心悦目，同声相应，在轻松欢乐中体味语言的妙趣横生、色彩纷呈。”[①]湖北鄂城的一位听众在给中央人民广播电台的信中也说明了这一点：“收听广播，对播音员语言的品味，对朗诵文章的和谐声调的揣摩，实是一种艺术享受。普通话是一种很美的语言音调，准确而洪亮的发音，能使人（感到）动听，入耳不烦。无疑，中央人民广播电台荟萃着语言家，有的已为广大听众所熟悉。好的播音员那种准确、自然、优美的语言，那种富有气韵和节奏感的朗诵，是被听众欣赏和学习的。”

随着播音主持创作内涵的不断丰富，人们认识的不断深化，播音主持对于社会政治生活、经济发展、科技进步、文化积淀等方面直接或间接的作用也将越来越显著。

思考题

1. 为什么说播音主持是广播电视传播的关键一环？
2. 播音主持的作用有哪些？

① 张颂：《播音语言通论》，北京广播学院出版社1994年版，第15页。

第四章　播音主持创作的构成要素

内容提要

学习研究播音主持创作的构成要素是理解和掌握播音创作规律和创作方法的基础。本章共分为三节论述播音主持创作要素，即创作主体（播音员、节目主持人）、创作依据（节目、稿件、画面、音乐、音响）、受众（听众、观众）。在创作主体方面，论述了创作主体的概念特征，创作主体的职能，创作主体的分类与定位；在创作依据方面，论述了创作依据的种类，创作依据的特征，即可感性、可变性、二度性和局限性；在受众方面，论述了受众的含义和特征，受众的分类，受众的心理需求及接受规律。同时指出，在把握受众接受规律方面应注意这样几点：注意线性，把握过程性；注意自主性，给予创造性；注意层次性，加强引导性；注意情感性，求得共通性；注意受众反馈，提高播出质量。

第一节　创作主体

一、创作主体的概念特征

这里的创作主体，是指播音主持创作活动中的主体。播音主持是运用有声语言和副语言通过广播电视等传媒所进行的一项创作活动，创作主体也就是指播音主持创作者。

创作主体目前由播音员和节目主持人担任。无论是播音员还是节目主持人，在这里都是播音创作者。

由于概念具有相对性和发展性，所以我们把播音员和主持人都放在播音创作活动中来考察其含义和特征。

先看关于播音员和节目主持人的概念。

“播音员概念的内涵：以在话筒前（含镜头前）进行有声语言创作为主要工作的专业人员。播音工作的内涵：以在话筒前（含镜头前）进行有声语言创作为主要任务的职业。”①

“播音员作为话筒前（含镜头前）有声语言创作的主体，作为广播电视‘出头露面’的专业人员，要解决创作主体和创作依据的特殊矛盾，不同的表达方式和语言风格是其自身的差异性，遵循共同的创作规律是其同一性，这差异性和同一性的对立统一成为播音员这一概念的辩证本质。”②

“节目主持人是在广播电视中，以个体行为出现，代表着群体观念，用有声语言、形态来操作和把握节目进程，直接、平等地进行大众传播活动的人。”③

“广播电视主持人节目是众多节目中的一种形式。这一节目形式中，主持节目的人就是节目主持人。节目主持人是节目（或栏目）的出声、出面的组织、驾驭者，以有声语言为主干或主线。要以真实的、比较稳定的身份为听众或观众服务。主持人可以参与节目的采访、编导、制作，但必须成为节目本身的重要构成因素，使节目的整体和谐统一，不能游离于节目之外。节目主持人应具有较深的文化素养、较强的语言功力、较快的思维反应、较好的气质风度，以便恰切得体，应付自如地驾驭节目的进程，适应节目性质和特色的需要。”④

“在中国，在现阶段，‘主持人’在广播电视中的含义是：以有声语言驾驭节目进程。‘节目主持人’是以有声语言为主干或主线‘出头露面’驾驭节目进程的人。这里需要说明的是，必须在节目之中，必须‘出

①② 张颂：《播音语言通论》，北京广播学院出版社 1994 年版，第 58、60、61 页。

③ 俞虹：《节目主持人通论》，杭州大学出版社 1996 年版，第 5 页。

④ 赵玉明、王福顺主编：《中外广播电视百科全书》，中国广播电视出版社 1995 年版，第 143 页。

头露面'，必须驾驭节目进程，必须以有声语言为主干或主线。”[1]

如果把播音员和节目主持人放在播音创作活动中考察，我们就会发现上述概念的共同点，即必须运用有声语言（副语言），必须以有声语言为主干或主线，对节目、稿件的把握最终必须通过语言体现。离开了语言，创作主体的一切都难以反映出来。

同时，创作主体的身份，无论是播音员还是节目主持人，都应该是党的宣传员，是新闻工作者。创作主体可以有自己的个性特点，但必须把自己的“小我”和“党的宣传员”的“大我”的身份有机统一起来。由于创作主体的身份是新闻工作者，所以创作主体在运用有声语言（副语言）表达的时候，既要按照语言（副语言）自身的表达规律，又要遵守新闻真实性、时效性原则，体现新闻工作的规律。

无论是播音员还是节目主持人，无论是播音主持艺术专业的教师还是学生，只要他是在电台、电视台等媒体播音，只要进入播音创作活动，只要他是播音主持活动的创作者，他就要服从创作活动对创作主体的要求，就要遵循播音主持创作活动运行的规律。

二、创作主体的职能

创作主体的职能，只有在播音主持创作矛盾运动中才能显现出来。主要是创作主体对播音主持创作矛盾运动的内部规律和外部规律把握和驾驭时所起的作用、承担的职责和具有的功能。

在播音主持活动中，播音主持创作者是矛盾的主要方面，他（她）的主观能动性发挥得如何，直接影响到播音主持作品的质量，关系到播音主持创作活动的成败。

播音主持活动，是一项创造性的活动。创作主体承担创造的重任，并在创造的过程中发挥作用，在创造的过程中体现职能。

在播音主持创作活动中，创作主体要正确把握自己的身份。他（她）既有党的宣传员、新闻工作者的总的身份，又有在每一次创作活动中具体的身份，要将二者有机地统一起来。这种身份不光体现在理念上，而

① 张颂：《播音语言通论》，北京广播学院出版社 1994 年版，第 92、93、95、96 页。

且还要体现在语言和形象的态度、感情的表达中，创作主体必须时时意识到、感悟到这种身份感。正确的身份感，对语言的组织、语气的把握、态度感情的准确体现都具有重要作用。

在播音主持创作活动中，创作主体要展开积极的创作思维活动。创作主体的创作思维活动要贯穿于组织、策划、还原、转化、表达、反馈的全过程。创作主体要运用形象思维、逻辑思维、灵感思维、创造思维等多种思维方式，使其处于积极的运动状态。

在播音主持创作活动中，创作主体要全面掌握语言和副语言的表达规律，要善于运用各种语言表达技巧，要能熟练地把握各种语言表达样式。语言、副语言表达的动力、核心是感情，创作主体应在创作活动中积极地引发调动感情、准确体现感情。

在播音主持创作活动中，创作主体创造性的发挥，还体现在他对创作依据（节目、稿件、画面、音乐、音响）的积极能动的组织、结构、传达上，比如对文字稿件的运用。创作主体要对其进行再创作，把按文字符号表达规律转化为按有声语言符号表达规律进行表达。创作主体要树立自觉主动的传达意识，对稿件进行深入理解、具体感受，把稿件文字变为自己要说的话传达给受众。具体可分为六步：（1）划分层次。按稿件内容、按有声语言传达和接收规律、按受众心理，将文字稿件的结构重新组织、安排，可以进行归并和划分。归并是把相同或相近自然段归并在一起。划分是把一个较大的自然段内容划分为若干小层次，以便清楚地表达。（2）提炼主题。把稿件的中心思想用较为精练的语言概括出来。主题概括是共性与个性的统一，既要说出稿件的特点，又要揭示事物的本质。（3）联系背景。任何稿件及稿件所反映的事物都不是孤立存在的，其发生发展都有一定的原因，都是在一定的背景下产生的。这里，创作主体要联系的背景是指播出背景。有时播出背景同稿件写作背景是同步的，主要是新闻性稿件。有些是过去写的稿件，现在根据形势的需要播出。这就有一个“时间差”，这种情况应以播出背景为依据。播出背景可分为“上情”、“下情”。“上情”是当前党和国家的有关方针政策精神，“下情”是人民群众在这方面的实践活动。“下情”又可分为“主流”和“支流”。“主流”就是好的一面，“支流”就是存在的问题。创作主体在分析背景时，既要看到主流（成绩），又要看到支流（问题）。看不到主流，就会一叶障目，影响宣传的坚定性；看不到支流，就会盲目乐观，影响宣传的针对性。（4）明确目的。播出目的是由背景生发而来的，“目的”，就是要解决“背景”中存在的问题。目的是统帅。（5）分清主次。要把播出目的落实到稿件中去，就要靠分清稿件主次来具体体现播出目的。重点可能集中于一个段落或层次，也可能散见于全篇。创作主体要善于处理主次关系，既要重点突出，即突出主要词语，又要让次要部分做好铺垫。（6）把握基调。基调是稿件和创作者总的感情色彩和分量。基调可以有变化，但变化不能离开统一。“统一”是主旋律，“变化”是主旋律上的变奏。创作者在创作活动中结构、运用其他素材如画面、音乐、音响时，也应注意了解和掌握它们的功能以及它们在创作活动中的位置和表现手段，综合协调，力争和谐统一。

在创作活动中，创作主体要树立“受众”意识，要学会运用“对象感”这一内部表达技巧，加强与受众的交流。有的创作活动，播音员主持人在播音间里，面前只有话筒或镜头，这样，创作主体就要“面前无人，心中有人”，积极主动地与设想的对象交流。有的创作活动，创作主体面前有观众，比如访谈、竞赛、晚会等节目，创作主体就既要和现场观众交流，又要注意同收音机和电视机前的听众和观众交流，使各项交流相互协调、转换自然、感情真挚、有机统一。

三、创作主体的分类与定位

创作主体的分类可参见播音主持创作的分类（本书第七章详细论述），按多视角、多分法，边划分、边综合等原则进行分类。从传播媒介上可以划分为广播播音主持活动创作者和电视播音主持活动创作者，从创作活动类型上可以分为新闻类播音主持活动创作者、专题类播音主持活动创作者、综艺类播音主持活动创作者、少儿类播音主持活动创作者和竞技体育播音主持活动创作者，等等。

创作者定位问题，是许多创作者和受众都十分关心的问题。正确认识定位，准确把握定位，能充分发挥创作者的才能特点，准确地体现节目特色，提高创作活动的质量，提升节目和栏目的水平。

定位有多种内涵，或是指创作者在整个传播过程中所处的位置，或是说创作者在节目或栏目里应有的身份，或是讲创作者如何处理与传播集体的关系，或是论创作者怎样与其伙伴合作，等等。而更多的创作者关心的是自己定位在什么样的创作活动中、对于什么样的节目类型最合适。

这里有一个什么是定位、定什么位和怎样定位的问题。

概括地讲，定位是指创作主体根据自己的身份、所承担的任务和所起的作用确定自己在传播活动中应有的位置。

定什么位，则是创作者根据自身能力、特点，根据传播的要素、节目和栏目特色、创作群体的构成、伙伴合作关系，选择自己最合适的位置。

关于怎样定位，这里重点讲一讲创作者如何根据自身条件、节目的内容和形式、创作活动的特点选择最佳结合点。

1．定位要对自身有一个正确估价。首先，要正确认识自己的能力、性格、审美追求，找到合适的位置（节目、栏目、创作活动）。有的人从业务条件、性格气质、文化素质上看更适合于新闻话题类节目，有的人可能更适合于少儿节目或综艺类节目。其次，初学者可能一下子难以判断自身的创作个性，实际上很多人的优势特点都处于萌芽状态，经过培养锻炼，其优势特点便会不断显现出来。有人初看上去，可能不适合某类节目，但这并不是其本质的反映，只要发挥主观能动性，主动创造、大胆实践，其特色和优势便会展现出来。这样，就可以较好地去把握、去定位了。

2．定位要对节目、栏目、创作活动有一个正确分析。每个节目和栏目都有自己的特色，对主持人有特殊要求。初看上去，一些栏目、节目、创作活动可能更适合于某类创作者。如，综艺类节目可能更适合于性格开朗、外向的人，但仔细分析，可以发现，由于能够反映事物本质的现象是无穷无尽的，美的形态是无限丰富多样的，所以，综艺类节目主持者的定位也不应只是一个模式，性格开朗和外向型的人可以主持，性格内向、充满激情、具有较高文艺素养的人也可以主持。

3．定位并不是孤立的、静止的，而应是发展的、变化的。如前所说，有人开始没找到自己的位置，但经过深入研究、反复实践，总能找到自己适合的节目、创作活动，或根据自己特点和现实需要，创办新的节目。目前已有了较好定位的创作者，也要根据客观条件和自身条件的不断发展变化，随时调整自身的定位。

4. 定位是无限可分的，也无时无刻不在运动、发展、调控的过程中。在一个节目中找到了一个较好的定位，并不等于就完成了定位工作，还要不断地进行调整变化。比如，我们在一个节目中找到了自己的定位，在直接表达和采访时又应有微小调整。如采访先进人物时，应注意将自己定位于向先进人物学习、将先进人物推荐给广大受众，注意谦逊热情，而不应像有的主持人那样，总以审视的目光、逼问的口气去采访，如果是那样，定位就搞错了。

5. 定位问题，最根本的一条，还是要定位在党的宣传员、全心全意真诚为人民服务、为受众服务这一点上来。要努力定位到“小总理意识与服务员身份有机统一”[①]这一点上来。无论何种类型的播音主持创作者，都应从根本上定位于此。所谓“小总理意识”就是要从全局和整体考虑，在创作活动中，时刻体现党的路线、方针、政策和宣传指导思想，尽量熟悉工农科教文卫等各方面情况，把握好宣传口径与政策分寸。所谓“服务员身份”，就是播音员、主持人尽管了解全局，但毕竟只是一个普通广播电视工作者，要以和受众一起学习的态度做好党的宣传工作和信息传播工作。做好了这一点，也正是做到了“小我”和“大我”的有机统一。

除了上述几点，播音主持创作者还应经常保持谦虚谨慎的作风，注意处理好创作群体与个体的关系，摆正自己在创作群体中的位置。由于工作需要，自己出头露面了，但其形象的塑造，是群体劳动的结果、集体智慧的结晶，自己只不过是其中的一分子。注意处理好与创作伙伴的关系，尽管自己一时处于较为主要的位置，但也要注意发挥伙伴的长处，积极配合，协调一致，共同完成播音主持创作任务。注意处理好和受众的关系，以平等的身份与其交流，为其服务，并积极

① 夏青语。

争得受众反馈，根据反馈意见不断地调整创作活动，力争每次创作活动都能令受众满意。

总之，定位问题，内涵丰富，表现多样。要真正定好位，就要努力培养党的新闻工作者的素质：既从自己的个性专长方面考虑，又从节目的特色要求方面考虑；既发挥个人的创作能力，又集中群体的智慧力量；既看到自己的主持作用，更要发挥伙伴的创作才能；既可以主动采访，又能够甘当配角；既向受众传播信息，又给受众创作天地；既注重节目的形式特色，又挖掘宣传的深层含义；既看到定位的相对选择性，又看到定位的无限丰富性；既看到定位的相对稳定性，又看到定位的不断发展变化，等等。只有从时空交错的全方位的角度不断认识、把握、创造，才能长期相对保持一个合适的定位。

第二节　创作依据

一、创作依据的种类

创作依据也称创作素材，是播音主持创作活动的重要组成部分。随着广播电视等传媒事业的不断发展，传播工具现代化程度的提高，创作素材的种类在不断增多，质量也在不断提高。本节介绍几种目前常见的素材类型。

1. 节目

“节目是广播电台、电视台播出内容的最终组织形式。它按时段划分，按线性传播的方式组织内容、依次播送。每个广播节目、电视节目都有明确的宗旨和方针，特定的名称、内容取向、表现风格，一定的时间长度和播出时间。电台和电视台是以节目为基本单位传播的，广播和电视的一切社会功能也是通过节目实现的。‘办节目’是电台、电视台工作的基本出发点和落脚点。”[①]节目是一个多层次的概念，可

① 赵玉明、王福顺主编：《中外广播电视百科全书》，中国广播电视出版社 1995 年版，第 144 页。

以指节目群体，也可以指一个节目或一次节目。节目有多角度的分类。按传媒工具，可分为广播节目、电视节目、网络节目；按内容性质，可分为新闻性节目、教育性节目、文艺性节目和服务性节目；按内容构成和组合形式，可分为综合性节目或专题性节目；按播出方式，有直播节目和录播节目；按播出时间，有定期节目、特别节目、插播节目等。节目是播音主持创作活动的重要依据，所有播音主持创作活动要在节目中进行。所以创作者应对节目的整体特色，办节目的方针、宗旨有较为深入的了解、较为准确的把握，只有这样才能使播音主持创作活动符合整个节目的要求。

2．稿件

稿件是播音主持创作依据中的基本元素。稿件最初是指写好的文字广播稿。随着广播电视事业的发展，稿件的类型不断增多，稿件的形式不断变化，稿件的分类也更加多样。按传媒工具分，有广播播音主持稿件，有电视播音主持稿件；按内容分，有新闻类稿件、专题类稿件、文艺类稿件等；按传播方式分，有的稿件单独播出，有的与其他传播素材配合播出。从播音主持创作活动来看，创作主体不仅要了解稿件的形式、样态、传播方式，更重要的是，无论何种类型，何种样态，都要吃透稿件内容，了解稿件的精神实质，通过创造性的劳动，把稿件的文字符号系统转化为有声语言（副语言）的表达系统，把稿件上的文字变成自己要说的话。即便是腹稿，也有一个转化为有声语言和副语言的过程，也要按照语言传播的规律进行组织结构，将其思想内容和精神实质准确、鲜明、生动地传达给受众。同时，由于稿件形式、特点、风格不一样，传播的方式不一样，在创作中，应注意抓住各自的特征，找到各自特有的传播规律。例如，是新闻稿，还是通讯稿；是评论稿，还是文艺稿；是完整的文字稿，还是提纲加腹稿；是口播新闻稿，还是电视片解说稿；是一个人播出的稿，还是两个人（或两个人以上）共同播出的稿；是在整点新闻节目中播出的稿，还是在综合版块节目中播出的稿等，注意运用不同的表现方式将其准确地传达出去。

3．画面（图像）

“电视图像的概念有广义和狭义两种解释。从广义上讲，凡诉诸观众视觉器官的视频信号，均可称为图像；从狭义上讲，图像是电视摄像拍摄下来的一个个镜头画面，所以，许多人又把图像称为‘画面’。”[①]电视图像具有“运动”和“连续”的特征。一方面是拍摄的客观景物、人物的运动；另一方面是摄像机本身的运动，如机器的推、拉、摇、移、跟、升、降等不同的摄法，全、中、近、特写等不同景别的运用。“运动”要有一定的规则、节奏和韵律。“连续”，是指图像与图像之间的更替组合，产生“图像语言”。图像的更替组合应有连贯性、韵律感。图像语言具有表义性，如远景可表达宽广，中景表示正常，近景可描绘细节，特写能着重强调。在画面组接上，直接切换相当于“逗点”；淡入淡出表示“另起一段”；放慢转换，表示抒情，也有“同时”的含义，相当于“分号”；重合叠加可表达“回忆、幻想”。画面语言是具体、形象、丰富、生动的，同时又有局限性，如感性多，理性少；形象易，抽象难；拍实易，摄虚难，等等。播音主持创作主体要了解图像语言的特点功能，利用其形象性，调动感情；把握其规律性，与其配合；弥补其局限性，发挥优势。

4．音乐

“音乐是一种特殊的声音系统，也是广播电视传播的基本介质之一。音乐不仅在广播电视节目系统中占有很大比例，而且作为节目构成要素之一，以各种形态进入节目制作过程，成为一种特殊的音乐形式——节目音乐。”[②]音乐，是由有组织的乐音所形成的艺术形象。它在表达人们的思想感情，反映社会现实生活方面，有着强烈的感染力和广泛的社会性。“节目音乐，是具体节目内容与特殊音乐形式融合的产物，是广播电视节目构成的一个要素。节目音乐既有一般音乐艺术运动规律的共同性，又有受广播电视具体节目内容制约的特殊性。节目音乐并不像音乐节目那样，必须发挥音乐艺术的欣赏功能，恰恰相反，它是把实现具体节目的目的、结构方式和风格特色作为自己的出发点。它借助音乐形象来表述节目内容、深化主题思想、烘托环境气氛、抒发人物感情、推动情节发展，使节目内容更加生动感人，引人

①② 阎玉主编：《中国广播电视学》，中国广播电视出版社 1990 年版，第 439、471 页。

入胜。节目音乐也不像音乐节目那样，追求音乐自身的旋律美和节奏美，它必须根据特定节目的总体要求，与有声语言、电视画面、电声音响有序组合，互渗互补，融为一体，以提高节目的整体效应。”①节目音乐形态有这样几种：标志音乐、描述音乐、导向音乐、间隔音乐、特技音乐。节目音乐具有深化主题思想、渲染环境气氛、连贯语音图像、美化自然音响等作用。节目音乐的结构特征有：

（1）目的性。服从节目的要求，体现节目的意图。

（2）融合性，与其他创作要素融为一体。音乐使有声语言（副语言）富有感染力，语言又使音乐具有明确性，并帮助其体现出目的性。主要融合方式有：交替式，即在语言叙述、描绘中，穿插音乐，烘托对比；重叠式，即音乐与语言、图像、音响重叠结构；混合式，即音乐与语言、音响混合结构。音乐使图像扩大内涵，图像给音乐以形象感。音乐与画面结合的方式有：音画同构式，节目音乐与电视图像情绪一致，节奏吻合；音画平行式，节目音乐与图像平行发展，彼此互不依赖；音画反构式，有意使音乐与图像对立组合，造成人们视觉与听觉的强烈反差，以便更深刻地理解人物内心世界，理解电视图像的本质含义。

（3）变化性。当有序的音乐形式移入节目结构中时，常常由于节目主题以及内容和形式的制约而发生变化。节目音乐还具有旋律美、意境美、整体美等美感效应。在播音创作中，创作主体应注意利用音乐形象、典型等特点，激发感情，注意发挥音乐感染力、表现力，注意协调音乐与其他创作素材的关系，使各方面有机统一，从而增强播音主持创作活动的感染力。

5. 音响

音响指广播电视节目中包含的各种声响。有人物语言、自然界和社会生活中的音响，有现场实况音响，后期配合制作音响。随着广播电视的迅速发展，音响的外延会不断增多。作为创作依据的组成部分，创作主体应了解掌握各种声响在节目中的位置，区别层次，分清主次，使之有机统一于播音主持创作中，更好地服务于播音主持创作，以此

① 阎玉主编：《中国广播电视学》，中国广播电视出版社 1990 年版，第 471 页。

增强播音主持创作活动的生动性。

二、创作依据的特征

在论述各种创作素材时，已经在不同程度上阐述了它们各自的特征，以及如何与播音主持创作活动相协调，使其在创作主体的把握下，为播音主持创作服务。

对于创作依据的共同特征，可以概括为以下几点：

1．可感性。尤其是图像、音乐、音响等，可以直接感觉到；文字稿件的内容，可以唤起创作主体的感受能力。

2．可变性。一方面，各创作素材自身都是运动发展变化的，文字稿件也孕育着内在感情的张力；另一方面，创作主体可以对创作素材进行塑造，重新调整其运动方向、方式、结构布局、强调的重点等。这种可变性，为创作主体创造活动的展开奠定了基础。

3．二度性。所有的创作素材，都是观念形态化以后的东西。文字稿件较为明显，创作时有一个还原的过程。图像、音乐、音响，看上去是客观现实的直接反映，但也经过了选择，这选择就是观念化的过程。所以，在创作活动中，创作主体要把握好创作的意图，使其进一步体现出来。

4．局限性。无论何种创作素材，都在不同方面、不同程度上存在着局限性。音乐只能是线性运行，声音一纵即逝；画面只能反映现象，深入探究事物本质还得靠语言帮忙；文字稿件又难以形象、生动、直观地表现出事物面貌。创作者应善于将各种素材扬长补短，建立起最佳组合系统，更好地为播音主持创作活动服务。

第三节　受　　众

受众，是构成播音主持创作活动的主要方面。受众研究的涉猎面很广，本节主要从播音主持创作活动的角度来研究。

一、受众的含义和特征

在广播电视等媒体传播过程中，“受众是广播电视节目的接受者和服务对象。但他们不是被动的接受者，而是积极的、主动的信息寻求者。受众总是根据自己的需要、兴趣、价值观念等因素去寻求、选择和理解信息。受众在主动寻求信息过程中，不是兼收并蓄所有信息，而是有选择地接触、注意、理解、记忆。选择的标准包含社会因素（如社会的信息环境、文化规范、受众所处群体等）和受众个人因素（如受众的价值观、信息需求、兴趣、情绪等）。受众的信息取向，对广播电视的传播过程有很大的制约作用。”①

广播电视受众，是广播听众和电视观众的总称。在播音主持创作活动中，受众又是接受的主体。

广播电视受众有以下特点：由于广播电视节目的直观性、通俗性和传播渠道的多样性，其受众较其他传媒队伍庞大；由于广播电视节目大多是直播，受众对传播内容的参与程度高；由于广播电视节目可以伴随其他行为收听、收看，受众的接受行为具有伴随性，多数处于半接收状态。

受众，在播音主持创作活动中是一个重要的方面。它是创作活动的出发点和归宿。受众既是创作主体的传播对象，又是创作主体的服务对象。受众的心理要求、接受规律决定着播音主持创作技巧的恰切运用。播音主持技巧中对象感的运用，外部技巧中停连和重音的确定，语气和节奏的把握，都与创作主体对受众的判断有很大关系。

在播音主持创作活动中，受众反作用于创作主体的形式是多样的，这种多样性决定了创作主体与受众交流形式的多样。有的创作活动，受众不在面前，创作者必须要有对象感，同想象中的观众与听众交流，用这种对象感刺激播讲愿望，激发交流感情。有的创作活动，部分观众在现场，创作者既要同现场的观众交流，又要同收音机和电视机前的听众、观众交流，使得交流具有了多向性。这一方面要求创作主体提高交流水平，把握好多向性交流的技巧；另一方面又要求创作主体清醒地认识到，真正的受众仍是在收音机前和电视机前的受众。现场参与者仅仅是一小部分，这些参与者共同完成为收音机、电视机前听众观众

① 赵玉明、王福顺主编：《中外广播电视百科全书》，中国广播电视出版社 1995 年版，第 13 页。

服务的任务。无论是何种交流形式，播音主持创作的基本规律没有变，创作者都要牢牢把握对象感。

二、受众的分类

广播电视受众群体的广泛性和复杂性，决定了他们具有层次性、多样性和特殊性。

研究受众的特性，可以加强播音主持创作的针对性、有效性，并揭示其本质。

受众的分类方式也是多样的：

从接收方式上，可以分为广播听众和电视观众等；从受众态度上，可分为积极受众、固定受众和随意收听收看的受众；从受众结构上，可以分为基本受众、参照受众、特约受众和潜在受众；从国别上，可分为中国受众和外国受众；还可以从文化程度、政治态度、职业、性别、年龄等许多角度、许多方面去分类。

受众的分类可以是无限多样的。而在播音主持创作中，从创作主体对受众的把握（即对象感内部技巧的运用）来看，主要应明确受众的质与量的划分。所谓“量”，是指受众形式方面，如数量的多少、年龄的大小等；所谓“质”，是受众的本质需求。在创作中，既要考虑到“量”即形式方面对“对象感”把握的作用，更应注意到“质”即受众心理需求对“对象感”运用的影响。

三、受众的心理需求及接受规律

认真研究受众的心理需求及接受规律，可以在播音主持创作活动中更好地把握“对象”，即受众的“质”。

受众心理是“影响、制约听众、观众接受行为的心理活动及其规律。受众心理是社会生活和广播电视传播作用于受众大脑产生的主观映像，并随着主客观因素的变化而变化”。[①]

---

① 赵玉明、王福顺主编：《中外广播电视百科全书》，中国广播电视出版社 1995 年版，第 14 页。

受众需求是“受众的重视要求与广播电视节目实际情况之间关系的反映，是受众视听行为的原动力。受众需要有具体的指向对象，既指向物质性的广播电视节目（如新闻节目、文艺节目），也指向这一传播活动的结果，即节目带来的满足。受众需要具有周而复始的特点，即同一种需要会多次重复出现，这是受众需要形成、发展和不断丰富的最重要的条件。同时，受众需要又是随着广播电视活动范围的变化及广播电视传播方式的改变而不断变化”①。

广播电视受众心理的运动过程可以表述为：认识—情感—意志的过程，即知、情、意的过程。在播音主持创作中，创作者应该深入研究受众的这一心理过程，科学把握这一过程运动的规律。

受众心理可分为共性心理、特性心理和逆反心理等。在当前改革开放的年代，我国受众的共性心理主要表现为求新求快，求真求实，求知求教，求富求强，求治求安等。

受众心理活动规律，从微观看，大体表现为“喜新厌旧，喜真厌假，喜活厌死，喜短厌长，喜奇厌平，喜实厌空，喜近厌远，喜正厌偏，喜导厌训，喜优厌劣，等等”②。从宏观看，受众心理活动规律则表现在自主、思辨等方面。

从播音主持创作活动的角度来考察受众的心理活动规律，应注意以下几点：

1. 注意线性，把握过程性。言语传播和接受是线性过程，受众对创作主体所发出的信息有一个认识—判断—接收的过程，有一个接码—解码—收码的过程，有一个认识—情感—意志的过程。创作主体应注意传播中自然属性规律（言语的物理—生理—心理运动过程的规律）与社会属性规律（即心理活动的规律）的双重把握、有机统一。在播音主持创作中，首先应把信息按传播规律传达出来，注意把握听说之间的线性过程。

2. 注意自主性，给予创造性。受众不是消极被动地接受信息，随

①② 赵玉明、王福顺主编：《中外广播电视百科全书》，中国广播电视出版社 1995 年版，第 14 页。

着时代的发展，受众素质的提高，受众的自主性、思辨性愈来愈明显。在播音主持创作活动中，创作者应充分估计到受众的接受能力和水平，为其留下思考的空间、创作的余地。

3．注意层次性，加强引导性。受众的层次水平是不一样的。播音主持创作活动的根本目的是要体现党的政策主张，宣传引导人民群众的社会实践。播音主持创作者要把党的政策变为人民群众的共同主张，就需要既看到受众的个体需要，又看到人民的整体利益；既看到受众的眼前需求，又看到人民的长远理想；既看到受众的表层需要，又看到人民的本质愿望，用人民整体、长远、本质的利益和愿望引导受众。

4．注意情感性，求得共通性。在创作活动中，创作者应考虑受众接受的情感性。能够引起受众情感上的共鸣，是受众接受信息的最有效状态，既要以理服人，又要以情感人。只有充满情感，才能感动他人。要引起受众心灵的共鸣，就要把真挚的感情贯穿于播音主持创作，在播音主持语言表达中，用鲜明的态度鞭挞假、丑、恶，歌颂真、善、美。

5．注意受众反馈，提高播出质量。“受众学中的反馈，是指传播者通过受众对所接收的传播信息的反应，推测和判断受众的心态和需求，检验和证实传播的效果。”[①]随着广播电视现代化程度的不断提高，受众反馈的渠道也越来越多，如来信、来访、电话电报；请进来座谈，走出去调研；选典型访问，找受众对话；参与节目制作，运用电脑网络等。反馈的信息量越来越大，信息面越来越广，这些进一步促进了节目质量的提高。对于播音主持创作者来说，更应重视受众反馈。创作者一方面要重视反馈回来的信息，另一方面还应抽出时间，主动深入群众调查研究，直接获取第一手材料。同时也要看到受众反馈的差异性，对获得的材料应进行选择分析，在充分了解反馈信息的基础上，才能提高播出质量。

---

① 阎玉主编：《中国广播电视学》，中国广播电视出版社 1990 年版，第 734 页。

思考题

1. 创作主体的职能是什么？
2. 创作主体如何正确定位？
3. 创作依据主要有哪些？其特征是什么？
4. 把握受众接受规律应注意什么？

第五章　播音主持创作的手段

内容提要

本章从有声语言和副语言两个方面论述了播音主持创作的手段。在有声语言方面，从有声语言的构成要素（发声系统、表达系统），有声语言的属性特征（创造性、音声性、规范性、情感性、时效性、社会性、身份感、对象感、语境感、分寸感），有声语言表达的规律（思维反应律、词语感受律、对比推进律、情声和谐律、呼吸自如律、自我调检律）等方面论述了其表达手段的内容和特性。在副语言方面，从副语言的构成要素，副语言的特征和功能，副语言的体现规律等方面进行了论述。在把握副语言规律方面，应利用共通性，扩大交流面；注意传承性，体现民族性；运用符号性，增强表意性；利用模糊性，加强引导性；利用可塑性，增强创造性；利用伴随性，加强协同性；利用集成性，把握整体性；运用形象性，增强可感性；把握交流时空，提高传播效率。

有声语言和副语言是播音主持创作的手段。探索其构成要素、功能特征和表达规律，是研究播音主持创作活动的重要一环。

第一节　有声语言

一、有声语言的构成要素

这里主要从发声系统和表达系统来阐述有声语言的构成要素。

（一）发声系统概述

1. 发音器官构成

发音器官是指人体中参与发音活动的器官。根据发音器官在发音过程中的作用，可分为三部分。

（1）动力部分。动力器官主要有肺、横膈、胸廓和气管。这部分为发音提供气息动力。

（2）声源部分。声源部分主要指喉和声带。

（3）吐字部分。吐字器官指喉以上各器官组织，包括唇、齿、舌、软腭等。这些器官，或打开、关闭，形成各种爆破音或摩擦音；或通过位移，使鼻腔与口腔连通或断开，形成鼻音或非鼻音；或通过唇形或舌位变化，使声音产生共鸣，形成不同的元音。

语音同自然界其他声音一样，具有物理属性。每个声音片段中都包含了音高、音强、音长、音质四个要素。

2. 发声要领

掌握科学的用声方法，是获得良好的用声状态，改善用声状况，提高发声能力，使声音持久耐听的重要途径。

发声要领主要包括：正确的呼吸要领，口腔控制要领，音域的扩展，共鸣的获得等。

（1）运用气息的要领

气息是发声的动力。要掌握正确的发声方法，首先必须掌握正确的呼吸方法，把握好气息的运用。

好的声音状态对气息的要求是：深、匀、通、活。

所谓“深”，就是吸气要尽量深一些。

所谓“匀”，就是呼气要尽量均匀，要有控制，不要大撒气。

所谓“通”，就是气息运动的通道要畅通，气息对声音要有支撑作用。

所谓“活”，就是气息运用要灵活，能因情用气，随感情的变化而变化，收放自如。

上述“深”和“匀”，是指吸气和呼气，其中，呼气即对气息的控制，是主要方面。“通”和“活”，通是活的基础，而活又是气息训练的主要目的。

①“深”的练习。深吸气，一种是慢吸，一种是快吸。

慢吸，可以想象闻鲜花的感觉。可以设想，自己在一个雨后空气清新的早晨，站在初开的鲜花旁边，慢慢地用深吸气闻这朵初开的鲜花。这时，就会感到后腰尤其腰带及腰带以下发胀，而两肩和胸部则相对保持松弛，这样的吸气方式是正确的，经常练习会增大自己的吸气量。

快吸，可以想象准备从地上搬重物的感觉。在语言表达时，有时需要快吸气。快吸气，既要快，又要吸得深，准备从地上搬起重物的感觉，较为容易体会这种吸气方法。设想地上放着一个沉重的木箱，你准备把它搬起来或移动位置的一瞬间，你在用力之前会迅速地深吸一口气。快吸时，你会猛然感到小腹尤其是丹田处（肚脐下三指的地方）和后腰下部一紧一胀，此时的吸气状态，便是快吸训练的正确方法。

在练习过程中，要尽最大努力，将气吸得越深越好，逐渐加大自己的吸气量，提高自己的吸气能力。而在实际进行有声语言表达即实际讲话和宣读文稿、文件时，则不必像训练时吸得那样满，以吸八分饱为宜。在吸气能力提高后，可不考虑吸气的问题，将主要注意力放在语言表达上。

②“匀”的练习。匀是对呼气的要求。呼气，气息的控制是关键。如果吸得很深，不会控制，一下子全撒出去了，则会前功尽弃。

“匀”的练习，要在练习深吸气并基本掌握的基础上进行。练习呼气匀，在吸气时吸八分饱，不要吸得过满，这样便于控制。吸气后，可体会对准一个小药瓶口均匀地吹气（最好想象能吹出响声）的感觉，时间延续越长，证明你的气息控制能力越强。这时，你会感觉到小腹（尤其是丹田处）渐紧，有向下拉住气息的感觉。你均匀地吹气（即呼气）时间越长，拉的感觉越明显，而胸喉部则保持相对松弛，在发声时要真正用上丹田气，解放胸部及喉部。还可以用均匀地数数的方法练习。数数时，可想象具体事物。比如，数“一、二、三”可以想象是数三棵小树，“四、五、六”想象是三只小鸟，“七、八、九、十”

想象是四束鲜花。这样可以增加发声热情，提高练习质量。

③“通”的练习。可以用单元音“ɑ”（“啊”）来练习。发“ɑ”先由弱渐强，均衡用力，感觉小腹的控制力，体会气息和声音通道的贯通。练习时，为了使气息、声音贯通集中，使发出的声音入话筒，可以在对面的墙上找一个点，这个点的高度最好是低于自己的胸部，站在距这个点两至三米处，对着这个点，发延长的“ɑ”音，感觉到发出的是非常细、又非常有力的气束，集中地均匀地射向你所定的那个点，并可以感受到气束对那个点有穿透力。

“活”的练习主要在后面要谈到的声音弹性训练部分中体现出来。“深”、“匀”、“通”是“活”的基础，“活”又能促进“深”、“匀”、“通”训练质量的提高。

“通”和“活”的训练在开始阶段，注意这样几点：第一，要有流动感。所谓流动感，就是发声者激发起来的思想感情，通过气息形成的语流不停地流动。呼出的气流像山间小溪一样流动不止，时而跳跃，时而平缓，不断前进。气息的向前流动感与气息被小腹向下拉住的感觉，形成了矛盾的统一。如果拉而不流，声音就会僵滞；如果流而不拉，气息又失去了控制。下拉上流，这就形成了声音弹性带的感觉，而这个弹性带的枢纽在小腹。第二，小腹是控制气息流动的钥匙。在用气发声过程中，小腹始终保持紧张度，呈现出微收的状态。小腹紧张度的调整和变化，会使气息和声音有所变化。第三，把握“一气呵成”感。“一气呵成”，并不是说一口气说完，而是从头到尾保持气息的控制状态。要情气贯通，声断而情、气不断。这里，气息应始终处于一种有控制的状态，也就是说小腹始终处于微收状态，不能完全松下来。第四，气随情动。“兴奋从容两肋开，不觉吸气气自来”。感情是气息发生的动因，在练习时，应始终保持兴奋、积极的情感状态。

一般日常生活中人们的呼吸方式可以归纳为胸式呼吸、腹式呼吸、胸腹式联合呼吸。胸式呼吸，气息虽较灵活，但太浅；腹式呼吸气息虽较深，但缺乏灵活度。只有采用胸腹式联合呼吸法，才能使气息达到“深”、“匀”、“通”、“活”的要求。

（2）喉部和口腔控制

气息是发音的动力，喉部和口腔控制是发声的关键。有了正确呼吸方式，把握了用气要领，还要能够正确地利用它“制造”出较好的声音。

① 喉部控制。发声者的喉部控制，是指其在发声过程中，对喉部肌肉活动的调节和协调。喉部控制最根本的一点，就是喉部放松。只有喉部放松，声带才能自如地振动，发出泛音丰富的乐音。如果喉部用力，就会影响声带的自如振动，对发音不利，甚至会出现难听的噪音。喉部放松，用较小的气流就能使声带振动，发音效率提高。如果喉部用力，造成声带过分紧张，发声较“生硬”，声带易疲劳。喉部放松，可以使声道畅通，声带相对松弛，运动自如，发声持久而不疲劳，声音虚实变化自如，富于弹性。

② 口腔控制。口腔是语音的制造场。口腔控制的目的，就是要给这个制造场更大的空间。这样，一方面可以使舌等发音器官有更大的活动范围，为清晰有力地发音创造条件；另一方面，也可以获得较好的口腔共鸣。

（3）吐字归音

吐字归音，是指发声人对字音的字头、字腹、字尾的处理。字头是指声母加上韵头（介音），字腹是指韵腹（主要元音），字尾是指韵尾（尾音）。比如“电”（dian）字，字头是“d”、“i”（介音），字腹是“a”，字尾是“n”。所谓吐字归音到家，就是说字头、字腹、字尾都处理得很好，使发音准确清晰。

（4）声音共鸣

话筒前播音要求发音者采用以口腔为主，辅以胸腔和头腔在内的上下贯通的声道共鸣方式。没有或缺乏共鸣，通过话筒传出来的声音就显得干瘪，没有色彩；有了共鸣，声音才能圆润、宽厚、丰满。声道共鸣状态的感觉是：一根弹性声音柱，由胸部的支持垂直向上，到口腔流动向前，“挂”于硬腭前部，透出口外。

（5）声音弹性

声音弹性，是与声音“僵持”相对立的概念，指声音对人们思想感情的一种适应力，即声音随感情变化而产生的可变性、对比性、层次性。声音的可变性，最主要的是气息状态及声音色彩的变化。声音的变化呈现的对比性主要有：气息的深浅、呼吸的快慢，声音的高低、强弱、实虚、明暗、刚柔、厚薄，以及气息和声音的纵与收等。

声音对比的每一对比项中，都有众多层次，层次之间有着细微差别；控制水平越高，层次间差别越细致。

感情运动，声音变化，是获得声音弹性的必要条件。声音变化靠感情运动，要让气息自如，喉部放松，口齿灵活，在发音之前就应把感情调动起来，并调整好气息的运动，这样声音才能有内在支持力的变化。

（二）表达系统概述

1．内心感受和情感调动

（1）内心感受

内心感受，是指语言表达者透过稿件文字和文字间的相互关系，感觉到其代表的客观事物及它们之间的活动。

感受是从理解到表达的桥梁。语言表达者光停留在对稿件和所表达内容的理解上是不够的，光是理解，没有感受，讲出来的内容只能是干巴巴的。通过感受，发出的有声语言才能活起来，才有生命力。

感受可分为形象感受和逻辑感受。

① 形象感受。形象感受是指语言表达者通过视觉、听觉、味觉、嗅觉、空间知觉、时间知觉等，对所表达内容中描述的事物进行具体能动的体验。有了这种体验和感受，才能通过语气的变化把它们表达出来。

② 逻辑感受。逻辑感受是语言表达者对所表达事物间的逻辑关系的一种主观体验。

语言表达者不应只是“清楚”和“明白”所表达内容的先后顺序、逻辑关系，还必须深入具体地感受它们之间的内在本质、相互作用、相互联系。

逻辑感受包括并列感、对比感、递进感、转折感、主次感、总括感等。

形象感受和逻辑感受不是孤立存在的，运用时，既要注意具体感受，又要注意整体把握，综合运用。

（2）情感调动

情感是播音主持创作的核心。情感的调动可以运用“情景再现”、“内在语”、“对象感”等播音主持创作的内部技巧。

情景再现，就是创作主体像过电影一样，把稿件上的一个个具体场景在自己脑海里展现，以唤起创作者的情感。可分为理清头绪、设身处地、触景生情、现身说法。

内在语，是由语言现象和本质之间的矛盾性构成的。内在语是稿件中的文字语言所不便表露、不能表露或没有完全显露出来的语句本质和语句关系。所谓语句本质，就是语句的内在含义、感情态度。揭示语句本质，就可以使思想感情的运动引向深入。所谓语句关系，就是指语言之间的逻辑链条、逻辑关系。语句之间内含的递进、并列、因果、分合、转折等逻辑关系，构成了逻辑感受链条，促进思想感情的运动、转换和发展。

对象感也是激发播讲愿望的一种手段。创作主体在播音主持时，见不到收音机、电视机前的听众和观众。创作者为了与其交流，设想听众、观众在面前、在心中，并与设想的听众、观众交流，从而引起思想感情的运动，激发播讲愿望。

运用内部技巧调动情感，关键是要展开想象和联想，越是具体的，越是可感的。设想的场景一定要十分具体、形象，这样才能生动可感。在把握感情表达时，一定要注意整体性，注意体现出感情的内涵实质。

2. 外部表达技巧

在有了内心的感受和调动起情感的基础上，语言表达者要运用外部技巧将内在的感受和情感表达出来。

外部表达技巧有停连、重音、语气、节奏。

（1）停连。它包括两个方面：停，是指停顿；连，是指连接。停连位置恰切，语意表达才能清楚。有声语言必须适合听觉规律，有时文字稿件的口头表达，不一定按标点符号停顿，有时有标点的地方可能会连接起来，没有标点的地方也可能安排停顿；有时逗号可以比句号停的时间还长，有时句号可能比顿号停的时间还短。

（2）重音。它是有声语言为传情达意而着重强调的词语。重音强调的方式，可以重读，也可以轻读，可以是实声，也可用虚声，应根据感情和内容的需要灵活掌握。

（3）语气。这一概念有三个方面含义：第一，它以语句为基本单位。第二，具有一定的声音表现形式，即语势。第三，这种声音形式中包含着具体的思想感情，包含着是非和爱憎。是非，是指正确和错误、反对和支持、赞扬和批判、严肃和亲切、郑重和活泼、坚定和犹豫等态度方面的具体性质。爱憎，是指挚爱和憎恨、恐惧和疑虑、冷淡和愤怒等感情方面的具体性质。态度、感情交融一体，可以展现各类语句的丰富多彩。语气要有感情分量，是指要显示出是非、爱憎的不同程度的区别，也叫分寸火候。

（4）节奏。节奏是指由全篇稿件生发出来的，由播音主持创作者思想感情的波澜起伏所造成的抑扬顿挫、轻重缓急的声音形式的回环往复。一般来说，节奏可分为六种类型：高亢型、紧张型、轻快型、低沉型、舒缓型、凝重型。判断一篇稿件属哪种类型，主要是根据重点段落的语句来判断。在把握节奏时，应注意其整体性，即从全篇来把握；注意其变化性，即注意鲜明地区分并体现出各个语句语气的变化；注意其回环性，即注意相同或相似语气变化的规律。节奏的把握通过对比来实现，具体方法是：欲扬先抑、欲抑先扬（扬，一般指声音的趋势向高发展；抑，一般指声音趋势向低发展），欲慢先快、欲快先慢（慢，是指字音稍长，或停顿多而时间长；快，是指字音短促，或停顿少而时间短，或连接较多）。要做到慢而不断，快而不乱，有时也可以慢中有快，快中有慢。

二、有声语言的属性特征

有声语言，既有自然属性，又有社会属性。其自然属性是基础，其社会属性决定于自然属性。这里主要阐述播音主持语言表达的属性特征。

（一）创造性

播音主持有声语言表达是创造性劳动。每次成功的语言表达，都渗透着语言表达者的心血，都是语言表达者创造能力的体现。那种不重视语言表达的创造性特征，不留心或不研究语言表达的规律和技巧的人，是很难获得语言表达的成功的。

播音主持语言表达，是由创作主体、创作依据、受众之间的矛盾运动构成。其中创作者是主体，稿件等创作素材和受众是客体。从表达者同稿件（或素材、腹稿）的关系看，表达者通过主观能动性的发挥，借助感情的力量，建立起一套新的语言传播的符号系统，即把按文字排列传递信息的符号系统，转化为按有声语言和副语言（符合听觉、视觉接受规律）传递信息的符号系统。从表达者同受众（听众、观众）的关系看，表达者面对话筒或摄像机镜头讲话，听众、观众并不一定都在面前，这就对表达者的交流形成了限制，语言表达的创造性正是在这种限制中体现出来的。表达者要发挥自己的想象力，去感受听众、观众的存在，做到面前无人，心中有人，同想象中的听众、观众交流感情。

（二）音声性

有声语言创作的手段是表达者对有声语言和副语言的运用。声音是其创作的基本物质材料，声音是时间的艺术。有声语言是按时间序列运行的，稍纵即逝，有其长处，也有其局限。

有声语言的运动过程，可以概括为：心理—生理—物理—生理—心理。其中前两项（心理、生理）活动，是传播者的；中间一项（物理）活动，是电子传媒过程；后两项（生理、心理）活动，是受众的。这五项活动按线性规律瞬间完成。其中，生理和物理活动的过程，具有自然属性；心理活动的内容，具有社会属性。广播电视传媒所进行的有声语言表达，使这一过程具有开放性。生活中人们言语活动的这五个过程相对封闭，传者和受者可以面对面交流。

声音这一物质材料，也包括副语言，既有自然属性的一面，又有社会属性的一面，在运用过程中，既要注意其自然属性一面，又要注意其社会属性一面，要在传播信息的同时反映出传播者应有的态度和思想感情。

声音有先天因素，但更需要后天锻炼。按照声音运动的规律，采用科学练声方法，正确发声，每个人（除疾病患者）的声音都会成为其语言表达的得力工具，为语言传播增添光彩。

世界上没有两片完全相同的叶子，也没有两副完全一样的嗓子。声音训练，既要把握统一规律，运用科学方法，改掉自身毛病，又要因人制宜，挖掘自身的特点和长处，不断探索，才能逐步形成自己的风格特色。

（三）规范性

播音主持通过广播电视这一电子大众传媒，面向亿万观众传播，要使用标准的普通话，这样既可以提高传播质量，同时也起到推广应用普通话的示范作用。

规范性，不光是体现在普通话的语音、词汇、语法等方面的规范，还包括语体样态、语言表达样式、传播范式等方面的规范。

（四）情感性

情感是有声语言表达的核心支柱，也是有声语言创造活动的动力和源泉。

所谓“情感”，“是人对客观事物是否符合自己的需要所做出的一种心理反应”。“是对对象与主体之间的某种关系的反映。对象与主体需要的不同关系产生不同的情感，不同的情感又驱使主体采取不同的活动，以符合主体的要求和需要。人的情感是社会历史的产物，具有社会的内容和社会的意义。”①

有声语言，始终伴随着情感。有声语言表达，应该是人的情感运动的产物。只要将文字稿件（或腹稿）形之于声，就会有表态性，就会具有一定的态度和感情色彩。因此，有声语言的创造活动，离不开情感。

在有声语言表达中，声音靠气息的支撑，情感是气息的动力，气随情动。

---

① 王朝闻主编：《美学概论》，人民出版社1981年版，第106页。

有声语言表达的情感，以态度和感情色彩等方式体现出来。态度可分为肯定与否定、严肃与亲切、祈求与命令、客观与直露、坚定和犹豫等类型。感情色彩可分为爱憎、悲喜、惧欲、急冷、怒疑等类型。有声语言情感表达的样式应该是多样的，而就某一个稿件、某一个具体内容来讲，情感表达的样式又应是具体的，它有一个主调，但在主旋律上也有小的变奏。广播电视播音主持情感表达应遵循新闻真实性原则，切忌渲染和夸张。好的感情表达，应该是真诚、恰切、质朴的。

（五）时效性

广播电视传媒的新闻时效性，使得有声语言表达活动的创造时间也是十分紧迫的。表达者有时要即兴评述，有时要现场直播，来不及准备，这使得有声语言表达也具有了时效性。因此，表达者平时必须不断积累各方面的知识，提高应变能力和即兴表达能力。

（六）社会性

无线电波传播的广阔时空，使得全社会人们都成为受众。有声语言表达者应该认识到这一点，考虑到传播的广泛性、公开性和社会性，以此调整并把握语言表达的内容。

（七）身份感

身份感是语言传播者对自己定位的感觉和把握。传播者的身份是“大我”和“小我”的有机统一。

所谓“大我”，是指语言传播者作为党的宣传员、新闻工作者的身份应有的国家意识、民族意识和大局意识。

所谓“小我”，是指传播者个人的特点。传播者应以听众、观众的朋友身份与他们交流，为他们服务。传播者可以根据不同内容、不同时间、不同场景，采取不同表达方法，但其身份不能模糊不定。

（八）对象感

由于语言传播过程中听众、观众不在面前，传播者要凭借想象感觉到他们的存在，这就是语言表达过程中的对象感。传播者通过对想象的受众的感应和把握，与他们交流，可以激发语言表达的愿望。

（九）语境感

有声语言表达，是在一定的语言环境和背景下进行的。环境和背景的不同或变换，对语言表达有着直接的影响和制约。它涉及对语言表达感情态度的把握、声音语气的控制、语句词汇的选择等。表达者只有树立语言环境意识，才能从整体上驾驭有声语言的传播。

语言环境，包括社会环境、言语环境、传播环境等。

社会环境，就是语言表达者当时所处的社会背景，包括政治、经济、文化、历史等同表达内容的联系。表达者应了解当时的社会环境，把握住它与表达内容之间的联系，以增加语言表达的纵深感。

言语环境，就是表达者说话时所身临的场景，或是在演播室，或是在办公室、会议室，或是在室外的建筑工地、运动场、农田等处。这些不同的场景，对语言表达者是有不同要求的，表达者应根据不同场合调整和把握好自己的语言表达。

传播环境，是指语言表达者应了解自己讲的内容是在什么时间、什么节目中播出，是新闻节目、专题节目，还是对外报道。这些也都在不同程度上影响语言表达。

（十）分寸感

分寸感是指语言表达者对情感、政策尺度准确把握的感知。分寸感是衡量语言表达者政治素养、思想水平的重要方面。分寸感要求语言表达者的态度、感情必须恰到好处，既不能欠缺，也不能过火。

三、播音主持有声语言表达的规律

（一）播音主持表达规律[①]

这里所讲的播音主持语言表达规律，是指基于播音主持工作的新闻属性及广播电视的传播特性，体现在语言表达创作方面所具有的规律。

广播电台、电视台各类节目有丰富多彩的播音主持方式，但无

① 这一问题主要参照张颂的论述，见赵玉明、王顺福主编：《中外广播电视百科全书》，中国广播电视出版社 1995 年版，第 136～139 页。

论是广播播音主持，还是电视播音主持；是有稿播音主持，还是无稿播音主持；是播音员主持，还是主持人播音，都存在着一些共同的规律。

首先，从存在的前提条件看，一方面由播音主持工作所具有的新闻属性决定，另一方面由广播电视通过电子技术所进行的大众传播方式决定，播音主持的有声语言在表达思想感情方面要有自己的特色，如播音主持的“规范性”、“庄重性”、“鼓动性”、“时代感”、“分寸感”、“亲切感”等。

其次，从播音主持的主体看，其创作要素是共同的，如思维、情感、语言、检测调节等心理活动，如呼吸、用声等生理活动；同时，创作主体与文稿、与客观现实的关系，以及创作主体驾驭有声语言活动方面，都必须符合播音主持创作的前提。

这些创作的主客观方面的普遍性特征构成播音主持表达的共同规律，主要包括：思维反应律，词语感受律，对比推进律，情声和谐律，呼吸自如律，自我调检律。

1. 思维反应律

播音主持创作中，播音员、主持人必须遵循的是播音主持的语言与思维紧密结合，并符合“新闻性”要求的思维活动规律，这是播音主持创作心理的重要支柱。积极的思维，是从事创造性活动的共同要求，对播音主持工作来说则更具特殊的意义。

第一，必须确立思维活动在播音主持创作中的先导地位。手中没有现成文字稿件的各类口语播音主持，播音员、主持人面对的是客观现实（新闻事件、人物及其他具体的现实），只有经过周密、快速的思维，形成明确的题旨，经过语言“编码”，才能以有声语言的形式把思想情感外化传达出来。显然，如果没有积极的思维，现场报道、采访、主持等就无法顺利进行，而思维的质量及播音主持的技能又直接影响着口语播音主持的质量。有稿播音主持，播音员、主持人面对的是载录了记者、编辑思维结果的文字，在把稿件的文字符号转化为语音的声音符号时，存在着不同层次的反应。积极活跃的思维，敏锐准确的反应，能引发诱导出深含意蕴、全面体现文字稿件含义的播音主持效果；怠惰消极的思维、简单迟钝的反应，只能是“照本宣科”式的念字，只是把字形转化为语音，致使播音主持的具体语言与思维脱节，难以形成完整清晰的意思。这种只有浅层次思维反应的播音主持，严格说是没有创作意义的。

第二，播音主持工作的新闻属性给思维活动提出了具体要求。体现在思维速度上，力求反应敏锐迅捷，迅速观察、判断、理解，抓住播音主持创作的核心。体现在思维广度上，力求活跃而明确，既能打开思路，更要注意预想目的的方向性，防止模糊或偏离播出目的。体现在思维深度上，力求准确有序，能深入事物本质，有全面的认识，防止浮于表面或杂乱无章。

第三，播音主持创作中抽象思维与逻辑思维并重，无论是无稿播音主持，还是有稿播音主持，播音员、主持人都要通过分析、综合、比较、抽象和概括等逻辑思维，达到把握事物本质的目的。同时，又要通过表象、想象和情感渗入的形象思维，把握事物生动具体的形象和蕴涵，从而对客观现实，或由文字稿件间接反映的客观现实，产生出积极活跃的思维、敏锐准确的反应，形成准确、鲜明、生动的播音主持语言的先导。

2．词语感受律

播音主持语言的声音形式，必须使词语蕴涵着被具体、准确、深刻感受的表达规律。这是播音主持创作心理的重要支柱之一。

积极灵动地感受词语，是使播音主持有声语言比文字语言有更强、更深的直接可感性的前提。在有稿播音主持中，播音员、主持人对所接受的文字刺激要产生相应的感受，但这感受不能仅仅停留在词语概念的明确上，必须通过心灵，以至全身心的活动去感受词语所蕴涵的意义。从某种程度上看，感受词语，是有稿播音主持创作活动的起点。

词语感受在语言序列及相关的语境因素的不断积聚中精细和深化。在创作活动中，随着词语序列的展开，一方面要迅捷、敏感地辨别词语的细微差别，准确把握词语的具体含义和色彩；另一方面，要不断扩大语言单位，不拘泥于个别的词语，而应观照上下文、播出目的、接受对象、节目形式等语境因素，更准确、更精细地感受词语。当然，这是以平日大量的词语感受的积累为基础的。

词语感受以目的性为统率，具有选择性和迅捷性的特点，这是播音主持工作的新闻性所决定的。播音主持创作中的词语感受是有方向、有范围的。由播出目的确立的词语序列中的重点词语，是感受的重点。在词语感受中要防止见字生情，横生枝蔓，干扰或削弱播出目的的实现。

词语感受包括对词语的形象和逻辑两方面的感受。播音员、主持人要在词语感受过程中敏锐意识到作者的态度及语言脉络的推进，这是把文字语言转化为有声语言时播音员、主持人必不可少的内心意念。

无稿播音主持，直接面对客观世界具体事物的刺激，播音员、主持人把思想情感由内部语言扩展为外部语言时，要基于平时对词语感受的积累，迅速敏锐地选择准确、鲜明、生动的词汇以及丰富多样的句式。同时，具体事物外化为有声语言时，声音中不可丢失具体事物生动的、真切的、直接可感的刺激。那种生硬地背“腹稿”，或刻板、或随意地“说”，都会使有声语言失去具体可感的活力及明确的语言目的，当然是不足取的。

3．对比推进律

这是指通过播音主持语流中声音可感因素的对比变化表达一定思想感情的语言表达规律。

对比，可以使事物在差异比较中鲜明而细致地显现出其特征。播音主持创作中，对比手法的运用，在客观上多角度地、立体地拉开了声音形式表现的差距，扩大了听觉中对比幅度的主观感受，从而造成了鲜明可感的心理现象。声音形式的有强无弱，有高无低，有快无慢，有刚无柔，或者与之相反的情况，都会给人或声嘶力竭、或平淡机械的感觉。这样的语言活动是没有生命力的，是刻板的、没有感染力的，甚至是不清晰的。而声音形式上的强弱相间、高低错落、快慢有致、刚柔相济的对比变化，使表情达意清晰生动，不仅适合受众的接受心理和视听习惯，而且能具体地表现出思想感情的丰富色彩和变化层次，展现出内容的推进发展。对比手法运用得好，还会使播音主持创作具有美学价值。

对比，以播音员、主持人从传播内容、形式等方面体验到的不同感受、不同态度、不同感情为内心依据，以声音的高低、强弱、快慢、松紧、刚柔、虚实、停连等为对比表现方法。“对比突出”是播音主持的几种表达技巧的共同原则。停连的技巧，是运用语流的中断与连接、中断时间的长和短、中断次数的多与少等方面的对比，来区分语义，表达情感；重音技巧，是运用重音与非重音、主要重音与次要重音在声音各种要素（音高、音强、音色、音长）方面的对比，使语句目的巧妙而鲜明地凸显出来；语气、节奏技巧，则是运用各类语势的曲折变化，或不同节奏的对比组合，生动地传导出思想感情的跃动。

对比必须与推进联结在一起，对比是为了推进。有对比，才有变化；有变化，才能显露出推进的目的和方向，对比也才有生命力和意义。在明确的语言目的的指导下，对比才具有目的性、方向性，而不致沦为没有思想感情依据的形式主义的腔调、格式。准确地把握语言大小单位（从字词、语句、段落到篇章）的主次关系，精细地体验感情变化层次的分寸火候，声音形式的对比就有了坚实的内心依据，就能获得行进的态势，具有推进的意味。

4．情声和谐律

这是指播音主持创作中，反映情感与声音之间正确关系的基本规律。

播音主持的声音形式必须饱含播音员、主持人的创作热情及具体的态度感情。声情并茂的播音主持，有助于使受众的收听收看由无意注意转为有意注意，由被动接受转为主动接受；声情并茂的语言，给人以美感，能充分发挥有声语言的优势，生动传神地传播广播和电视节目的内容。

播音主持的电子传播手段，播音员、主持人与受众的关系，受众的接受心理，这些制约因素都决定了播音员、主持人在创作中感情要饱满真挚，但声音要有一定的节制，“宁可情足声欠，不可声足情欠”。

节制声音有三层含义：其一，声音的起伏变化，应有充实、贴切的感情依据。言为心声，只能以情带声，以声传情，不可“情不足，声来补”，以声造情；更不能声情脱节，南辕北辙，声音与感情要和谐统一。其二，话筒前用声要适应电子传播特点，并视各人嗓音特点正确调节用声状态；既不要一味追求洪亮，高声大气，也不可一味压低声音，虚声虚气。其三，用声要留有余地，这有利于感情的丰富层次的表现；同时，用声留有余地，起伏变化才可能做到灵巧自如，从而使播音主持的语言表达具有艺术性，更利于受众接受。

5. 呼吸自如律

这是播音主持语言表达过程中，呼吸与感情、呼吸与声音的关系及呼吸状态的运动规律。

在播音主持语言发出过程中，呼吸不仅提供着发声的动力，而且是驱动声音发生变化、生动传达感情的重要枢纽。呼吸自如且状态多样，是播音主持创作基础性和技巧性的保证。自如的呼吸把情感和声音联结在一起，那种因情而动的各种呼吸状态，配合着声带的不同控制、共鸣的不同调节，可以带来声音的丰富变化，有时气息自身的某些状态也可传导特定的感情。而呼吸状态僵紧、单一，是无从产生声情并茂的播音主持创作的。

播音员、主持人积极专注的创作状态，真挚灵动的感情，是呼吸自如的前提条件。因情用气，气随情动，是气息运动变化的基本原则。对气息运动状态的自如控制，是具有技巧性的基本功。

气息状态多样，变化灵活，这是呼吸自如律的核心。胸腹联合呼吸作为播音主持的基本呼吸状态，可以使气息通畅、稳健、持久且易于控制调节，而且气息量的多少，气息位置的深浅，气息流速的快慢，气息压力的大小等多侧面、多层次的细致变化，构成了多种用气状态，而胸腹联合呼吸方式就包括许多不同的用气状态。此外，为表现某些特定的思想感情，也不排除使用腹式呼吸或胸式呼吸。

各种不同的气息状态，由具体的思想感情引动，同时还需要技巧性的调节控制。两肋及丹田拮抗力的大小差异，拮抗时间长短的不同，在拮抗中孰主孰次的不同及主次作用的转换，这些是启动声音变化的直接力量。自如灵活地调控气息的多种状态，有赖于气息运用基本功的锻炼。

6．自我调检律

这是播音员、主持人在话筒前的实际创作过程中，自我检验、自我调节，以使播音主持创作达到完美的规律。

话筒前的创作，即大脑皮层优势兴奋中枢制约传播目的引导下的语言活动。这是由心理到生理的一系列复杂的活动，它直接体现于语言的发出。实际上，在播音主持语言发出过程中，不只是发音器官在活动，听觉也处于兴奋中枢的边缘，监听检测着发出的语言效果，并把有关的判断返回大脑语言中枢，语言中枢根据反馈及时对相关部位发出调节控制的指令，使播音主持的语言效果趋向优化。

话筒前语言创作过程中积极的检验调节，是一种对语言的自控能力。它主要检验播音员、主持人创作时思维和情感的运动状况及发出语流中的语音状况、气息声音状况、技巧运用状况，也即声音形式的表现状况。一旦发现问题，立即从心理和生理等角度做出巧妙的调节控制，以保证播音主持创作的正常和顺利。这种对播音主持语言的自控能力，一方面源于对传播内容的深透了解和体验；另一方面需要有意识地培养训练，积累实践经验。在良好的播音主持状态下，检验调节不仅能及时“纠偏”，而且还具有积极主动的创作意义。

检验调节不是随心所欲的任意活动，实现播出目的，优化播音主持效果，是检验调节的宗旨。因此，自我调检在创作中应处于注意的边缘，如若“句句返听”，使检验成为注意的中心，则必定干扰传播内容的推进，造成语言迟疑、滞塞，游离语言目的，甚而导致播音主持失败。

（二）几种主要语言表达样式

1．宣读式

播音主持语言表达样式之一。其特点是语速稍慢、节奏稳健、语句工整、语气庄重、力度较强。多用于法令、公告、章程、决议等文件的语言表达。

2．播报式

播音主持语言表达样式之一。特点是语句工整，节奏明快，富于新鲜感。多用于新闻（消息）的语言表达。

3．讲述式

播音主持语言表达样式之一。此种样式包含讲解、说明、叙述、描写、评述等多种特征，语言表达变化丰富。多用于专题类节目的语言表达。

4．谈话式

播音主持语言表达样式之一。特点是亲切、生动、灵活、自然，交流感强。多用于主持人节目和对话等文体的语言表达。

第二节　副　语　言

随着电视和网络视频的不断发展，副语言在播音主持创作中越来越显示出重要作用。本节从副语言的构成要素、特征功能和体现规律方面对其进行分析。

一、副语言的构成要素

“事实告诉人们，无论操何种语言，包括使用双语或多种语言者，均具有副语言习俗。副语言习俗是人类共有的传承文化现象，是与言语交际并存、并行的特殊语言习俗。当然，因民族、语言、地理、文化之不同，各种副语言习俗存在种种差异，有时尚很突出，既有共通性，又有差异性。”[①]“我们主张用‘副语言’，是因为它们是语言的副产品，伴随着语言，附属于语言的。有时，特别是面对面的时候，语言可以只出现在思维活动中，即‘心里话’，而副语言表达，那效果反而有更好的情况。更多的时候，副语言辅助语言，共同完成表情达意、言志传神的任务。”

“副语言，包括眼神、面部表情、体态、服饰、时空感觉显示等。

① 曲彦斌：《副语言习俗》，辽宁大学出版社 1988 年版，第 3 页。

这里需要说明的只有时空感觉显示。如广播中话筒的距离变化，筋肉感觉造成的气息、声音状态；电视中灯光强弱，镜头焦距，背景中季节、环境气氛显示等，都是在传播中副语言的运用。”①

在播音主持创作中，副语言主要是由体态系统和境态系统（与体态相关的）组成的表情达意、传递信息的符号系统。

体态系统，由传播主体的面部表情、身体动作以及服饰着装等组成。

境态系统，由和传播主体传播活动相关的传播环境构成。

二、副语言的特征和功能

“准确、精巧、简洁而清晰地运用副语言交际艺术的关键，在于摸清副语言习俗的一般特征，亦即它的普遍规律。我们可以比较概括地总结出这样一些一般特征，即：共通性，传承性，心理性，符号性，文化个性，模糊性，习惯性，总成性，转换性和功利性。”②

在播音主持创作中，副语言具有补充言语信息，替代言语信息，强调言语信息，否定言语信息，重复言语信息，调节言语信息等功能和作用。（参见第十章中关于电视播音主持的例证。）

三、副语言的体现规律

副语言因其自身的功能特征，在播音主持创作中自有其体现规律。掌握其特征，把握其体现规律，是为了更好地为播音主持创作服务。

1. 利用共通性，扩大交流面。副语言虽具有民族性，但也有许多共通性。副语言的共通性，表现为某些基本的语言信息可以使大多数不同民族、不同地位、不同肤色及使用不同语言，或有着不同文化背景的人们能够接收并解译出一致或接近的含义。这种共通性，一方面是源于人类衣、食、住、行、娱乐、交际等生理、心理上本能的相似

① 张颂：《播音主持语言通论》，北京广播学院出版社 1994 年版，第 74 页。
② 曲彦斌：《副语言习俗》，辽宁大学出版社 1988 年版，第 189 页。

性，另一方面是基于人类交流活动的社会性。在当前世界，地球已变为地球村，传播已国际化，卫星通信技术、数字化和网络化技术在广播电视中的应用使得许多电视台上星入网播出。因此，无论是中央台，还是地方台，播音员、主持人都不得不考虑传播的国际化、全球化。在表情达意过程中，应发挥副语言共通性的功能，拓宽交流内容，扩大交流对象数量。还可以利用这种共通性，弥补有声语言表达的不足。这种共通性就像“普通话”一样（不过它是天然的“普通话”），可以充分挖掘利用。

2. 注意传承性，体现民族性。副语言是一种社会文化现象，出自一个个地区、一个个民族、一代又一代人的实践创造和约定俗成。约定俗成也是一个传承与扩展的过程。横向的扩展可以说是传，纵向的延续可以说是承。副语言在传承过程中变异发展，一方面承接下来一部分，另一方面有一部分又发生变异，应防止一讲共通性就全盘西化，丢掉了我们民族的特点；应注意吸收民族的精华，将其继承下来，在副语言的表达中体现出民族性格、民族审美意识和追求。

3. 运用符号性，增强表意性。副语言是以信息的符号形态进行传递和交流的。“副语言符号，是具体语境中副语言信息特定语义、感情色彩标志的凝聚。”[①]在播音主持创作中，要充分认识副语言表意的符号性，分析、建立和运用其符号系统，扩大表意的范围，增强传情的质量，从而提高交流的水平。

4. 利用模糊性，加强引导性。副语言如同语言一样，存在一定的模糊度，这是由它的随机性、任意性决定的，是由它内在的矛盾性决定的。这种模糊性，使其在表意时有相对的不明晰、不确定性，使其自身有向各个方位推进的张力。所以，在播音主持创作中，一方面要看到这种模糊度，注意引导，使副语言尽量明确；另一方面要利用这种模糊度，随机应变，巧妙地发挥其“修辞”功能。

5. 利用可塑性，增强创造性。副语言符号系统的相互作用、转换、

① 曲彦斌：《副语言习俗》，辽宁大学出版社 1988 年版，第 195 页。

表意、表情，处处都体现着任意性、随机性、可变性和模糊性，这样就使其具有很大的可塑性。这种可塑性在播音主持创作中为符号系统的多方面利用转换提供了广阔的创作天地。创作主体应该充分利用这种可塑性，在符号系统的构造、结合、转换、表达过程中，创造出丰富多样的情景。

6. 利用伴随性，加强协同性。副语言往往以其辅助、伴随功能与言语交际一起构成实际传达信息、交流感情的综合方式。副语言在运动过程中，和有声语言既并行、又渗透，不能孤立地看待一个系统、一个方面。在播音主持创作中，很多时候，需要创作主体协调运用这两种手段，使其有机统一。要利用副语言对有声语言所表达意思的补充、强调、调节、重复等功能，一般情况下，要防止出现矛盾。比如，有的主持人认为自己微笑的交流状态是所谓最佳状态，这在传播一些亲切类情感样式的稿件时还算适合，但有时在播出一些事故类消息时还微笑，就大大降低了信息传播质量。副语言与有声语言所表达的内容在态度感情上不协调，会使观众反感。

在一些特殊情况下，也可以利用这种伴随性，运用副语言否定、调节语言信息和表达状态的功能，将有声语言此时不能、不便表达的内容表示或暗示出来。比如，有的播音员、主持人播错了，或打结巴了，他可以运用副语言，如利用面部表情表达歉意或有分寸地不好意思地微笑一下，以否定有声语言对内容的错误表达，调节由错误表达引起的紧张状态。

7. 利用集成性，把握整体性。副语言一方面要与有声语言配合，另一方面自己各要素系统也有一个综合表达的问题。要把握好副语言系统，就要做到体态系统与境态系统的和谐统一。体态系统内部也要注意由表达内容和交流对象引起的面部表情与手势动作的协调统一，服饰着装与表达内容的有机统一，副语言系统内部符号衔接转换的有机协调等。

8. 运用形象性，增强可感性。副语言符号的运动过程有很强的形象性，比如面部表情、体态动作，一看便知，一目了然。这种形象可感性，促进了意图表达的直观性，可以迅速直接地体现语言表达的本意、实质。

9．把握交流时空，提高传播效率。副语言的表达不光在时间、过程中展开，而且其符号系统还在空间中凝聚。有时有声语言要说一长串话才能表达出的一个意思，副语言符号中一个动作就能将其表现得淋漓尽致。要利用副语言空间展示的作用，实现有声语言在时间表达中所不能获得的效能，从而节约时间，提高效率。

思考题

1．有声语言的构成要素是什么？

2．副语言的体现规律是什么？如何正确把握？

第六章　播音主持创作的方法和原则

内容提要

本章从还原、转化、表达三个方面论述了播音主持创作的一般方法。从坚持创造性原则，坚持正确的播音主持创作道路方面论述了播音主持创作所应坚持的基本原则。指出坚持创造性原则，就要充分发挥创作主体的主观能动性；坚持创造性原则，就要充分体现创作主体的创造性劳动；坚持创造性原则，就要坚持播音主持语言的规范化、艺术性；坚持创造性原则，就要既遵循传播规律，又把握宣传属性；坚持创造性原则，就要坚持百花齐放的方针；坚持创造性原则，就要坚持独树一帜的创作理想。指出坚持正确的播音主持创作道路，就要坚持播音主持创作的党性原则；坚持正确的播音主持创作道路，就要坚持播音主持创作的真实性原则；坚持正确的播音主持创作道路，就要坚持播音主持创作的时效性原则；坚持正确的播音主持创作道路，还要很好地把握创作环节的有序性和创作要素的协同性。

第一节　播音主持创作的方法

播音主持创作方法，就是人们在播音主持创作活动中，认识和把握其矛盾运动规律的基本规则和办法。不同于具体的表达技巧和表达方式，它具有基础性、概括性、引导性特征。这种基本的规则和办法，是由播音主持基本矛盾运动的特征所决定的，概括起来即还原、转化、表达。

一、播音主持创作的还原

播音主持创作的素材（稿件、资料、画面、音乐、音响等）是观念形态化以后的东西，具有二度性。播音员、主持人应充分理解、感受文字稿件和电视画面、音响等的表达内容和形式，透过文字、画面、音响，感受现实生活本身。在这样的感受中，对素材的背景、主题、针对性进行充分的挖掘，深入的理解，这是播音主持创作的必需，也是播音主持基本矛盾的特殊性反映在播音主持创作中的必然，即透过第二信号系统的文字、画面等，还原感受文字、画面所反映的现实生活。

二、播音主持创作的转化

播音主持创作的转化，即按视听规律，对文字稿件和其他素材进行重新组织结构，使其纳入视听觉系统，符合视听规律的体现方式。比如文字的标记系统（包括标点符号的位置、自然段落的构成等），在转化为声音传达系统时，必须按听觉的规律对其进行重新组织结构。新组建的结构系统，才是供有声语言、副语言传播表达的系统。

以上所说的还原和转化，一方面是创作主体播音员、主持人对创作客体的素材进行认识、感受、理解、归纳、组织、结构的过程，另一方面也是创作主体自身思想感情发生和运动的过程。所谓思想感情的运动状态，是指“播音员、主持人的思想感情沿着创作依据的序列，循着创作思路的轨迹，随着播送内容的发展而不断变化的状态”[①]。思想感情的运动状态，是理解的深化、感受的升华，是对创作素材进行组织和结构的动力。播音主持创作中思想感情的运动，不是主观随意的感情的波动，而是情感依据创作素材而发展变化。所以，还原、转化中的感情的运动，是创作主体与创作客体情感相统一的过程。

① 闫玉主编：《中国广播电视学》，中国广播电视出版社1990年版，第537页。

三、播音主持创作的表达

播音主持创作的表达，即把转化过来的系统，把运动着的思想感情，通过有声语言和副语言体现出来，传达给听众、观众。这既是“还原”、“转化”的物化、实现，又是思想感情运动的外化、展现。这一传达活动，就其内容来看，是对创作素材的体现；究其本质来讲，又是对现实生活的反映。所以，表达，一方面要掌握创作材料（有声语言和副语言）的结构运作方式，另一方面要把握现实生活本身的发展运动规律。

从某种意义上讲，创作材料的运作方式，同生活规律有着紧密的联系，后者是源，前者是流。如播音主持中停连、重音、语气、节奏等技巧，往往同生活中人们语言活动的一些规律相对应，而所传达的消息、通讯等内容，也是现实生活的反映。所以，无论是传达形式或内容，都受现实生活的制约，要求创作者把握现实生活的规律。与此同时，播音主持表达系统的运作不是封闭的，而是开放的，它需要传达者在传播的同时，又接受想象中听众、观众的反馈和刺激；在有声语言和副语言表达中同其创作素材协调一致。

第二节 播音主持创作的原则

人们对播音主持这一事物矛盾运动规律的认识和把握的基本准则，即是播音主持创作的原则。原则是观念形态的东西，它是根据规律发展而来的。要研究播音主持创作原则，必须依据播音主持基本矛盾运动的特点、播音主持创作内外部系统各要素发展运动和相互作用的规律来认识。按照这种指导思想，播音主持创作原则至少可以概括为以下两个方面。

一、坚持创造性原则

要正确地把握播音主持创作活动，就必须坚持播音主持创造性原则。

坚持播音主持的创造性原则，就要充分发挥创作主体（播音员、主持人）的主观能动性，强调其对创作活动的驾驭、对创作素材的把握，强调其对符号转换系统的操作，在转化过程中体现出主体的重要作用。

坚持播音主持的创造性原则，就要充分体现创作主体（播音员、主持人）的创造性劳动。播音主持这一创作过程是复杂的、艰苦的，其劳动既有心理的，也有生理的；既有脑力的，也有体力的，只有花费大量心血、付出艰辛的劳动才能实现。那种把播音主持看成是不动脑筋的“照本宣科”，简单的“见字出声”，机械的“传声筒”的认识，都是同播音主持这一创造性活动格格不入的。

坚持播音主持的创造性原则，就要坚持播音主持语言的规范化，承认播音主持是一门语言艺术。那种把不标准不规范的语音当做自己的个性、特色，充斥播音主持中，那种把貌似“生活化”、“自然亲切”的语言掺入播音主持中，是对播音主持创作的玷污。这样的自然主义、随意性的倾向，只能把播音主持从创造性的殿堂拉入荒漠和歧途。所以，必须力戒“随心所欲”。①

坚持播音主持的创造性原则，就要既遵循传播的规律，又把握其宣传属性；既看到其符号系统的作用，又注意其社会实践的决定性；既注意其创作主体声音、形象的可听性和可视性，又注意其可信性；既研究受众的个性心理，又研究受众的社会心理。

坚持播音主持的创造性原则，就要坚持“广采博收、百花齐放的创作方针”②。播音主持创作系统的开放性、播音主持学科的边缘性、播音主持内容的多样性、播音主持对象的多重性，决定了在播音主持创作中必须广采博收，“汇天下之精华”③，才能适应不同创作内容、创作对象的需要和审美追求。坚持百花齐放，就要鼓励不同播音主持风格的创立，反对千篇一律、千人一面、千口一腔，反对播音主持创作中的机械模仿。

---

① 齐越：《献给祖国的声音》，中国广播电视出版社1991年版，第93页。
② 闫玉主编：《中国广播电视学》，中国广播电视出版社1990年版，第534页。
③ 吴冷西语。

坚持播音主持的创造性原则，就要坚持“自己走路、独树一帜的创作理想”[①]。在“汇天下之精华”的同时，还必须“扬独家之优势”[②]。中国特色的人民广播电视的播音主持创作有着自己独特的优势，比如：“优美的民族语言，深挚的民族情感，丰厚的民族遗产，质朴的民族性格，凝聚的民族心理，坚韧的民族气质，高洁的民族品德，果敢的民族精神”[③]等等，在世界上多种电波纵横交织、国际各种传播相互撞击中，有我们可以借鉴的东西，但是我们千万不能只注意到传播的“现代化”，而丢掉了我们自己的播音主持创作的优势和创作理想。

二、坚持正确的播音主持创作道路

正确的播音主持创作道路可以表述为：“站在无产阶级党性和党的政策的立场上，以新闻工作者特有的敏感，把握国内外形势的发展变化和人民群众的思想实际，准确及时地、高效率高质量地完成深入理解—具体感受—形之于声—及于受众的过程，以积极自如的话筒前状态进行有声语言的再创造，达到恰切的思想感情与尽可能完美的语言技巧的统一，体裁风格与声音形式的统一，准确、鲜明、生动地传达出稿件的精神实质，发挥广播电视教育和鼓舞广大人民群众的作用。”[④]

坚持正确的播音主持创作道路，首先就要坚持播音主持创作的党性原则。党性即阶级性和倾向性。党性体现在播音主持创作中，即鲜明的无产阶级感情。由于无产阶级代表生产力发展的必然，具有强大的生命力，其社会实践具有丰富性、多样性，所以无产阶级感情及其表现方式既是向上的，又是丰富的、多样的，这种向上和多样性的统一，才是无产阶级感情表达的特征。在播音主持创作中，既要有自己感情的表达特点，又要把握党的政策分寸，既要有自己的形象特征，又要符合党的宣传员这一总体形象的准则。

①③④ 闫玉主编：《中国广播电视学》，中国广播电视出版社 1990 年版，第 535 页。
② 吴冷西语。

坚持正确的播音主持创作道路，就要坚持播音主持创作的真实性原则。播音主持，是广播电视宣传中的一环，播音员、主持人是党的新闻工作者中的一分子，播音主持创作具有新闻性特征，所以播音主持创作必然要坚持真实性原则。新闻真实性含义，既包括现象真实，更要求本质真实，是现象真实与本质真实的统一；既包括局部真实，更要求整体真实，是局部真实与整体真实的统一；既包括静态真实，更要求动态真实，要从运动的现在看到运动的未来。所以，播音主持创作中的真实性，也应是全息的体现。它既包括播音员、主持人不读错字音、不播错内容，又包括播音主持创作情感表达的准确性和党的政策分寸的准确掌控。同时，这种真实性还体现在形象的塑造、身份的把握等语言和副语言表达的各个方面。

坚持正确的播音主持创作道路，就要坚持播音主持创作中的时效性原则，这是由广播电视新闻宣传的时效性所决定的。这一时效性的体现，一方面反映在播音主持创作活动的即时性上，即准备的时间很短，不像其他艺术创作活动那样有充分的准备时间；另一方面反映在新鲜感和时代感的态度体现上。有时你播音主持的节目是按时播出去了，但是没有体现出新鲜感和时代感，也不能说你就很好地体现出了新闻的时效性。

坚持正确的播音主持创作道路，还要很好地把握创作环节的有序性和创作要素的协同性。所谓创作环节的有序性，就是指“深入理解—具体感受—形之于声—及于受众”，这个过程不能颠倒，不能割断。比如，不去深入细致地分析理解稿件，不去具体感受，就形之于声，就上口去播，这样的播音主持创作肯定是不成功的。至于有些急稿或直播，也并不是说就不要理解感受了，只不过是播音员、主持人，尤其是一些有经验的老播音员、主持人，由于根底深厚，广义备稿基础好，这一过程在瞬间完成罢了。这也说明这种有序性的开放把握的特征，即广义备稿对狭义备稿的基础和支撑的作用。所谓创作要素的协同性，就是指播音主持创作中各要素相互协调统一。比如，语言和副语言的统一，声音和画面的统一，当然也包括感受与理解的和谐一致，理解与表达的有机统一，传播稿件内容同“接受”受众反馈的协调等。

思考题

1. 播音主持创作方法的基本含义是什么？
2. 怎样才能坚持正确的播音主持创作道路？

第七章　播音主持创作的分类

内容提要

本章论述了播音主持分类的意义和原则，播音主持创作的具体分类方法等。播音主持分类是播音主持理论体系建立的必然，是在其学科的边缘性、多样性中认识其规律的需要。分类可以使研究对象具体化。分类遵循多视角、多分法，多层面、细分法，边划分、边综合的原则。分类可从传播媒介和创作文体上划分，从创作过程和创作要素上划分，从传播方式和语言样式上划分。

第一节　分类的意义和原则

一、分类的意义

所谓分类，就是“根据事物的特点分别归类”。播音主持创作的分类，就是根据播音主持创作这一事物自身矛盾运动所呈现出的不同特征对其进行划分归类。这种划分，对于充分认识和研究播音主持，对于增强研究的针对性和对象把握的具体化都具有重要意义。同时也可以使研究出的理论对播音主持创作的实践有更为具体、针对性更强的指导。

1. 分类是播音主持理论体系建立的必然，也是播音主持学科成熟的标志之一。随着播音主持这一事物不断发展、成熟，播音主持创作系统内部各种要素的组合方式不断建立起来，同系统外部的联系也日益增多，其各种运动规律和特点也越来越多地呈现出来。这一方面标志着学科自身的成熟，另一方面也要求我们必须进行分门别类的研究，才能把各种特征和规律具体揭示出来。

2. 播音主持学科的边缘性和播音主持创作的多样性，使得分类在播音主持学科的建立尤为重要。这种边缘性和多样性，使得播音主持创作系统更为纷繁、复杂，各种规律和特征交织在一起，只有分类，才能清楚地认识其规律和特征。

3. 对播音主持创作分类，可以使播音主持研究对象进一步具体化，从而使理论的研究和实践的指导更富有针对性。比如，分析播音主持语言的转化，播音和主持不一样，有稿播音主持和无稿播音主持也不一样；研究播音主持创作的依据，广播播音主持和电视播音主持就不相同。再比如，笼统地谈播音主持语速的问题是很难说清楚的，只有区别广播播音主持和电视播音主持、新闻播音和文艺播音、播报式播音和谈话体播音、20 世纪的播音主持和新世纪的播音主持等，才能说清楚。

二、分类的原则

由于播音主持学科的边缘性，创作系统的复杂性，创作过程的纷繁性，创作特征的多样性，在播音主持分类上不能采取简单的分类办法，而应该采取多视角、多分法原则，多层面、细分法原则，边划分、边综合原则。

1. 多视角、多分法原则。对播音主持创作系统的分类应该作综合的、多方面、多角度的考虑。比如从创作过程来看，可以分为创作准备阶段和实际播音主持阶段；从创作矛盾主客体来看，可以分为创作主体和接受客体两个方面；从传播媒介上，可以分为广播播音主持和电视播音主持；从传播符号上，可以分为语言传播和副语言传播；从对节目的参与制作过程和语言表达形式上，可以分为新闻播音员播音和节目主持人主持；从语言表达样式上，又可以分为宣读式、播报式、评述式、谈话体等；从播音文体上，可以分为新闻播音、通讯播音、评论播音、对话播音、文艺播音等；从主持体裁上，可以分为新闻评论主持、专题类节目主持、综艺类节目主持、广告播音、体育解说等。

2．多层面、细分法原则。进行多视角分类后，接下来还需细分。比如，从传播媒介的角度可以分为广播播音主持和电视播音主持，但不能只到这个层面为止，还应该进一步划分。如电视播音主持，还可以分为口播、配音、采访、主持等。口播又可以分为新闻口播和艺术类出图像播音等；配音，又可以分为新闻片解说、专题片解说、给专题片中人物配音等。

3．边划分、边综合原则。由于播音主持创作中各子系统构成的交叉性，其分类就包含着对某个子系统的划分和同另一个子系统的联系。因此，播音主持分类，也就需要边划分、边综合。比如，我们要划分出电视口播新闻，就意味着一方面是对电视传播系统的划分，另一方面是同新闻文体系统中一部分的联合，电视传播系统的一部分内容与新闻文体系统中的一部分内容，化合成为电视口播新闻这个类别。这就说明，对分类的认识，不能把其简单地看成是切分，其中还包含一个分合联变的过程。只有这样，才能使我们的分类切合实际。

第二节　播音主持创作的分类方法

从前面的论述中，我们可以得到这样的启示，这里的分类，只能是相对的（因为绝对的分类是无止境的）。根据播音主持创作的特点，至少可以进行以下划分。

一、从传播媒介和创作文体上划分

从传播媒介上，可以分为广播播音主持、电视播音主持和网络播音主持等。

广播播音主持，信息传递的渠道单一，播音员、主持人只能靠有声语言来传送信息，具有音声性。这种单一性和限制性，给播音员、主持人的声音质量、语言表达技巧都提出了很高的要求，同时也给播音员、主持人提供了无限广阔的创作天地，创造性正是在这种限制中生发出来的。

电视播音主持，信息传递可以通过图像、声音、文字等进行，播音员、主持人可以用语言和副语言传递信息，具有声像性。这就要求播音员、主持人不仅声要过关，而且像也要达标，在声像的协调配合上具备一定的水平才能胜任。其播音主持创作的综合性尤为明显。

网络播音主持，信息传递交互性强，播音主持具有较强的综合性，其音频主持具有广播播音主持的一些特点，其视频主持具有电视播音主持的基本特征。

从创作文体上，广播播音主持可以分为新闻（消息）、通讯、评论、对话、文艺，以及知识性、服务类稿件和节目的播音主持等。

电视播音主持可以分为口播、配音、主持、采访等。口播即出图像播音主持，又可以分为口播新闻和口播专题等。配音，又可以分为新闻片解说、专题片解说、给专题片中人物配音等。主持，又可分为新闻类节目主持、专题类节目主持、综艺节目主持等。采访，又可分为新闻采访、专题采访等。

网络播音主持，具有交互性、综合性、随机性等特征，其中资讯、访谈类节目文体较多。

二、从创作过程和创作要素上划分

从创作过程上，可以分为播音主持创作的准备和表达两个阶段。准备阶段既具广义，又具狭义。从广义上讲，包括修养的加深和素质的提高。从狭义上讲，包括声音、形象的训练和塑造，对创作素材的理解感受，创作对象（听众、观众）的设计确定。表达阶段，是创作准备的具体实现，它包括对自身声音、形象、情感的具体把握；对创作素材的综合转化；对创作对象的心理感知，这其中也包括内、外部技巧的综合运用。

从创作要素上，可以分为三大要素。决定播音主持创作活动的这三大要素是：创作主体（播音员、主持人）、创作素材（节目、稿件、画面、音乐、音响等）、受众（听众、观众）。

三、从传播方式和语言表达样式上划分

从传播方式上，可以分为录播（事先录音、录像，然后播出）和直播（为保证其时效，直接播出，播出和接收是同步的）。录播可以有一定的准备时间，创作过程即从准备到表达，可以明显地展开。直播，有时来不及看一遍稿子，准备和表达过程处于共时状态，同步进行，综合体现。这就要求播音员、主持人平时要增强广义备稿的能力，提高自身的综合素质。

从对语言的组织和转化上，可分为有稿播音主持和无稿播音主持。二者都有一个形之于声像（即语言和副语言）的问题，都需要对其规律进行很好的把握，都包含着创造性，没有高低贵贱之分。只不过有稿播音主持更注重转化，无稿播音主持更注重生成。作为播音员或主持人，应做到“有稿播音锦上添花，无稿播音出口成章”。

从语言表达样式上，可分为有声语言表达和副语言的体现。有声语言表达，又可以分为音质、音色的体现，是高音、中音还是低音，是浑厚的还是甜美的等；可以分为不同的语言表达样式，如宣读式、评述式、播报式、交谈式等；可以分为不同语言表达技巧，如内部技巧有情景再现、内在语、对象感，外部技巧有停连、重音、语气、节奏。副语言的体现，可分为动态的展现和静态的体现。由于图像画面的运动是在时间上展开的，所以所谓动态展现，是指播音员、主持人通过面部表情和身体动作过程所展现出的信息。同时，副语言符号有时不通过运动，也可以传递信息，如播音员、主持人的化妆、着装等，这就是静态的体现。

思考题

1. 播音主持创作分类的原则是什么？
2. 播音主持创作分类的角度有哪些？

第八章　播音主持文体概述（上）

内容提要

本章对新闻（消息）播音、通讯播音、评论播音主持、对话播音主持等几种主要播音主持文体形式和语言表达样式及特征进行了简要论述，指出新闻（消息）播音的关键在于“求新”，在比中求新，深中求新，把握好分寸感，处理好客观报道与表态性的关系；通讯播音的关键在于“传情”，要注意表现手段的综合运用，表达要形象、具体、生动、感人；评论播音的关键在于“论理”，语言表达要有穿透力和感召力，要逻辑严谨、态度鲜明、分寸得当、语气肯定、重音坚实、节奏稳健；对话播音主持的关键是“像说话、对起来”，要设计好人物，把握好身份感，在语言表达中做到“真听、真想、真交流”。

第一节　新闻（消息）播音

“广播电台、电视台发布的新闻通过播音员的有声语言传送出来的播音创作就称为新闻播音，这里特指消息的播音。”“新闻是新近发生的事实的报道。”[①]同其他几种文体形式相比，新闻对客观事物的反映是概述的，同时要求准确、及时，以体现出新闻的真实性和时效性。

---

① 赵玉明、王福顺主编：《中外广播电视百科全书》，中国广播电视出版社 1995 年版，第 139 页。

要播好新闻，就要求播音员和节目主持人具有新闻敏感，注意长期积累各种知识，了解宣传背景，把握方针政策。

在备稿和播音主持中，应注意寻找和把握新闻的新鲜点。新鲜点是“新闻稿件中的新闻事实及其具有现实意义的关键内容，也指重要的新闻要素。新鲜点着重体现在消息本身的新鲜之处，是播音员、主持人准备稿件时的工作要点，创作过程中的表达重点”[①]。新闻播音的新鲜感可以说就是播音员在新闻播音中通过有声语言和副语言所表达出的稿件的新意和播音员新鲜的感受和态度。播音员可以从新闻事实的内容及发生时间上，从消息反映出来的思想观点及表现手段、手法上把握新闻稿件的新鲜点。从宏观上讲，播音员、主持人的政策观念、新闻敏感、知识结构决定着新鲜点把握的程度。具体来讲，就是一事物区别于它事物的独特之处，这独特性正是在比较中显示出来的。怎么比？第一，同一时期的不同事件。把处在相同时间内的不同事件进行比较，便可以发现它们各自的不同特点。这是横向比较。比如，在一次节目播出中有这样两条消息：一条是河南棉花丰收，另一个是山东棉花丰收。同一时间里，都是棉花丰收的消息，如果不认真进行分析，很容易播得雷同。但如果认真分析比较后就会发现，山东的棉花丰收，是在去年丰收的基础上，今年又获丰收，河南的棉花丰收是在大灾之年夺得的。这样一比，在感情态度上就会有所区别：这两条消息都是赞扬的感情，前一条要体现出连年夺丰收的语气，播音时节奏轻快，语势上扬；后一条要表达出抗灾夺丰收的情感，播音中节奏稳健，语气坚定。第二，同一事件的不同时间。事物发展具有连续性，即使同一事件处在不同的时间也有发展变化，呈现出不同特点。把这一事件在不同阶段的发展变化加以比较，就会找到其新鲜之处。这是纵向比较。比如，宣传我国空间技术的发展，卫星发射成功，每次报道都要力求找到这一事件的进展，寻找新的特色。例如：新华社消息，我国成功地发射了一组空间物理探测卫星。这是我国首次用一枚运载火箭发射三颗卫星。卫星准确入轨，各系统工作正常，

① 康荫：《新闻广播电视研究》，中国广播电视出版社1982年版，第48页。

正不断地向地面发送各种科学数据。这里，一枚火箭发射三颗卫星，正是这条消息的新鲜点。它反映了我国卫星发射这一事件的新进展，播出时应将这一新鲜点作为重点突出出来，并充分体现自豪、兴奋、喜悦的情感。在比中求新时，还应注意深中求新。如有的消息只是数字或名字，但深入挖掘，就会发现其新意。如果单从数字和名字的表面去播，只能是把这些数字和名字平淡地念出来，很难体现出深意和新意。

新闻播音还要注意把握好分寸感。所谓分寸感，是指播音员在播新闻时通过语言所体现出来的态度、感情符合党的政策的尺度，既不能欠缺，也不能过火。这就要求播音员必须熟悉和领会党的路线、方针、政策，从整体全局的角度，用发展眼光观察报道各类新闻事件。

新闻播音还具有表态性。所谓表态性，就是播音员在报道新闻事实时，必须鲜明地表达出自己的态度。这一方面是由于新闻报道本身具有表态性，另一方面是由于有声语言本身具有表态性。如，播音员在传达祖国建设捷报时应有自豪喜悦之情，在揭露社会上的丑恶现象时应体现出批评的态度。有人说，我们的电台、电视台曾经报道过两伊战争不是也采用公正、客观的报道方式吗？我认为，公正、客观并不等于无态度，并不等于我们对待这一事件的立场观点不鲜明。我们的公正体现在我们不偏向任何一方，我们的客观反映在尊重事实，如实地报道战争的进展及双方的伤亡情况；同时，我们的公正还体现在我们谋求世界和平的立场。所以我们的态度是不赞成他们打下去，希望双方尽早结束战争，而且这一态度是鲜明的。因此，播音语气也应体现出对双方伤亡表示遗憾，而不应是纯客观或冷淡、漠不关心的语气。就是播出一些已经发生的现在尚未得到解释的自然现象时，也不应采取所谓“纯客观”的态度，而应站在辩证唯物主义和历史唯物主义的立场，怀着探求自然奥秘的热情来播送。这些都说明新闻播音的表态性，不仅体现在表扬或批评性稿件中，而且贯穿于整个新闻播音的始终，其色彩是丰富的，其表达是多样的。

新闻的真、快、新的特点，使得新闻播音语言也呈现出自己的特色。新闻播音的语言以叙述、报告为主，以实声为主，具体表现在：

1．字音准确，音色纯正。新闻播音主持比其他文体的播音主持对字音准确程度的要求更高，包括一些零声母的发音都应到位、准确。同声应选择自如声区中部，音量不宜过大，要用小实声。

2．声音明快，语言干净。新闻播音主持要给人快速新鲜的感觉，声音不能沉闷，句尾不能拖沓。比如“新华社报道”这句话里，“报道”两个字只能占半拍，表达时要干净利落，而且要快收，给人以新鲜振奋的感觉。

3．语义连贯，语句流畅。新闻多为叙述性语言，应多连少停，以体现其及时迅速，要在单位时间内，给人更多的信息量。比如：“国务院有关部门负责人，今天就台湾当局开放台湾同胞到大陆探亲一事，向新华社记者发表谈话，指出台湾当局采取这一措施对两岸人民的交往是有利的……”这段文字中有三个逗号，播音主持时不能受其限制，应连起来，而在“指出”后（虽然此处文字没有标点）稍加停顿。这样表达，语义清楚、连贯，语句流畅、自然。如果按文字标点停顿，有声语言的语句就掰“碎”了。

要做到语句流畅，要求重音的选择少而精。重音过多，势必拖沓，影响语速，语句表达难以流畅。例如：“现在人们说中国发生了明显的变化，我对一些外宾说过，这只是小变化。翻两番，达到小康水平，可以说是中变化。到下世纪中叶能够接近发达国家的水平，那才是大变化。到那时，社会主义中国的分量和作用就不同了，我们就可以对人类有较大贡献。”播这段话时，很容易把“明显”、“大”、“中”、“小”、“翻两番”、“分量”、“作用”、“较大”等都作为重音强调，这样势必影响语句流畅。其实，在播这段话时，首先应找一个立脚点，就是“变化还小”，即使是“大变化”也不必夸大。关键是“中国一旦强大了，就能对人类作出较大贡献”。这样实事求是地理解后，就不必在每句话里都“死”找重音强调，而只是将几个次重音：“明显”、“小”、“中”、“大”等融在语气里自然说出，不必“死抠”。最后一句的开头“到那时”，则可以作为重音强调，播音时语气稍加扬起，后边“社会主义中国的分量和作用”等不必扬起、突出，因为我们只是表达信心和力量，并不是自夸和吓人。如果把“社会主义”、“分量”、“作用”等都加以强调、突出，则显得平均用力，效果适得其反。

要使语句流畅，句尾不能下坠。句尾下坠，就阻止了语句的行进和流动。所以，当一个意思没表达完时，即使换气和停顿，句尾也不能“往下掉”。例如:“南京晨光机械厂党委既注意对青年职工的疏导教育，又重视改进自身的工作，加上严格的行政管理和必要的经济手段，全厂精神文明建设扎实、深入，三千多名青年职工人人争做有理想、守纪律的模范。”在播这条消息时，在“自身的工作”和“经济手段”后面，句尾都下落，会给人以终止感，这样就影响了语句流畅，而这两处恰恰需要句尾上扬，以推动下一句行进。

综上所述，要播好新闻（消息），就要全面了解背景，找准新鲜点，把握好分寸感，尤其是政策分寸，处理好客观报道和表态性的关系，语言表达做到字音准确、音色纯正，声音明快、语言干净，语义清楚、语句流畅，重点少而精，语言整体流动感强。

第二节 通讯播音

通讯播音，是播音员以真实的情感体验，具体、形象、生动地报道新闻事实的一种播音主持文体。通讯和消息、评论等播音主持文体比，具有很强的描绘性和抒情性。同时通讯播音还具有综合性特点，即叙述和议论兼而有之。通讯播音在准确、鲜明的基础上，较为强调表达的生动性。本节从通讯播音的语言特点和各类通讯播音的特征等方面概述。

一、通讯播音的语言特点

1．气息控制形式多样。通讯播音情感变化细腻、丰富，气随情动，这种情感变化的丰富性决定了气息控制的多样性。播音员可以利用吸气的深浅、呼气的强弱、呼吸的快慢、腹肌的弹动、倒吸气、蓄气、憋气、就气、叹气、补气等多种气息控制方法，以及气息经过口腔、鼻腔的擦音等使声音富于多种色彩的变化来体现出特定的形象、场景和感情色彩。

2. 吐字发音方式多变。消息和评论要求字正腔圆，通讯在字正腔圆的基础上更强调多变。语言吐字的刚柔松紧，发音位置的前后对比，声音的强弱虚实变化，在通讯播音中体现得较为明显。通过这样的对比，可以使通讯中描绘的情、景、物更加生动，形象之间的对比更加鲜明。

3. 停连、重音等位置灵活。通讯播音的停连、重音，主要是通过感情的运动体现出来。每个人播音主持时的内心依据不同，感情体验不同，其停连的位置和重音的选择也会不同。甚至同一个、同一篇稿件，这遍播和下一遍播，有时也不完全一样。这一点同消息、评论播音主持的停连、重音位置的确定很不相同。

4. 语势曲折，语气节奏变化幅度大。通讯播音不像消息、评论播音主持那样节奏平稳。通讯播音由于其感情细腻、浓重，具有描绘、抒情的特点，语势多呈曲折状态，感情对比度大，使得语气节奏变化幅度也大。所以，通讯播音语言应注意从整体上去设计和把握其变化样态，什么时候是语言节奏变化的开始，什么时候到达高潮，都应心中有数。

通讯播音要具体、形象、生动，要求播音员、主持人展开丰富的联想，注意形象思维的运用，要全神贯注，具体深入感受，明确目的，把握逻辑，言之有景，言之有情，言之有物，言之得法。说、念、诵、播，语气相宜，描、叙、议、抒，手法得当，环环紧扣，前呼后应，使语言表达真切朴实、从容畅叙、新鲜兴奋、起伏流畅、感染受众。

二、各类通讯播音的特征

通讯播音按题材、制作方式、传播样态等可分为人物通讯播音、事件通讯播音、风貌通讯播音、经验通讯播音、主题通讯播音、录音通讯播音和配乐通讯播音等。

1. 人物通讯播音。重点是塑造人物，要处理好人与人、人与事、人与景、人与情的关系。要联系宣传背景，抓住人物精神实质，积极热情，态度鲜明，感情饱满。注意通过揭示人和自然之间、人与人之间、人物内心等的矛盾，刻画人物形象；要善于通过对人物外貌、语言、行为、表情、动作、心理、与周围人的关系等的描写，体现人物特征。人物语言的表达，不宜扮演，应用转述语言，这转述应生动、传神，力求“神似”。

2．事件通讯播音。事件通讯是以报道典型事件为主的通讯。它通过详细描述事件发生、发展、变化的全过程，特别是通过一些感人的情节、细节描写，说明问题，表达思想。事件通讯播音要注意稿件结构，事件发生发展变化的逻辑关系和稿件自身的逻辑关系，注意倒叙、插叙的写法，起、承、转、合的关系。事件通讯播音，要抓住有典型意义的情节、细节予以突出，避免平铺直叙。同时，还要注意由事见人，由事言志，由事传情，体现出人的精神面貌，表现其鲜明的态度和思想感情。

3．风貌通讯播音。风貌包括自然景观和社会概貌。风貌通讯形式多样，如巡礼、侧记、见闻、游记等。风貌通讯报道的范围十分广泛，如新气象、新风尚、新面貌、新变化等。此类通讯，既具新闻性，也富有知识性、趣味性。风貌通讯播音的感情要新鲜亲切，舒展自如。要把握时空交错的逻辑顺序，注意加强针对性，紧紧围绕播出目的，避免播得散。

4．经验通讯播音。这类通讯也叫工作通讯，它直接反映和指导当前实际工作。经验通讯生动具体地记叙和分析在贯彻党的纲领路线、方针政策，完成党和国家各项任务的实际工作中，获得的经验和出现的问题。经验通讯播音应注意加强针对性和指导性，注意从中提炼带有普遍规律的东西予以强调。强调其指导意义时，语言表达应避免生硬地说教。还应注意其表达的形象性和生动性，以其生动形象的感染力体现出指导性。

5．主题通讯播音。主题通讯也叫综合通讯。这类通讯所报道的内容往往不局限于一个具体单位、具体部门，也不限于一个具体事件和具体人物，而是为了说明一个有重要社会意义的主题，按一定逻辑把几个人或几件事组织在一篇稿件中进行综合报道。主题通讯播音应注意把主题主线贯穿全篇，防止各个事件、人物单摆浮搁，防止播得散，每个侧面都要与主题紧扣呼应。既要注意各个侧面的不同点，以显示特色，也要注意突出重点。

6. 录音通讯播音。录音，指所报道的新闻事物的实况录音或被采访人物的讲话录音。这里说的录音通讯是在通讯播音中适当穿插实地音响或被采访人物的讲话录音。这种形式不仅通过播音员的介绍，而且通过发送实地音响和新闻人物直接说话录音，试图更好地发挥广播传播“听”的优势，进一步增强报道的生动性和传真性效果。在录音通讯中，播音仍起主导作用。播音员注意的重点仍然是本篇通讯所集中说明的主题、报道目的、层次、主次、叙述脉络、基调等。同时要注意把录音纳入稿件内容进入总体归并、划分的范围，明确录音在表现主题方面的作用，只有这样，播音时才有整体控制意识。在整体意识支配下，要注意哪些话主要靠播音员来说，哪些话是留给音响（包括被采访人物讲话录音）说的；注意使用录音的位置，每段实地录音、人物讲话录音与上下文的关系；播音时，注意播音语言与录音衔接处的语气照应和情绪、节奏协调。在播音与录音的衔接关系上，有两种情况：有时是播音引出录音，有时是录音带出播音。由播音引出录音时，播音不仅不能很生硬地收束，造成闯出的效果，而且播音要为录音的出现做好情绪、气氛上的铺垫、准备；由录音带出播音时，播音要在录音所造成的情绪、气氛的延长波上推进、点染或收束，播音不要不顾录音的情绪、气氛、节奏，突兀地播出来，这样会影响整体和谐、流畅。在录音出来时，播音员要想象录音放出来的效果；张嘴播音之前，想象一下录音的气氛。录音通讯有时还要求播音员的介绍与录音实况混播。这就要求播音员有创造性想象，想象出混播后应有的整体效果，进而在整体想象中去追求播音的完美。另外，播音时要有层面感，录音音响压低混入，播音员的介绍压在音响上面，要清晰、起主导作用。录音通讯需要混播时，播音员的介绍要严格注意，主动追求与录音气氛、节奏的和谐、统一。录音气氛很热烈，播音很平淡不好；录音气氛很平静，播音很吵闹也不好；录音作为背景比较平稳，播音节奏太铿锵了不好；录音作为背景，节奏舒展开了，播音节奏太拘谨了也不好。这都容易使播音游离在现场气氛之外，影响整体的完美、协调与纪实效果。

7．配乐通讯播音。配乐通讯播音总体以通讯播音为主、音乐为辅，根据通讯内容发展、感情变化的特点配上适当情绪的音乐，目的是辅助播音，起烘托情绪、渲染气氛的作用。播送配乐通讯除了应注意播音表达自身的连贯、完整、集中、生动、主次关系、感情发展外，还应注意与所配音乐在感情色彩、气氛、节奏、强弱等方面的和谐。音乐节奏舒缓、优美，播音语言也应舒缓、优美；音乐节奏轻快、跳跃，播音语言也应随内容发展而轻快、跳跃；音乐推起时，播音也应加强，音乐减弱时，播音也应减弱。在播音语言中，要想象耳边有一种音乐进行感，语言和音乐才容易和谐、完美地配合。另外，内容的转折部分，有时靠播音转折，有时靠音乐转换，因此，录音前播音员应尽可能先听听音乐，以便从中受些启发，或者请教一下记者、编辑，了解一下音乐安排的意图也是大有裨益的。有时意图是以音乐表现为主，播音就不要和音乐争抢，等音乐弱下来后播音再慢慢进入；有时意图是播音和音乐一起推向高潮，播音就要顺势而上；有时意图是以播音为主，音乐做衬底，协助表现环境、情绪、气氛，播音就应该在主要层面上挥洒。因此配乐通讯不仅对播音员的新闻素质，而且对其音乐素养、语言表现力也提出了较高的要求。

8．在不同节目中播通讯，也应有所变化。在新闻节目中播通讯，应注意其新鲜、时效；在专题节目中播通讯，应注意深入、细致；在主持栏目中播通讯，应注意口语自然。

第三节　评论播音主持

评论，主要“运用说理手段，通过对事件或问题的政治的思想的分析，旗帜鲜明地阐述对该事件或问题的见解和主张”[①]。“广播电台或电视台播发自己撰写的评论或其他来源的评论时，通过播音员的有

① 引自《广播电视简明辞典》，中国广播电视出版社，第80页。

声语言表达出来，称之为评论播音。”[1]评论的核心问题是论理，根本目的是揭示客观事物的本质，指导人们的行动。评论播音主持要逻辑严谨，态度鲜明，分寸得当，质朴庄重，重音坚实，语气肯定，节奏稳健，张弛有致。

1．直抒胸臆、态度鲜明。播音员、主持人在阐述自己的观点，论证自己所讲的道理时，其心理状态应是“我有理”，自信心要强。支持什么，反对什么，语句中所体现出的态度要鲜明，不能含混。这样的心理状态和感情态度，可以使评论播音主持语言具有“穿透力”。

2．语气肯定，重音坚实。在上述心理状态和体验的基础上，评论播音主持的语气应是肯定的、果断的，语势一般呈波峰形和下山形。如果说，消息的播音是因事明人，通讯播音是以情感人，那么评论播音主持便可以说是以理服人了。因此，对自己所讲的道理应充满信心，语气不能呈现犹豫、商量的色彩。播音主持语言表达中，重音的突出方法是多样性的，而评论播音主持语言表达中，重音一般采取重读的方法来强调，以增加其坚实性和语言的“穿透力”。

3．停连精恰，节奏稳健。评论播音主持要体现出鲜明的逻辑力量，其语言表达的逻辑链条要环环紧扣。什么地方停顿，什么地方连接，具有一定的规定性。它不同于通讯播音里的停连，依感情的变化而灵活多变。所以评论播音主持中停连的位置一定要认真分析，选择精恰。评论播音主持语言的节奏，不像通讯播音语言那样大起大落，变化多样，也不像消息播音语言那样轻快，而是比较稳健的。

4．多用实声，气息饱满。通讯播音有时采用虚声或虚实结合的语言表达方法，评论播音主持为体现出语气的肯定和论理的坚定，多用实声而尽量不用虚声，做到“理直气壮”。评论播音主持在气息控制上强调饱满有力，增强吐字的力度，以更好地为论理服务。

5．把握政策，分寸得当。评论播音主持的内容，许多是对当前实际工作的指导。在论述某一观点，分析某种情况，批评某一现象，揭

---

① 赵玉明、王顺福主编：《中外广播电视百科全书》，中国广播电视出版社 1995 年版，第 140 页。

露某一问题时，要了解熟悉有关政策，按照政策要求，根据实际工作分清轻重缓急，分出层次，强调有度，分寸得当。

6. 设问、反问句的表达。评论中经常出现设问句和反问句。设问句一般表达规律是：疑问词加重提起，句尾下落。比如："怎样才能学会游泳呢？具体做法是……"反问句的表达一般是句尾上扬，加重反问词。比如："难道不是吗？"

7. 引语和括号内词语的表达。评论中经常引用一些词语来说明观点。这些引语可采用宣读式的语言表达方式，播读时，速度适当放慢，语句力求平稳。

以上概括了有稿评论播音主持的特点。随着广播电视事业的发展，新时期，评论播音主持形式日益增多，如即兴评述、点评、述评、访谈等形式不断出现，这就要求播音员、主持人和新闻评论员、特约评论员等掌握好即兴评述的语言表达规律特征和要求。概括起来讲，主要有以下五点：

（1）了解背景，选好话题；

（2）明确目的，亮明观点；

（3）抓住要点，化为语点；

（4）系统把握，形成语线；

（5）定向推进，注重引导。

第四节　对话播音主持

对话播音主持是由两人或多人按特定要求进行交谈的一种播音主持创作形式。对话播音主持的内容主要是阐述党的方针政策，传播科学知识，介绍先进经验等。对话播音主持要对人物和语言环境进行设计，交流双方在语言表达中要遵循语言交流的规律，要有听、想、说这一过程的展示，以交谈、讲解的语言样式为主。

对话播音主持要求双方共同准备稿件，设计人物和语言环境。

对话播音主持的基本要求是：像说话，对起来。生活中人们交流起来都很自然，播音员、主持人要把稿件文字说得像生活中那么自然并不容易。像说话首先就要求播音员、主持人把稿件上的文字变成自己要说的话，消化吸收，同时注意把握生活语言的规律。对起来是指对话双方要交流。只要双方认真交流了，听众也就听明白了。在交流过程中要注意把握听、想、说这一交流过程的规律。日常生活中交际双方听、想、说的过程是下意识地体现的。播音主持时，因为有稿件，很容易忽略听、想、说这一正常言语过程，对话播音主持时，播音员、主持人应主动把握这一过程，交谈时，不应总看着自己的稿子念，要像真的交流一样去“听”对方谈话内容，去思考和判断对方提出的问题，并把这一思考和判断的过程体现在对话语言中，这样双方就容易相互激发，相互配合，成功地展开对话。在对话过程中还要注意两人情绪一致，不能一方冷、一方热。

对话播音主持还要进行两个设计，即设计人物、设计语言环境。

1. 设计人物。对话播音主持，不是两个播音员、主持人“轮播”，而是两个特定人物的交谈。播音员、主持人的身份是根据稿件内容假设的具有某种特定身份的人物。但是，通常稿件上的人物往往很不具体，只是用“甲”、“乙”、“男”、“女”等区别人物。这需要播音员、主持人根据稿件内容，对人物身份和人物间的关系进行具体设计。比如《怎样预防痢疾》这篇对话中，稿件上所提供的人物身份仅是“甲”、“乙”。为使稿件播得生动并富有针对性，可设计成对农村广播。甲、乙可设计为两个具体人物：“张大爷”和“小英”。我们可以把“张大爷”设计成是一位60多岁、性格爽朗、助人为乐的农村老大爷，把“小英”设计为一个20多岁、性格开朗、待人热情、有一定医疗知识和水平、对工作认真负责的农村医生。两个人的人物关系可以设计为：同住一村，彼此熟悉，往来较多，大爷喜欢小英，小英尊重大爷。这样的人物关系，为双方亲切自然的谈话提供了依据。

2. 设计语言环境。人物交谈都是在一定的时间和空间内进行。不同的时空环境，对人物谈话的语气、节奏、情绪等都有影响。稿件一般不提供语言环境，播音主持时应自行设计。语言环境设计分为时间环境设计和空间环境设计。比如《怎样预防痢疾》的时间环境可设计为一天晚饭后，空间环境可设计在张大爷家。

设计好人物和环境后，播音员、主持人在播音主持时，要进入角色，把握好身份；在表达时，要做到真听、真想、真交流。同时还要注意，播音主持不是表演，虽然对话播音主持也要有人物形象，也要进入角色，但其主要性质还是新闻性，不是艺术性，播音员、主持人的主要任务是宣传党的路线、方针、政策，传播科学知识，而不是塑造人物形象，要牢牢抓住内容表达、知识传播这一核心。

思考题

1. 新闻（消息）播音的语言特点是什么？
2. 通讯播音的分类和语言表达的特征有哪些？
3. 评论播音主持的语言特点是什么？

第九章　播音主持文体概述（中）

内容提要

本章概述了广播谈话节目主持、文艺播音主持、电视体育播音与解说、电视广告播音等播音主持文体。在广播谈话节目主持一节中，重点论述了节目主持的基本含义和特点，概述了广播谈话节目主持的特点现状，广播谈话节目的制作和对广播谈话节目主持人的要求；在文艺播音主持一节中，概述了文艺播音主持的特点，指出搞好文艺播音主持首先要确定好播音员和主持人的身份，即“热情介绍者”，指出播音员、主持人和文艺作品的关系是介绍推荐者与介绍推荐对象的关系，与受众的关系是热情服务者与服务对象的关系，在此定位的基础上，确定了文艺播音主持的语言表达方式；在电视体育播音与解说一节中，概述了体育播音的主要形式、体育解说的主要内容、体育解说的要求与方式并总结和介绍了宋世雄等著名体育解说员的解说经验；在电视广告播音一节中重点介绍了电视广告播音和主持的基本要素、基本方式和语言表达的特点。

第五节　广播谈话节目主持

一、主持人节目播音

主持人节目播音的界定，包含几个方面的内容：播音——节目主持的重要手段、从播音看主持人节目特征、主持人节目播音概念要点。

1.“主持人节目播音”概念要点

主持人节目播音是指播音员以节目主持的身份在固定的广播、电视、网络节目中，对受众进行的播音主持创作活动。传播者在节目播出中处于主导地位，既是主持人，又是播讲人。他的主要职责是传播信息、介绍知识、评论事件，回答受众问题、进行人物专访、组织受众讨论，设计、组织、串接一期节目的各个部分。

主持人应当具有较高的理论水平、文化素质和道德修养，以及一定的组织能力，从播音角度看更需要深厚的语言功力。语言应规范，用气发声、吐字归音要训练有素，应懂得和善于运用有声语言的各种表达规律和方法。具有独立构思、出口成章的能力以及较强的应变和临场发挥的能力。

在播音员以个人身份与受众进行交谈的播音中，语言要质朴、热情、亲切、自然，缩短与听众、观众的距离，增加亲切感，使自己成为受众信赖的朋友，以便增加节目收听、收视率。

播音员应该具有编制节目的能力，应参与或部分参与节目的采编、制作，使节目更加整体化、系统化，以体现自身驾驭节目的能力。

播音员在主持节目时不是扮演角色，语言与形象不可戏剧化、程式化。但应有明确的个性特色，力求与节目的性质、特点相适应，必须以更好地达到节目的播出目的为前提。

可以说，主持人节目播音虽然从属于播音范畴，但播音已带有一度创作的能动性了。主持人节目里的播音员所展示的才华，在广播电视领域逐渐向全方位发展。他不是一般的播音员，也并非一般的记者、编辑所能胜任的，他需要具备特殊的素质。

在明确了“主持人节目播音”这一概念后，还需要对主持人节目播音特点作进一步分析，掌握其规律，以便有效地对主持人节目播音即节目主持工作进行组织准备。

2. 主持人节目播音的特点

主持人节目播音具有整体性、接近性、主动性、情感性的特点。这里着重探讨整体性、主动性和情感性。

整体性：播音员在主持人节目中的主要工作是播音，但它的根基却在驾驭节目的能力上。这表现在对节目全局的把握程度、掌握技能的多样性以及掌握知识的全面性上。这三个方面构成了主持人节目播音的整体性。

主动性：主持人节目的播音员在一定权限范围内有充分的主动性。它表现为节目前期的参与以及在播出中的主动表达。

情感性：主持人节目的特征决定了主持人节目的播音员与受众的情感联系较其他节目要更密切。

3．主持人节目传播的基本形式

节目主持过程中的传播有两种形式：一种是单向传播，另一种是双向传播。

4．主持人节目播音的表现特征

主持人节目播音的特征有两点：播音员个人身份的介入特征和节目内容呈现过程特征。

5．主持能力对播音的影响

主持人的自身魅力、应变能力、控制能力、语言表达能力会对播音产生影响。

6．主持人节目播音的语言特点

主持人节目播音的语言特点主要有：散淡口语、直接明了、生发灵活、清新悦耳、节奏趋缓、展现个性等。

7．有声语言创作原则

有声语言在创作过程中要遵循真诚、平等、切境、得体的原则，其中切境方面包括言语表达符合社会环境，言语表达符合场合，言语表达符合受众特点。

8．主持人语言能力的形成

主持人语言能力主要包含：无稿播音的组织能力，无稿播音的即席口语能力，有稿、脱稿播音形式在主持中的运用。其中，无稿播音的组织能力包括内部言语生发组织能力、语言快速整合能力、语言表达能力，无稿播音的即席口语能力包括根据现场变化灵活处理、借助现场情景气氛变换言语方式、围绕话题选取材料的能力，有稿、脱稿播音形式在主持中的运用包含有稿的运用、提纲加资料的运用（脱稿的运用）。

9．主持人节目主持技巧

主持人节目的主持技巧是播音员运用有声语言为实现节目的播出目的而采取的控制手段，包括节目前期控制和节目现时控制。节目前期控制包括：把握话题、了解结构，建立与受众的心理相容关系，明确受众，预防不解状态。节目的现时控制包括根据所播信息特点，语言形式力求正确合适；减少信息损耗，克服信息冗余；依据信息反馈，对内容方式进行调节。

二、广播谈话节目主持概况

（一）广播谈话节目的性质

广播谈话节目是指“在广播媒体中，由主持人邀请嘉宾及听众在轻松和谐的氛围中就某个预定话题展开讨论，或者通过接听听众的热线电话为其提供精神和物质服务的交谈互动式节目”。谈话的行为发生在主持人、嘉宾、听众之间；方式是主持人、嘉宾、现场听众在演播室中展开谈话，或者通过热线电话，演播室内的主持人、嘉宾与收音机前的听众展开谈话。从类型上分，广播谈话节目基本上有两大类：群言式的话题类谈话节目和“小众化”的服务类谈话节目；从内容上分，广播谈话节目基本上分为：新闻类、社教类、娱乐类、体育类、商务类、心理健康类、医药医疗类等。无论何种类型、何种内容的广播谈话节目，与电视谈话节目相比，自身的特点非常鲜明，主要表现在以下几个方面：

1．高效地运用电话手段

电话沟通手段的运用，拓展了广播谈话节目制作、传播的时空，节目形态因此比电视谈话节目丰富。

热线电话的普遍开通和充分使用是广播谈话节目的显著特色和优势之一。运用热线电话的方式有直播式的，也有录播式的。运用热线电话的方式不同，主持人的主持方式也会相应地有所调整。直播节目中，对热线电话的处理是即兴的，形式鲜活、现场感强，但由于对听众打进电话的内容不可预知，主持过程中容易出现不周到、不完善的应对。录播节目的热线电话是作为节目的素材事先编辑并妥善处理的，主持人在节目中有问必答、游刃有余、恰当得体。

电话手段在广播谈话节目中的作用还表现为一种便捷的采访手段，即通过电话采访采集所需的素材。只要把声音素材发生的时间、地点、语境交代清楚，听众就可以通过联想和想象较为准确地理解节目传播的内容。广播节目由于传输手段的便捷，可以达到时效性更强、信息量更大、形式更加灵活的效果。

2．谈话嘉宾较少

这是由广播谈话节目的局限性决定的。如果谈话嘉宾过多，即使主持人交代了他们的信息，听众还是很难在他们发表谈话时确认他们的身份、背景，无法及时地“对号入座”。特别是就某个问题大家你一言我一语交叉发言时，听众更难将说话人的声音与自己的想象、理解及时对位，以致影响对节目内容的理解和接受。所以，广播谈话节目“群言式”的形态受到一定的制约。

3．更多体现公民的话语权

谈话现场之外的听众参与广泛而且便利。收音机前的听众可以随时随地通过热线电话的方式参与到谈话现场中，可以在主持人的调控下发表观点看法，与主持人和嘉宾交谈。广播谈话节目拓展了谈话的空间，可以给更多人提供说话的机会。

4．对主持人语言功力要求较高

主持人的语言不但要清晰、准确、生动、有趣味，还必须抓准说话的时机，控制好话量。特别是演播室的谈话节目，主持人要将听众看不到、不容易感受到的现场情景描述给听众，不能丢失节目的信息或使听众在收听节目时产生误解。该描述什么，什么时候描述，怎样描述完全依靠主持人的语言功力。所以，主持人不但要锤炼说什么、怎么说，还要说得有意味、有风格，否则仅仅以“说”为目的的谈话节目就毫无生气。广播谈话节目的制作班底相对电视薄弱，因此主持人在节目中的作用和功能尤为明显和重要，直接影响节目的质量。

（二）广播谈话节目的现状

1．发展情况

中国大陆的广播谈话节目诞生于20世纪80年代初，兴盛于80年代末至90年代初。20世纪80年代中期的珠江经济广播电台高擎广播改革的大旗，开创了“珠江模式”，主持人节目如火如荼地发展。在主持人节目中，热线节目成了全国各地很多电台竞相开办的节目形式。最主要的形态有音乐点播、医药咨询、商品导购、心理疏导、投诉咨询等。专门就某个话题进行讨论的节目形态稍晚些才出现，内容一般涉及时事政策法规、社会热点话题、情感问题等。在上述谈话类节目类型中，收听率最高的是音乐点播、医疗咨询，主要的听众是青年人和老人。随着全社会国民素质的提高，话题类谈话节目的听众不断增加，正慢慢形成一个新的收听高潮。在话题类谈话节目中，与时下社会热点问题、情感问题有关的内容，以及有社会知名人士、文艺界名人参与的节目比较受欢迎。

2．主要类型

从制播方式来看，广播谈话节目有直播，有录播；从听众参与形式来说，有现在时接通热线电话，有主持人转述听众的来信或来电；从谈话现场来看，有的邀请嘉宾，有的没有嘉宾参与，有的邀请现场听众，有的不邀请；从形态方式来看，有的穿插外采，有的只是清谈；从节目的内容上看，有新闻类谈话节目、社教类节目、经济类节目、法制类节目、军事类节目、科技类节目、医药卫生类节目、文艺类节目、心理情感类节目等。广播电台普遍开办的谈话节目一般是录播，有热线参与，不邀请现场听众；清谈式的节目一般有音乐点播、社会热点话题讨论、医药咨询、心理疏导等内容。

3．主要问题

目前广播谈话节目存在的主要问题有：盲目跟风；为谈话而谈话，节目内容空洞无物；主持人素质和水平参差不齐；有些主持人对谈话节目的语言要素认识有偏差，等等。

（三）广播谈话节目的制作

1．创作主体构成

广播谈话节目由于形态不同，创作主体的构成有所不同。话题类谈话节目和大型咨询类谈话节目的创作主体的构成人数相对较多，职责分工比较细，主要有制作人、策划人（组）、导播、编辑、记者等。有些谈话节目的创作人员队伍比较简单，比如音乐点播节目、心理疏导节目等。在此类节目中，一般主持人担负制作人的职责，并且兼具采访、编辑、播音的能力，相对独立地完成节目的制作和播出。

2．节目的制作过程

（1）策划阶段。这是确定指导性方向的阶段，是理顺与节目制作思路相关的具体工作的准备阶段，其中确定选题是关键而艰巨的主要工作。选题确定后，就要搜集相关的背景材料并加以分析研究、恰当取舍、为我所用；准备所需的相关录音素材或者及时采访人物、事件；邀请嘉宾并开始深入接触、研讨、磨合。

（2）设计详细制作方案，必要时撰写或简或繁的脚本。

（3）现场录制。节目主持人的精神状态和思维水平、主创人员的协调配合与丰富的现场经验对节目录制效果起着至关重要的作用。现场谈话的中心——主持人的现场表现尤为关键。主持人的任务不仅是说，更重要的是听并且让别人说。主持人要让嘉宾和听众畅所欲言却不脱离主题和主线，还要在遵循节目流程设计的情况下把握现场即兴出现的新鲜点和闪光点，加强节目播出效果。

（4）最后要进行总结工作，即总结经验教训、得失利弊，为以后的创作做准备。

通常，广播谈话节目的制作需要多工种的配合。

3．主持人的职能

在前期策划中，主持人的任务是：参与选题的选取和确定；深入挖掘话题，提出自己的思路和见解，与创作班底全面沟通和磨合；与谈话嘉宾适度接触，掌握有效信息；设想节目录制时的情况，做好应对意外的准备；对时间控制有大概的预想。

节目录制或直播前，主持人要将获得的背景材料进行必要的梳理，使之清晰化、条理化；主持人在节目录制前要把握互动式交流的心理状态。

主持人的职能还包括节目录制中对节目流程的驾驭和正确对待听众的反馈。

（四）对广播谈话节目主持人的要求

1．对主持人背景的要求

节目主持人的谈话风格和个人魅力是广播谈话节目是否吸引听众的重要指标之一。广播谈话节目主持人的生活阅历应该比较丰富，应具有较高的综合素质和深厚的文化修养；有积极开朗的性格和以人为本的人格。另外，他（她）的知识结构应该是立体的、不断升级和更新的。

2．对主持人思维的要求

广播谈话节目要求主持人有独特的思维方式和思维品质，应该是多维度、立体化的，基本特点是深刻、宽阔、快捷、逆向。主要体现在心理反射、恰当反应、语言组织、营建语境、驾驭现场等方面。

3．对主持人语言的要求

广播谈话节目主持人的有声语言表达分为两个层面：基础层面和美学层面。基础层面要求清楚、流利、规范、简洁，美学层面要求清晰、流畅、适度、高雅、幽默。两个层面的要求是广播谈话节目避免日常化、庸俗化泛滥的原则和手段。

在满足有声语言表达的基本要求后，主持人可以充分发挥创新能力，开拓主持风格的空间。

话题类谈话节目主持的语言讲究开场白和结束语的构思和形式，讲究话题转换的技巧性；讲究逻辑性和修辞并重，确立正确的有声语言表达观；幽默语言在广播谈话节目中有独特的魅力，可以在一定程度上弥补广播媒体给听众带来的局限性。

对于日间服务类谈话节目主持语言，高质量的谈话尤为重要，起桥梁作用，要求传达清晰、准确、精练、高效率，主持人要熟识广播特点，服务到位。

对于夜间谈话类节目主持人来说，要善于倾听，听是说的前提和基础；语言细腻、真诚、朴实、中肯；善于用鲜明的声音形式恰切表达感情和态度，以情带声；要善于在特殊时间和主题制约下灵活运用独特的语言表达形式。

第六节　文艺播音主持

文艺播音主持是把文艺节目文字稿件转化为有声语言的一种再创造。文艺稿件形式多样，这里我们要研究的是串连词、解说词、评介稿的播音主持。串连词、解说词和评介稿的播音主持是不能离开文艺节目录音而独立存在的。常见的有电影、戏剧、广播剧解说以及歌曲、音乐和戏曲介绍的播音主持。这里不包括小说、诗词、散文等的演播。

文艺播音主持要求播音员、主持人对所介绍的文艺作品的内容、主题、艺术形式、特点风格要有较深的了解，积极展开形象思维，活跃的形象思维要贯穿文艺播音主持创作始终。

播音员、主持人以热情介绍者的身份出现，在节目与受众之间起到桥梁作用，引导受众更好地感受作品的内涵。文艺播音主持要求播音员、主持人的语言及情感表达要同音乐、歌曲、戏剧及影视剧内容协调一致，使整个节目和谐统一。

具体到语言的表达上，要注意把握语言的隐入和隐出。文艺播音主持中，音响素材要和播音员、主持人的语言混播，当播音员、主持人的话进入正在行进的音乐素材时，要把握语句的“渗入感”，即轻轻地隐入；当播音员、主持人说完话时，又要悄悄地隐出，这样才能保持和谐一致。比如介绍《听，国旗的飘扬声》这首歌曲，开头是（音乐起）混播：“朝霞冉冉升起，东方透出微明……那是妈妈在叮咛。”播音员、主持人在音乐响起后朗读歌词时，头两个字“朝霞”出口要轻，感情也要先“收着点”，待说到“冉冉升起”时，再将声音和感情逐渐放开，在播到歌词的最后两个字时，也要将声音逐渐放轻，要防止“愣进”、“愣出”的现象。

在文艺播音主持中，播音员、主持人要注意运用语言表达的形象感、动作感激活文字稿件的内容；注意用自己内心丰富的情感体验，去点燃受众情感的火焰。

在文艺播音主持中，语言基调要随音响素材的变化而变化，要同所介绍的内容吻合统一。这里，一方面有一个总的基调的把握。比如介绍一部电影或一出戏、一首歌曲，总的基调是欢快的，就应首先把握住欢快的感情色彩。同时，在节目进行中，基调会有所变化，解说时也应有所变化。在解说电影、戏剧人物的内心活动、动作时，也要根据每个人的性格基调的不同而有所变化，体现人物间的差别和特点。

在文艺播音主持中，要根据语言的不同作用，把握不同的言语样式。在一期节目里，有时以播音员、主持人的话为主，有时以音响素材为主，播音主持语言在不同情况下，作用不同，言语样式的把握也不同。

当节目中以播音员、主持人的话为主时，播音员、主持人要“站出来”直抒胸臆，可运用抒情、议论等多种语言表达样式。此时，音乐素材是为了烘托、陪衬、证实播音员、主持人的表达。

当以录音素材为主时，播音员、主持人的话处于从属地位，或是铺垫引路，或是解释说明，语气、节奏可较为平淡、和缓，只要能适应录音素材情绪的变化即可。在以录音素材为主的情况下，还可以进一步区分。一般说，播音员、主持人的话先于录音素材，是铺垫、引路的作用；后于录音素材则起解释说明作用。

文艺播音主持的语言表达样式多为介绍、讲解、抒情、描写、议论、评介等。

综上所述，文艺播音主持，首先要定位好播音员和节目主持人的身份，即热情介绍者；播音员、主持人和文艺作品的关系是介绍推荐者与介绍推荐对象的关系，即把作品介绍推荐出去，而不是自我表演和表现，播音不能代替作品；播音员、主持人和受众的关系，是热情服务者与服务对象的关系，作为一个服务者，既要把文艺作品扩散出去，又不能影响受众欣赏作品。

文艺作品具有综合性特征，它既包括稿件（解说词），又包括原作，即声像作品（戏剧、电影、歌曲等）。原作品具有音节性、可感性等特点，这就要求播音员、主持人在文艺播音主持创作中，综合备稿，反复熟悉、感受稿件和原作，并认真细致地处理它们之间的相互关系，要运用形象思维，深入具体感受，同时全面领会编辑意图和播出目的，把具体感受引向深入，突出重点，点燃情感，予以升华，最终感染受众。

第七节　电视体育播音与解说

一、电视体育播音的形式

体育播音大致包括以下五种形式。在这五种形式中，播音员、主持人所起的作用和表现形式有所不同。

（一）体育新闻播报

体育新闻播报主要是介绍体育信息，它与其他新闻播报有相似之处。播音员应当口齿伶俐，播讲干净利落，反应机敏，表情积极。体育新闻播报可由专门的播音员担任，也可由口齿较好的体育记者、体育节目主持人担任。

（二）体育节目主持

体育节目主持形式比较灵活，它与体育新闻播报的不同之处在于其参与性。主持人可以根据自己的意愿来控制节目的发展进程，对节目的内容和节目进展起着导向作用。如果是访谈式的主持人，则应当具有记者素质，对所访谈的内容有较为深入的了解，能够通过即兴的提问控制内容的发展方向。主持人也应具有能吸引观众的生动的语言表达能力。如果是在现场主持带有娱乐性质的比赛或表演，对主持人的要求会另有不同，除了反应敏捷、语言生动外，还应有灵活的身体动作能力，活泼的表现能力以及幽默、风趣的个人风格等。

（三）体育专题报道

这是播音员、主持人以记者身份对体育人物和体育事件进行多角度采访报道。这种报道常以第一人称出现。除了现场采访之外，报道中还要加入大量的图像资料。播音员、主持人既要担任现场采访者，还要在片子完成后担任解说工作。许多体育专题报道是由播音员或主持人负责完成的。这些播音员和主持人是真正意义上的采、编、播合一的人才。

（四）新闻和专题片配音

为电视记者和编辑制作完成的各种体育新闻和体育专题片加上配音是体育播音员、主持人的日常工作。这些片子种类繁多，涉及内容广泛，播讲时要受到画面和时间的限制，因此需要播讲者具有一定的专业素质，反应要快，口眼配合得当，出错要少。配音的目的是使观众了解片子的内容，配音人是幕后参与者，并非是以播音员的身份对观众讲话，观众也并不关心说话的是什么人。

（五）体育比赛解说

体育比赛解说依据体育比赛项目、节目形式和节目制作方式可采取不同的解说方法。例如可根据解说目的不同分为动作解说和评论解说，也可根据解说人数分为讲述式的单人解说和对话式的双人解说，还可以根据解说地点不同分为现场解说和演播室解说。

体育比赛解说的目的是对比赛中运动员的动作、比赛技术、战术做出解释，帮助观众观看比赛，同时让观众了解与比赛有关、而画面上没有的内容，使观众得到更多感兴趣的信息。另外，体育解说还可以表达解说员的看法，达到与观众交流、烘托气氛的作用。

体育比赛解说是一项与众不同的特殊播讲形式，它是体育节目与播音结合的一种特殊形式。这里将主要介绍体育解说。

二、体育解说的主要内容

体育解说是根据比赛进程即兴表达，并没有现成的稿子，解说员讲述的内容受到知识背景、个人爱好、注意力范围等多方面因素的影响。有经验的解说员除了具有个人特点外，还了解观众心理，知道观众想了解什么，说观众感兴趣的内容，而不是只顾自己。

体育解说不同于有稿播音或事先准备好内容的节目主持。解说者不可能事先将解说细节设计好，只能根据比赛的实际情况，随机应变地选择解说内容。体育解说是一种高度即兴的播讲形式，它要求播讲者思维敏捷，语言反应迅速。

解说员既需要描述画面内容，也需要补充画面没有的东西。解说员的现场描述可以引导观众注意那些不明显、但需要注意的细节，补充画面没有的内容，这样可以增加观众的信息量，甚至会使某些单调的比赛增加不少乐趣。

体育解说员的语言大致可以归纳为几类：比赛场面描述、比赛动作解释、运动员背景介绍、比赛相关背景介绍、个人认识和看法。

（一）比赛场面描述

解说员用语言描述比赛场面时，不应当仅仅作一般的口语描述，而应当从体育的角度对画面进行解释。

在对比赛场面进行描述时，应当避免只对画面主体进行描述的简单做法。解说者在对比赛场面进行描述时，不可避免地要涉及场上的运动员，解说者应当熟悉他们，知道运动员的名字、年龄等信息。描述时，不要局限在一时的比赛细节上，赛场上的情况瞬息万变，过分纠缠细节可能会耽误时间，遗漏重要内容。另外，还要熟知项目竞赛规则，这样才能够对场上运动员的动作、裁判员的处罚以及得分与否做出准确的判断和解释。

解说者在描述比赛现场时，应不厌其烦地反复说明这是在何时、何地进行的何种比赛，比赛双方的身份和到目前为止的比分，因为刚打开电视的观众首先需要了解这些信息。

电视转播各种体育比赛，尤其是大型的国际比赛时，会大量使用图标、文字、数字表示参赛的国家、运动员的名字和比赛分数，解说者应当学会利用这些资料。

电视体育转播直接把比赛场面呈献给观众，观众可以自己去感受和判断，省去解说者许多口舌。解说者要做的，是帮助、引导观众更好地观看比赛，使他们从比赛中了解更多令人感兴趣的内容，得到更多的享受。

（二）比赛动作解释

体育解说中的另一类话语是对运动员所做的动作进行解释和说明，这些话语带有专业性，需要解说者用简单易懂的方式说出来。

在向观众解释运动员动作时，可以根据该项目对动作的技术要求和运动员完成这些要求的个人特点两方面组织解说内容。

技术要求是根据比赛项目自身的特点产生的技术动作。解说者应当了解自己解说的体育项目所特有的技术动作要求，这样才能在比赛过程中对运动员的动作进行合理的解释。各种项目的技术动作各不相同，当涉及这些关键动作时，解说者应当提醒观众注意。

每个运动员都有完成自己动作的个人特点，正是这些个人特点构成运动员的动作风格。解说者应当仔细观察不同运动员的动作特点，及时向观众说明，这样可以避免解说得千篇一律。

在解释比赛动作时，应当注意构成动作的各个要素。这些要素大致有身体姿势、动作路线、动作时间、动作速度、动作力量、动作节奏等。

动作姿势是指身体各部分在运动过程中所处的状态和位置。一个完整的动作会有开始姿势、动作过程和结束姿势。不同的运动项目有不同的姿势要求，解说时应当注意对身体姿势的说明。

动作路线是指身体在做动作时的移动路线。在比赛中对运动员的身体移动路线进行解释说明，可以使观众更细致地注意运动员的动作。

动作时间和动作速度也是介绍比赛动作时值得注意的细节。动作时间是完成技术动作所需要的时间，动作速度是指身体在单位时间内位移的快慢。

有些体育项目对动作的力量和动作节奏有明显的要求，在解释这类动作时应当予以注意。

比赛动作解释可以穿插在比赛场面描述中，由于时间短，可以用三言两语简单介绍，也可以利用比赛中的间歇，如中场休息、暂停等空闲时间，较为详细地加以介绍，既增加了观众的知识，也填充了空余的时间。

（三）运动员背景介绍

在体育解说中，可以根据需要穿插介绍一些运动员的背景资料，这样既可以填充时间，活跃气氛，也使观众加深了对参赛队员的了解。

有关运动员的背景介绍，应当是真实可靠的。通常，供解说用的各种背景材料应当事先准备好，涉及运动员的材料应当与体育比赛有关。与比赛无关，涉及运动员个人隐私的内容，即使能引起观众的兴趣，也不应随便公之于众。

在体育解说中，解说者的主要任务是介绍比赛情况，并不是介绍运动员以往的生活和训练。有关运动员的介绍不要过多，不能影响对比赛的介绍。

（四）比赛相关背景介绍

有些体育项目比赛时间长，解说者有较多的空闲；还有些项目是间断紧张型的，比赛中有较长的停顿时间，供运动员下场或裁判打分。解说这些体育项目，可以准备一些与比赛有关的背景材料，以便填充大量空余时间。要使观众在看不到精彩画面时，用话语吸引他们，不使他们感到枯燥无味。值得注意的是，解说者应当尽可能使用最新的背景资料。

（五）个人认识和看法

解说者在介绍比赛情况时，不免会夹杂解说者个人的认识和看法。这些认识和看法不仅表现出解说者的知识水平和道德素养，还会影响电视机前观众的情绪。

在发表个人看法时，不应是冷冰冰的旁观者角度，要融入比赛气氛中。体育比赛的竞争性，常常使解说者的心情随激烈的赛场变化起伏不定，解说者在热烈的情绪中应保持冷静，客观对待比赛双方，不应偏袒或贬低某一方，要多给予正面评价。

体育比赛竞争激烈，比赛场上常会出现争抢犯规或裁判不当的情况。对这样的情况，解说者可以发表自己的看法，但应注意保持宽容，不用斥责或讥讽言语。

三、体育解说的要求与方式

体育解说对语言速度有特殊要求。体育解说依靠快速发音，可以在有限的时间内传达更多的赛场信息。高语速才能与快速的比赛动作相吻合，达到解说与比赛同步。在解说乒乓球、篮球、排球等速动运动项目时，这种发音能力尤为重要。在比赛快速进行时，解说员要对运动员的动作进行同步分析，就需要具备快速发音的能力。快速发音是体育解说员的基本能力要求。

快速发音可以从两方面进行训练：一方面是大脑的快速反应能力，要在极短的时间内对赛场变化做出反应，组织好语言；另一方面是快速吐字能力，做到口齿伶俐，表达清楚。快速反应能力可分为两个训练阶段。首先是训练语言描述，当语言描述能力提高后，再加入自己的分析，最终应当使自己的语言既有表面的描述，又有现象背后的分析。快速吐字能力应结合发音进行训练。

体育解说的方式可以根据解说内容的不同分为描述式解说和评论式解说；根据解说人数分为单人解说和双人解说；还可以根据解说场地不同，分为现场解说和演播室解说。

1．描述式解说

描述式解说多见于运动速度较快的比赛项目。这类解说要对运动员的动作进行适当的语言描述，用语言将观众的注意力集中于比赛的中心，同时帮助观众了解比赛的脉络，解决观众由于场上运动员动作快导致的看不清、看不懂的问题。描述式解说还可以减轻那些不熟悉比赛的观众观看比赛时的理解负担。描述式解说介入比赛进程，会随比赛起伏有剧烈的情绪变化，可以烘托比赛气氛。解说员似乎是观众身边一位既懂行又热情的知心朋友，他的喋喋不休不会使观众厌烦，没有他，独坐在电视机前的观众会感到冷清。

2．评论式解说

评论式解说用于比赛气氛较为平和、动作较简单或速度较慢的比赛项目。这些项目的比赛动作不是很剧烈，解说员对动作的描述比较简单，评论性的分析较多，解说风格比较理智。看这种比赛，观众多抱着欣赏的心情，情绪起伏不大，解说员的作用是对比赛进行分析，带有讲解的意味，使观众能从中得到更多的信息。

3．单人解说

单人解说常见于描述式解说，要求语言连贯，发音速度快。虽然有时担任解说的有两个人，但一人只是在比赛空闲时进行分析，在比赛中仍由另一位解说员独自解说，这种解说实际上仍是单人解说。

4．双人解说

双人解说多见于评论式解说。双人解说不适宜对比赛过程进行跟踪讲解的描述性解说，这种速度快的解说由两人交替进行会造成解说的混乱。双人解说需要解说者之间相互配合，解说者之间需要一定的分工，话语的转换应当自然、流畅。双人解说时两人应当尽可能采用对话方式，相互之间有所关照，不要只看监视器，否则很容易争抢话题，或者双方都不说话。有时，在体育解说中请一位专业人士作为顾问，解说者不时地发问请教，这种双人解说可以弥补解说者专业知识的不足。

5．现场解说

现场解说的解说者身处比赛现场，解说者常坐在比赛场地边上或观众席上。有时，转播场地条件较好，解说者是在与现场隔绝的专业转播间内进行解说。在场边或观众席上解说时背景噪声较大，解说者应将话筒靠近口部，最好使用与耳机连在一起的体育解说专用话筒，这样可以在转动头部观察场上情况时，话筒与口仍保持较近的距离。有的解说员用加大音量的方法压制噪音，但加大音量会使表达不自然，不如靠近话筒更有效，因为解说音量适当减小，不仅可以节省气力，不致过早疲劳，还可以使声音听起来更自然、亲切。在现场转播间解说，一般听不到场上的噪音，解说者可以不受干扰地确定自己的音量，但为了融入场上的比赛气氛，解说者应当用耳机听听现场的声音，解说者耳中鸦雀无声不利于解说，会削弱语言的生动性。

现场解说的好处是为解说者提供了一个视野宽阔的空间。解说者可以随时了解赛场内外的情况和裁判员、运动员的动向，为电视机前的观众提供屏幕上看不到的信息。还可以根据场上情况，为后面的解说做准备，也可以引导导播将画面转到需要注意的地方。现场解说并不意味着解说者可以不顾播出画面，随意对比赛进行解释。实际上，现场解说时，解说者面前也有监视器，解说者要与负责画面切换的导播密切配合，才能取得现场转播的成功。现场解说者应当服从导播的调度，当导播将画面切入时，解说者应当就画面内容进行解说，特别是人物特写和动作特写，这些强调的画面往往需要解说者用语言加以补充说明。

6．演播室解说

演播室解说难度比较大。解说者只能从电视屏幕上得到比赛现场的信息。演播室解说需要一定的现场解说经验。

首先，解说者要对参赛队、运动员和比赛场地有尽可能多的了解。

其次，要注意全景画面。演播室解说的最大困难是解说者的目光受限，他不能像在现场那样随意观察场上的动静。当屏幕上是某一运动员特写镜头时，解说者不能同时从画面上了解裁判在哪里，场上观众反应如何，其他运动员的位置等。因此演播室解说应当格外注意反映场地情况的全景画面，随时了解场上的大背景情况。

演播室解说还要注意语言的简练。在演播室解说时，解说者处于被动地位，不知追随某一运动员的镜头画面会延续多长时间，或者与不熟悉的导播之间没有默契，不知道镜头何时转换，如果语言过于繁杂，当镜头转换时会造成语言与画面配合不好，解说内容与画面形象分离的情况。为了使语言与画面配合恰当，解说者应当使用简练的语言，可以及时结束，以适应画面的突然变化。

演播室解说还要注意利用屏幕上出现的文字、数字或图形信息。

还有一种演播室体育解说是将已录制好的国外体育比赛录像重新剪辑加工，配上中文解说。这种解说不是与比赛同步直播，解说员可以反复观看比赛录像，确定自己的解说内容。

四、体育解说实践

中央电视台著名体育解说员宋世雄说，要做好体育解说，就要当好体育爱好者的耳目，全身心地投入、扎根在生活的土壤里。

（一）长期磨炼

体育比赛，瞬息万变，播音员要在快速、多变的情况下，把比赛场上的实况，用优美的语言迅速、准确而生动地转播给观众、听众，这是一项过硬的基本功。这个基本功，需要在漫长的实践中一点一滴地熏陶、培养和磨炼。

把队员认出来，把他的动作说出来，这就是我们通常说的“记忆加表达”。记忆靠多看，表达靠多练。要多进行口述、演讲和口头作文的训练，尤其是口头作文，它同体育转播一样，是即兴的，可以训练思维活动的迅速反应能力。

体育播音员把运动员记住了，把场上的情况说清楚了，这还不行，还要说得快，这是对体育转播表达技巧的特殊要求。要想说得快，就必须要熟练。在比赛场外，把平时转播经常使用的术语都背下来，是一种比较有效的练习手段。一些经常使用的术语，场下倒背如流，场上就能运用自如，就能够熟练而有条理地表达多变的情况。

此外，还可以在平日里念念“绕口令”，也可以根据自己的兴趣爱好选择锻炼方法，练习吐字发声，严格掌握轻重缓急、抑扬顿挫。

（二）做运动员忠实的朋友

要把体育实况转播好，就要求体育播音员长期徘徊在运动场上，生活在体育健儿之中，做运动员的忠实朋友。

在实况转播中，选择一些具有特色的题材和有独特个性的人物，通过自己的构思，用生动的语言表达出来，使人听了之后，像阅读一部文艺作品一样，受到艺术感染。

（三）体育场上的“导游者”

体育包罗万象，高难度技术和新的战术变化无穷。一个体育播音员单单知道一点竞赛规则和一般的技术、战术，做古老、陈旧的公式化的报道，是不能满足观众的要求的。播音员不仅要具备丰富的体育知识，还要有形象化的表达能力。

在熟悉每个运动员的同时，还要比较详细地研究参赛队伍的技术、战术特点，分析各队的实力，掌握他们在历届比赛中的成绩以及比赛中的有趣镜头。有了这些必要的准备，仍不能反映比赛的特点。因为观众还想知道谁能夺得冠军，更想欣赏高水平的运动。这时候，播音员就需要按住受众的脉搏及时回答人们所关心的问题。体育播音员所扮演的角色应该是一位出色的向导，把成千上万的“旅游者”带到欢乐的“体育世界”。

（四）丢掉“糊涂的影子”

体育解说是语言的艺术，它要求播音员精密地、准确地、合乎逻辑地使用语言，明明白白地叙述比赛状况，清清楚楚地表明观点。作为一个体育播音员最忌讳的是说糊涂话，最怕的是给观众留下糊涂的印象。转播的语言要准确、简练和生动。要做到这一点，必须下一番工夫，阅读大量古今中外的优秀文学作品，开阔视野，丰富知识，积累词汇。

口语化，是体育解说语言风格中最突出的特点。用口语描绘出视觉形象，是电视体育播音员的基本功。

（五）集体劳动的结晶

做一个体育播音员需要经验的积累和才能的磨炼，更需要一颗火热的心和一个冷静的头脑。在电视里和大家交流的是几个播音员，但是，播音员身边有许许多多的导演、编辑、记者和技术员，他们兢兢业业地为转播工作付出自己的辛劳。正因为他们为播音员提供了大量的技术数据，捕捉到现场精彩镜头，才使播音员得到充足的“能源”。

第八节　电视广告播音

一、电视广告的类型

电视广告是一个由图像、声音、时间组成的视听形象系统，它可以使人们直接看到商品本身，通过直接的物象显现去触发一种直接性的感受。

依播放形式，电视广告划分为节目广告、插播广告（在我国大陆，插播广告又叫常规广告）；依广告传达内容，电视广告划分为商业广告、公益广告。

二、电视广告的声音特点与要求

1. 形象生动，感染力强。电视广告画面需要增强观众观看广告的兴趣，声音需要突出商品诉求重点。这种声音与画面的视听合一，能够逼真地、明确地从各个方面展现广告商品的个性。

2. 贴近生活，影响力大。电视广告调动了包括有声语言在内的所有艺术手段，向受众营造出一个温馨的氛围，唤醒了人们心底的潜在需求，使人们渴望享有更新更好的生活，渴望拥有更新更好的服务。

3. 补充画面，揭示内涵。电视广告的直观性，容易造成信息传达的局限性。因此，有些内容用画面难以完整、明确地表达出来，有些复杂的意义和深奥的道理用图像也是反映不出来的，这就必须用声音即有声语言加以补充、说明、提高和延伸。有声语言可以补充画面所不能提供的内涵，或说明商品的状态、性质、成因、功用，或介绍有关的知识等。

4. 画龙点睛，锦上添花。图像虽然也有通过现象表现本质的功能，但总是不如语言来得直截了当。形象思维常常是附着在画面上，而抽象思维往往表达在语言中。有声语言与电视图像的配合是全角度的，它不仅起补充说明作用，还对画面内容起提高和升华的作用。

5. 信息量小，转瞬即逝。电视广告的时间极短，所承载的信息量自然也少；电视广告以图像运动为主，声音的出现就更为短暂，转瞬即逝，不易记忆。

6. 时间太短，再创作难。以秒计算的广告时间，给广告播音带来了再创作的局限性。要准确、完美地表达广告内容，便要在语气、节奏、停连上有所设计、有所施展。时间短、空间小，对广告播音者的要求自然较高。

广告播音要凸显广告主题，昭示主体形象，具体要做到以下几点：

1. 推销性。广告播音应该热情耐心，具有新意，给人春风拂面、耳目一新的感觉。

2. 催化性。广告播音应该更具个性，更加煽情，要有观众不掏钱决不罢休之势。

3. 赋活性。为了不让消费者忘却自己的品牌，广告应该赋予商品生命力，并以此去感化消费者的心，因此广告播音应该成熟大气，张扬特色，赋予商品活力。

4. 整体性。广告播音应该兼顾多方，注意整体。在表达技巧上，句子要“抱团”，语气的承接要和谐统一；在与画面的关系上，要记住自己配角的身份，不要抢“戏”。

5. 准确性。电视广告要让受众每个字都听得清，每个词都听得懂，每句话都听得明白，广告词的写作自然要生活化、口语化。而广告播音则必须遵循“平行规律”，即让声音的播出和收听平行、同步。让语言表达的程度和信息量与受众的言语感知能力和接受程度相适应。

为了减少声音播出与言语感知的“时间差”，声音指向的准确性就不可缺少。准确性包括正确的重音、恰当的节奏、合理的夸张以及与广告文字风格相吻合的语气。

三、广告播音的声音形象选择

有声语言亲切细腻、准确贴切、诚恳真挚、生动优美方可营造一个宽松的环境、一种亲切的氛围。广告播音要想赢取这份宽松、这份亲切，在声音形象的选择上，就必须注意多种制约因素。

（一）性别差异的选择

1. 男性的声音形象

男性的声音形象，应该是浑厚、粗放、醇和、有磁性，具有一定的气势和力量感，当然有时也不无温柔。在商品的性别定位上，广告主对某些商品，如轿车、重工机械、酒、名牌夹克等的使用者划分明确，广告语也多为直诉主题的口号，此时宜选用男性音色，显得刚劲有力，充满阳刚，力度感强，这是由男性自身特质所决定的，运用得当，自然与广告相得益彰；但有些时候棱角不必过于分明，勾勒出线条即可。

2. 女性的声音形象

女性的声音形象，应该是文雅轻柔、温和柔弱、亮丽清纯的；应该是甜而不腻、美而不妖的。女性凭其特有的温柔细腻、浪漫多情的声音形象，可以烘托出一种梦幻意境。

（二）年龄差异的选择

如果严格从声音形象本身将人们的年龄做一个划分的话，可分为婴儿、幼儿、少年、青年、中年、老年。这些年龄的人群都有可能出现在广告当中，自然需要配以合适、贴切、符合各自年龄特征的声音。

1．婴幼儿声音形象

孩子的声音形象自然是天真烂漫、活泼可爱，多带些稚气、娇气，少带些霸气、骄气，因为广告对孩子的教育有着潜移默化的影响。

2．青少年声音形象

在广告播音中，青少年的声音形象，朝气蓬勃，充满活力，像银铃般脆响，像溪水般欢快，像朝阳般蓬勃，具有鲜明的时代感，强烈的动作感。

3．中年的声音形象

中年人的声音形象是沉稳的、醇厚的，少了年轻时的那一份浮躁，但并不缺乏朝气，多了几分成熟自信，但并不张扬自大。声音中应显示出对他人的一种宽容，对自己的一份责任。

4．老年的声音形象

老年人的声音形象，应该注重精气神儿，稳重、厚实、醇和、老成，犹如陈年老窖，回味绵长。又因为老年人大都饱经沧桑，不事雕琢，所以说话通俗易懂，多为口语。

（三）播音方式的选择

广告播音，播音者有时以第一人称出现，身份是“我”；有时以介绍为主，身份是介绍者；有时又以评点为主，身份是评论者。据此，广告播音方式主要包括独白式、对话式、解说式。

1．独白式

独白，以第一人称出现，有时是广告中的角色，有时是商品的拟人化。使用第一人称指代角色，在广告中很普遍。这种被指代的角色往往就是某类商品的已然消费者或理想消费者，此时，第一人称在广告语言中的作用就是进行消费证明。独白式广告比较易操作，因为播音时一般只需要一人至多两人，成败胜负也仅系于一两人。独白式播音有时如给好友讲故事，有时如与亲人回忆从前，有时又急不可待地向人介绍自己的使用经验；或娓娓道来，或快人快语，或注满深情，或一本正经。

2．对话式

对话式，包括男女声对播、同性别对播、多人混播等形式。对话播音大多出现在情节型广告中。其中多人混播需注意主调突出，辅调和谐。

在对话式广告播音中，需要播音者能够迅速进入播音状态，准确把握表达方式；在极短的时间内，明确身份，理顺关系，调整语气，拿捏分寸，集中、快速地表现一种直接的因果关系。

3．解说式

解说式广告播音，即对广告的产品进行简要的概括说明，或直截了当，或直抒胸臆。依据诉求类型的不同，解说式广告播音又可分为客观解说和主观解说两大类。

（1）客观解说。对广告产品的形象、特点做直截了当的介绍，有时加上摆事实、列数据的方式。

（2）主观解说。对广告产品作出带有个人感情色彩的评点解说。

如果说客观解说主要是摆事实、讲道理，以理服人，以事实服人的话，那么，主观解说则主要采取心理攻势，从情感上打动人。

（四）播音个体的选择

因为每个人的经历、性格、气质、修养、审美追求、专业水准都不同，每个人的音色、音高、音量、节奏不同，因此广告播音也呈现出多样性。又因为电波广告的时间受到极严格的控制，所以短时间里给人最大冲击的往往是播音者的音色和音量。不同的音色和音量带给人的心理感受是相去甚远的。

1．音色

音色是指声音的特色。因为广告产品、广告形象以及广告创意的不同，广告主常常选择不同音色的声音加以表现。由不同性别、年龄的发音体，不同的发音方式形成的不同音色，往往是广告主最为重视的因素。因为可以利用这些不同的音色进行商品暗示和消费者暗示，这直接关系着受众对广告商品的印象，也是广告播音最重要的手段。由不同的性别发音体形成的不同音色包括男声、女声，由不同的年龄发音体形成的不同音色包括童声、青年声、中年声、老年声等，由不同的发音方式形成的不同的音色包括醇和音、宽厚音、稳健音、果敢音、兴奋音、沉静音、轻柔音、圆润音、活泼音、沙哑音、脆亮音等。

2. 音量

音量是指声音的强弱、大小、轻重。音量基本上相当于“音强”，但有时也和音高有一定的联系。通常，音量强、重、大，声音的表现就高一些；音量弱、轻、小，声音的表现也就低一些。广告播音中的音量受广告内容的不同以及同一广告中信息地位和语义内容不同等因素的制约。有专家进行统计发现，中强音量是广告播音音量的主要体现形式。而决定整体音量强弱的，是具体的广告产品、广告主题和创意，并与广告词密切相关。创意不同，音量的选择也不同。

另外，同一条广告中，由于广告语言自身的信息地位、语义内容的不同，在音量上也会呈现出不同的变化。

四、广告播音的艺术创作

（一）广告播音的特殊性

1. 艺术化

广告播音的艺术化，主要表现在吐字发声和语言处理两方面。在吐字归音上，不必过于刻板，尤其是在情节性广告中，应该根据广告中人物的身份、性格和语言状况等不同情况加以调试，还应该与画面中人物说话时的口型、状态相吻合，或是字形较扁，或是唇舌较松。在用声上是有所控制的，但有时为了需要，往往打破一般的播音用声范式，例如用假声、挤压声带、压喉等。在语言处理上，有时应讲求自然化、生活化，但又不是纯自然的生活状态和生活语言，而是有一定控制的吐字发声、用声技巧与生活中的语言情态和语言样式的有机结合。有时又要注重吐字的力度，甚至在表达方式上需要类似戏剧语言的夸张。总之，广告播音在语言处理上，往往用声幅度大，语势变化也大。

2. 角色化

广告播音其实更像影视配音，需要为“人物”的语言角色化配音，有时还需要在不同程度上为声音“化妆”。广播广告的“人物”语言角色化，需要突出体现性；电视广告的“人物”语言角色化，需要突出再现性。

3. 个性化

个性化的声音与广告产品相结合，可以让受众在视听上将它们融为一体，让声音成为产品个性的代表而产生独特的魅力。声音的个性化应该是独具一格，令人心动的。声音的个性化应该是语言表达的一种高境界。

4. 陌生化

陌生化是指在广告语言的设计中突破语言的常规建构，在句法、词汇、语音等方面进行陌生化处理。广告播音需要陌生化，需要通过对声音要素进行一定程度的设计和改造，改变受众的习惯性和“自动化”，以新鲜、新奇、新颖的声音形式刺激受众的感觉神经，以期引起受众的新鲜感和时代感。受众以一种批判、挑剔、审视的眼光去感知广告声音，接受广告信息。

（二）不同类型电视广告的播音再创作

依据电视广告的表现类型，播音再创作的方式有：

1. 故事型

好的故事情节能够吸引注意力，情节的高潮能满足人们的好奇心，并与受众产生直接的交流。很多优秀的电视广告采取的就是讲故事的表现形式，将一个可信的事实安排在一个可信的环境中，并且与产品发生关联，然后设计出故事的开头、发展和结尾。人们听清了故事，也记住了品牌。

故事型的电视广告，其表现方法几乎都是以感性为出发点，解决的问题也大多是心理层面的，比如挫折感、失败感、孤独、忧郁、失恋、忧伤、烦恼等。而广告借由商品带来的感受，或欢乐，或感动，或温情，这一切非商品功能性的介绍，往往更能够打动人心，所谓“感人心者，莫乎于情。”

为故事型广告播音，一要注意心理活动的细微变化，因为这个变化往往与商品的功能有关，对广告的效果产生直接的影响。二要明确故事中人物的身份、人物之间的关系，注意对话中语气的衔接、情绪的变化。三要有良好的声音造型能力，以保证有较强的语言表现力。四要做到“四吻合”：与广告模特的内在气质相吻合，与广告模特的内心感受相吻合，与广告模特的表情动作相吻合，与广告模特的口型开合相吻合。

2．生活片段型

生活片段型是截取一个真实的生活场景作为广告表现的环境，再现真实的生活片段，展示人们对产品的需求。这种广告的切入点不是商品，而是商品的使用者。这样做的目的是为了让人觉得商品已经成为生活中的一部分，无意中就暗示了它与消费者之间是密不可分的关系。这种广告形式也缩短了产品与消费者之间的心理距离，给观众的感觉是，广告中的人物不是模特，不是明星，就像是身边的亲戚、朋友和邻居，使广告贴近观众，使产品深入生活。一间普通的办公室，一间寻常的家庭厨房，超市里、马路上、后台化妆间、居民小区里……真实可信的画面环境，朴实平常的人物形象，让人顿生亲切之感。这里广告模特的表演成分少了，生活气氛多了。

通常这类广告表现的大都是广告中的人物渴望好吃的食物、好看的衣服、好用的化妆品、好玩的去处和方便的服务等。生活片段型广告，没有故事型广告的起因、发展和结果，它的结构简单明了，每一个画面都保持着连贯，一步一步让观众产生兴趣，最后让观众看到意想不到的结果，这时往往也是广告主题句出现的时候。广告主题句的播音是整条广告成功与否的关键，播音到位，将是画龙点睛；播音不当，很可能前功尽弃。

3．解决问题型

生活中，谁都会遇上各种各样的困难、疑惑、烦恼，那么如何解决这些问题呢？广告可以帮你忙。

解决问题型广告通常选择一个人、一个家庭或是一间办公室，有时再设计一点情节，让问题出现，将问题暴露，然后推出某种商品，解决人们的问题，巧妙地暗示人们不妨一试。解决问题型广告播音要特别注意问题解决前后的音色、语气、情绪的对比反差。一般情况是，解决问题前，音色暗淡，语速较慢，情绪低落；解决问题后，音色明亮，语速较快，情绪欣喜、兴奋。

对于产品的介绍，不要过于夸张，语气上变化也不宜过大。对于设计了一定情节的广告，要分析清楚其侧重的因素，清楚本条广告侧重的是哪种因素，以此作为播音时语言基调的重要依据。

4．人物佐证型

人物佐证型电视广告有着独特的优势，这类广告使用同期声，视听同步合一，使证人和观众直接对话交流。人物佐证型广告依据证人的身份、职业和知名度的不同，又可细分为名人佐证型、专家佐证型和普通消费者佐证型。

（1）名人佐证型

名人推荐广告，许多话自然由名人说出，真正让播音员说的已经不多了，有时甚至不需要了。然而，说“已经不多了”的话，关键在于与名人说话语气的衔接要水到渠成，顺理成章，特别要防止各说各话所导致的“二层皮”的现象。

（2）专家佐证型

专家的证词大多是以科学道理为依托，讲得深入浅出，有凭有据，容易使消费者信服、折服，赢得消费者的信赖。专家佐证型的广告播音要明确身份。这时的“我”是广告产品这一领域的专家，所说的话代表这一领域的最新信息、最新建议、最新结论。播音时，要注意语气。因为有科学道理、相关数据作依托，语气应当显得沉静、自信、果决，同时又不缺乏亲切和耐心；还要掌握节奏，严谨的治学精神和公认的权威性带来的是节奏上的稳健、中速。

（3）普通消费者佐证型

来自普通消费者的证言也有着不小的影响力，他们对产品的认识和看法、介绍和推荐，都会对观众是否决定购买起着至关重要的作用。这个普通人让受众感觉是隔壁的邻居，对门的大哥大姐，认识的朋友，由他（她）说出来的话就可信。

5．示范解说型

示范解说型是最容易在受众心里激起信服的广告形式之一。示范解说型广告播音要注意广告词中对于产品性能的介绍。有的性能是在原有基础上的改良，有的是最新开发的，更多的可能是强调其独一无二，这些都应该事先了解清楚。只有这样，播音时才能够清楚该强调什么，该突出什么。

6．幽默型

幽默是人类精神生活不可缺少的调味品，也是人类心理活动中非常重要的润滑剂。幽默型广告的作用就在于它的诙谐、机智、俏皮、调侃、风趣使观众情不自禁地发出会心的微笑，从而化解对立的情绪。幽默型的广告播音要选取与画面形式相吻合的语言基调；要找准可以产生效果的句子、词组或字眼儿；要在语言外部形态上寻求放大与突出，以求得夸张的效果；还要在画面情态的发展上寻求“包袱”的设计，以求得幽默的气氛。

7．气氛渲染型

气氛渲染型广告，注重营造感情氛围。通过一系列画面的渲染烘托使特定的气氛更浓郁，并让这浓郁的气氛感染、打动观众，最终达到广告主题深入人心的目的。在营造浓郁气氛的时候，往往用的是一组生动、热情、活泼、快节奏的画面，这些画面本身并不是一个故事，也不是一个情节，但是连在一起在同一时间播出，就传达出一种情绪。

气氛渲染型的广告播音要画龙点睛，不抢风头。一般来说，气氛渲染型广告的气氛营造靠的是画面的烘托，广告词并不多，有的甚至没有人声。播音时需要注意的是这寥寥的几个字、短短的几句话与画面构成的关系，或气氛相同，或形成对比，达到绿叶扶红花的效果。

思考题

1. 谈话类节目主持人怎样才能驾驭好节目进程？
2. 在文艺播音主持中，怎样理解“热情介绍者”的身份定位？
3. 电视体育解说的内容是什么？
4. 电视广告播音主持的特点是什么？

第十章 播音主持文体概述（下）

内容提要

本章概述了电视播音主持的形象、电视新闻播音主持、电视社教类节目主持、电视文艺节目主持、电视纪录片解说、网络主持人等播音主持文体的特征和表达方式。在“电视播音主持的形象”一节中，介绍了电视播音员、主持人形象塑造的要领和方法，包括内外在形象的锻炼和设计，播音员、主持人的着装和化妆等基本要求。在“电视新闻播音主持”一节中，概述了电视播音主持的基本特点和方法，其中包括口播新闻、新闻片配音、现场报道、电视新闻主持等节目类型及语言特点的把握。在“电视社教类节目主持”一节中，指出了电视社教类主持人节目的界定和分类、社教类节目主持人的素质构成及对社教类节目主持人的要求，以及社教类节目主持的艺术特点。在“电视文艺节目主持”一节中，概述了电视文艺节目类型，介绍了串接式文艺节目主持方式、专题文艺节目主持方式、转播现场主持方式、综艺节目主持方式等。在“电视纪录片解说”一节中，简述了电视纪录片的界定与特点，分析了电视纪录片的声画要素及相互关系，指出了电视纪录片解说备稿的特点，论述了电视纪录片解说与其他元素的结合，指出了电视纪录片解说的表达特性。在“网络主持人”一节中，简述了网络主持人的分类、基本特点和发展趋势。

第九节 电视播音主持的形象

一、电视播音员、主持人形象概说

电视播音员、主持人是在电视台内以播音为主要职业的工作人员，这里指的是广义的电视播音员、主持人的屏幕形象。

电视播音员、主持人与电台播音员、主持人在工作上的最大区别就在于电视播音员要在电视屏幕上向观众“亮相”，观众不但能闻其声，还能见其人。因此电视播音员、主持人除了像电台播音员、主持人那样应具备有声语言表达技巧外，还应了解和掌握用自己的形象来表达思想感情的技巧。

我国广播电视事业的性质决定了在电视节目中，电视播音员、主持人是政府工作人员的代表，或者是社会活动家的代表，或是观众在电视台的一位消息灵通、见多识广，上知天文地理、国际国内大事，下知民情民趣、柴米油盐，有个性的知心朋友。在某些节目中、某些场合中他们是体现“国家”、“政府”的形象，而在另一些节目中、另一些场合中他们则以电视台编导的形象出现，在有些节目中他们又以观众的朋友的形象出现。从这个意义上说，电视播音员、主持人的屏幕形象是由节目的性质和要求所决定的。在新闻类及社会问题研讨类的节目中，播音员、主持人的形象应该是庄重大方、态度鲜明的，这才能给人以信赖感。在知识性及服务性的教育类节目中，播音员的形象应是博学多闻、亲切自然、平易谦和的，这才能与节目的教育性相一致。

二、内在形象和外在形象的关系

电视播音员、主持人的屏幕形象由两个方面构成：一是观众一目了然的外在形象，包括外形长相、形体动作、表情动作、修饰效果（服装、发饰、化妆等）；二是观众通过其外部形象而感觉到的内在形象，包括工作态度、政策水平、文化知识水平、美学修养以及风度、气质、自信心等性格特征。

电视播音员、主持人内在形象的确立是塑造外在形象的依据。

电视播音员、主持人应该是真诚的、大方的、沉稳的、敏锐的社会活动家。电视播音员、主持人只有认识到自己与观众是平等的，才不会受“名人形象”的束缚，才更容易做到在镜头前落落大方。内在形象与外在形象应该统一、协调。

从塑造电视播音员、主持人外在形象的角度看，除了为适应镜头前的工作环境所必须解决的技术性问题外，有相当一部分外在形象是由内在形象决定的。

三、内在形象的形成

电视播音员、主持人内在形象的确立是一个较长期的过程，它是伴随着播音员、主持人对电视工作性质认识的加深、政治素质的提高、社会阅历的磨砺、文化知识的累积、性格品德的培养而逐渐形成的。电视屏幕形象应具备坦诚、质朴、自然、含蓄的特点，这也是部分业余主持人以本来面目上屏幕而获得观众认可的原因之一。电视播音员、主持人只有尽力做到内外统一协调，其屏幕形象才可能完善、丰富、有个性、有特色。

四、外在形象的要求

电视播音员、主持人的外在形象，由外形长相、形体动作、表情动作和修饰效果组成。外形长相是与生俱来的，是塑造电视屏幕外在形象的基础。

电视播音员、主持人外在形象的另一基础——形体动作，主要指躯干四肢动作（形体动作）及面部五官动作（表情动作）两部分。在屏幕上，人的形体动作和表情动作有一定的表演性和示范性，应是较典型的现代的形象，要适应社会上大多数人的审美观念。为贴近生活，电视播音员、主持人的形体动作、表情动作既应是有控制的、训练有素的，又是松弛自如、归真返璞的，须具有自然美。

由于不同栏目、节目的性质不同，电视播音员、主持人的形体动作也应不同。在新闻性节目中，形体动作、表情动作要规范、利落、朴实、大方，只有把握新闻消息的文风特点，才能适应新闻的庄重、真实等特性。在服务性节目中，形体动作、表情动作只有做到松弛、柔和、自信、流畅，才能适应这类节目的亲切感。在文娱艺术性节目中，形体动作、表情动作只有与具体节目的风格统一协调，要优美、潇洒、敏捷，或抒情，或幽默，或风趣，或俏皮……这样才能适应观众赏析艺术的审美要求。

由于电视播出的现场性，电视播音员、主持人形体动作、表情动作是一气呵成，并由多架摄像机从多个角度呈现在屏幕上的。屏幕镜头的连续性和切换的频繁，使播音员、主持人形体和表情动作无论巨细随时有可能在屏幕上曝光，因此，在镜头前，电视播音员主持人对于形体动作的整体、大局和表情动作的局部、细节都应给予注意。

由于电视“家庭艺术”的特性，以及电视接收机的屏幕相对来说不是很大，屏幕上的人物常常以近景面对摄像机的“半身像”角度，造成与观众直接交流的感觉。为了保证播音员、主持人与观众的交流，此时的形体动作和表情均应围绕强化有声语言这一目的。身姿、眼神、语态都不应分散观众对你说话内容的注意力。在这种电视播音员常用的画面景别中，播音员的头轴、肩轴应平行，与身体主轴成直角相交，因为这种身姿产生稳定感。身体正直，头颈正直，不要前俯后仰，肩不要上耸，也不要佝偻。虽然在说话过程中并非僵硬呆板地端架子，但也不可摇头晃脑、懒散懈怠、挠头搔耳、皱眉吐舌等。在镜头前的一举一动、一颦一笑都应与你要表达的思想感情一致，为你传达的内容服务。面部的表情动作在电视屏幕的近景中要特别注意。电视播音员、主持人在镜头前应集中体现服务的热忱，坦诚待人。只有调整好自己在镜头前的心理状态，进入自在坦然、全神贯注、积极灵敏的工作状态，表情动作才可能自如灵活。

播音员、主持人在屏幕上讲话，也应注意口唇的动作，这可以结合发声及口腔控制调整唇形及与说话相关的肌肉。比如说有的播音员、主持人发声时牙关紧、下巴往前铲、唇形咧、颧肌提起不好等，不但影响语音发声而且也影响面部表情动作。

电视播音员、主持人在电视屏幕上以正面近景镜头出现次数最多，因此播音员、主持人的眼神是至关重要的表情之一。电视播音员、主持人在镜头前只有将注意力集中于正在播出的内容，真正地与观众“面对面”地交流信息、思维、情绪，目光才可能专注，眼睛才可能有神采。同时，也只有注意力集中到要说的话、要播的稿、要主持的节目中去，才可能放松对于自己外在形象、动作的注意，消除紧张心理。

播音员、主持人应当将眼前的镜头变为“活人”的眼睛与之交流，而将余光所见的活人视为“布景”，从而保证视线和眼神的稳定、专注。从创作的内部技巧来说，就是运用“对象感”和情景再现，将摄像机想象为你所熟悉的一位观众或朋友，并像对朋友说话那样注视着对方的“眼睛”——镜头，那么在观众看来，你的眼神才是真正“看见”他了。

综上所述，电视播出对电视播音员、主持人形体动作、表情动作的要求是：第一，电视播音员、主持人的形体动作、表情动作比生活中要规范些，比舞台动作幅度要小些，是自然形体动作、表情动作经过细微调整而形成的。第二，电视播音员、主持人的形体动作、表情动作要适应电视屏幕的要求，考虑屏幕景框的限制，根据摄像机取景景别及屏幕整体画面的构图来调整。第三，电视播音员、主持人应根据节目的内容、风格及播音员、主持人在节目中的作用，调整形体动作、表情动作控制的松紧、幅度和特点。

五、外形修饰的重要性

电视播音员、主持人的外形修饰是塑造屏幕形象的另一重要方面，主要包括服装的选择和化妆（包括脸部化妆及发型的修饰）。电视播音员、主持人的外形修饰可从三方面着手：与播出环境协调，“综合治理”，树立正确的色彩观念。

电视节目的播出环境常常是由节目的性质决定的，因此播音员、主持人的修饰需要与节目性质相符：新闻节目应突出新鲜、清爽、明快、时代感，不能太落伍、太保守，也不能太时髦、太新潮，修饰注意端正、大方。服务性、教育性节目应突出生活化、自然美，修饰要以精心却不露修饰痕迹为宜。文娱艺术性节目则应突出装饰美、艺术美，这才与节目所要求的形象相协调。

电视播音员、主持人外形修饰和播出环境的协调，还需要考虑具体节目的美工设计、环境布置、节目风格、导演意图等诸多因素。

电视播音员、主持人服饰色彩的选择也须注意与环境、背景协调，注意既不要与背景混为一体，也不要反差过大。

为了便于电视色键（抠像）艺术的运用，服饰尽量避免选择与单色幕布相同的颜色（比如常用的蓝色）。

电视播音员、主持人的外形修饰要注意“综合治理”。无论是服饰、化妆还是发型，均应本着烘托本人气质的原则，全面地从整体效果来考虑。电视播音员、主持人在屏幕上出现最多的是半身近景，服饰款式的变化及协调主要体现在领、肩、袖、胸前装饰（口袋、花边）等部位。在选择和设计服装时要考虑该播音员的体型、形象、气质的优点和缺点。

化妆成为电视播音员、主持人必备的美学修养的一部分，化妆师运用美术和色彩原理产生的视错觉调整面容和外形给人的视觉形象，达到展现本人面容的优点，弥补或掩盖缺陷的目的。电视化妆的要求可以归纳为：清新大方、五官端正、轮廓鲜明、精心修饰而又不露修饰痕迹。播音员、主持人的化妆要适宜“上镜头”，这需要注意两个问题：一是整个面部轮廓以及各器官的轮廓要鲜明，二是面部的立体感要强。

电视化妆是为了让人看上去五官端正，不必处处都化妆，而是画龙点睛地对不足部位进行修饰即可。

电视播音员、主持人发型的选择也是“综合治理”必须考虑的一个方面，选择发型不能仅以时髦为标准，应从塑造外在形象的需要及美学原理出发，选择能衬托或改善播音员、主持人气质，能起到调整脸型、突出个性的发型。中国人大多数以黑发居多，黑色浓重抢眼，发型的改变会使人的形象变化比较大，因此，在选择发型时应慎重。

播音员、主持人可依据节目的内容、现场环境的布置、导演的风格等选择化妆、服饰色彩搭配。

电视播音员、主持人屏幕形象的塑造，既有文化素养、美学修养的因素，又有技术性、技能型的因素，只有抓住电视这一传播工具的特性，才能使电视播音员、主持人的屏幕形象与各式各样的节目相适应，受到观众的认可和喜爱。

第十节　电视新闻播音主持

电视新闻是电视的主要节目形态，电视新闻具有形象真实、具体可信的特点。电视新闻成为一般人获取新闻信息的主要渠道。

电视新闻以画面作为主要表达手段，但是画面并不能将所有的信息内容都显示出来，还需要语言的补充和解释。因此，电视新闻需要播音员、主持人的参与才能最终完成。电视新闻播音主持的形式依节目形态不同会有所区别，归纳起来，包括口播新闻、新闻片配音、现场报道、新闻节目主持几种主要形式。

一、口播新闻

口播新闻是电视播音员、主持人在镜头前面对观众播报新闻稿或做新闻评论的播出形式。单纯的口播新闻是电视新闻最早采用的播出形式。播音员、主持人在播报新闻后发表即兴评论，参与现场报道，以及进行播音室访谈和新闻节目主持，也都涉及这种播音员、主持人直接面对观众交谈的口播形式。口播是电视新闻播音员、主持人与电视观众交流的基本形式，也是电视新闻播音员、主持人的基本功。

口播新闻的主要特点是电视新闻播音员、主持人直接面对观众，他们使用的传播手段主要是形象和语言。

电视新闻播音员、主持人的形象应该朴实大方、成熟可信，符合大多数人的审美要求。

口播新闻采用较大的头部镜头，因此电视新闻播音员、主持人应当形象端正、匀称，没有明确的缺陷。

电视新闻播音员、主持人具有良好形象只是具备了非语言表达的基本条件，在播报中，播音员、主持人要运用自己的眼神和表情不断与观众交流，表达自己的感受和态度。电视是活动的画面，其中的人和物都是运动的，作为电视新闻演播者，其表情也应是动态的，不应只保持一种状态和表情。

电视新闻播音员、主持人的形象表达包括基本态度、表情变化、目光交流、姿势动作和服装饰物。

基本态度指播音员对待观众的态度和对所播稿件内容的看法。这些都表现在播音员的表情中。在播报过程中，播音员、主持人的表情应当有所变化，但表情变化不应是夸张的，它是通过眼神和眉宇之间的细微变化传达给观众的。新闻节目是以传递信息为主要任务的，它不是以感情来感染听众的，在这一点上，它与其他电视节目是有区别的。

电视新闻播音员、主持人表达感情要借助与观众的视觉接触，这一点对于只有面部镜头的口播新闻尤为重要。尽管有提示器的帮助，可以减轻电视播音员、主持人的负担，但看稿播读仍然是电视新闻播音员、主持人口播新闻必须掌握的基本功。看稿播读应尽可能延长抬头与观众进行目光接触的时间。播音员应有良好的反应和记忆能力，有些内容看过之后应当适当记忆。

姿势动作和服装服饰也是电视播音员、主持人形象表达的组成部分。电视新闻播音多采用坐姿，应是上身挺直端坐，动作较少，镜头以上半身特写为主。电视播音员、主持人的服装应当端庄大方，服装应与节目内容和个人身份一致。播音员、主持人的服装属于他们自身的一部分，表达出穿着者的文化素养。点缀于身体上的小饰物也是传递信息的灵敏之物，观众会从这些小饰品中看到播音员、主持人对生活和工作的认真态度，增加信任感。

电视口播新闻是通过语言传达新闻信息的，在本质上与广播新闻并无根本的区别，但口播新闻加入了播音员、主持人的形象，有时还穿插图像画面，语言形式更适合电视特点。

电视口播新闻应发音自然、连贯；发音时口型动作应当适当，过大的口型会干扰观众的注意力，影响传播效果；还要注意语言感情色彩与表情的结合。

电视新闻播音语速要比广播新闻快，节奏感也要强。

二、新闻片配音

新闻片又可称为图像新闻，是记者拍摄、编辑后供播出使用的活动的图像材料。新闻片在配上解说声音后，可以直接插入新闻节目中，也可以穿插在口播新闻中作为图像素材。

新闻片配音有两种方式：一种不需要对照画面，播音员只要将文字稿连续播完；另一种需要对照画面播讲，语言与画面要配合在一起。新闻片配音的声音听起来像是新闻播报，而不是采用“旁白”的方式。

脱离画面的配音方式并不意味着不考虑画面因素。根据画面内容，配音时声音的力度要适当，语句要有适当的节奏变化。播讲时间可能没有限制，应注意播讲速度不要太慢。

新闻配音的另一种方式是对照画面配音，它是画面内容编辑完成之后进行的。配音时，播音员看着监视器画面，根据稿件的提示在不同的画面中插入语言。这种配音方式要求语言与画面对应，往往出现在对画面内容作出解释性说明的时候。对照画面配音时，应当对画面多加注意，不能只顾自己播稿，还要考虑与相关节目的播音员口播风格的衔接。

三、现场报道

现场报道是电视新闻的常见形式。有些现场报道是在新闻事件现场直接完成的，不必再进行后期加工。这种制作方式可以进行新闻直播。大多数现场报道是由两到三人完成的。

电视新闻现场报道是电视新闻记者和新闻节目主持人的基本功。电视新闻报道员的主要工作包括以下几个方面：寻找新闻线索，确定新闻价值；现场采访，组织拍摄；撰写新闻稿，现场报道，后期制作。现场报道员身兼数职，既可以称其为记者型的电视播音员，也可以称其为播音员型的记者。

新闻报道员在新闻事件现场进行采访时，要正确选择采访对象。有时只需要旁观者作为采访对象，有时需要当事人回答问题，有时需要某一部门或组织的代表来做说明。一旦确定某人成为采访对象，就应设法使其站在摄像机前，而且背景画面应当简洁、不杂乱。在进行现场报道时，主持人要将开头和结尾背下来，不要照着稿子念。

四、电视新闻主持

在较大的电视台，大型电视新闻多采用节目主持人方式播出。电视新闻节目主持人的职责不同于一般电视新闻播音员，电视新闻播音员的主要职责是播报新闻，包括口播新闻和新闻配音。而电视新闻节目主持人的主要任务是串联节目内容，将节目内容顺畅地组合起来，在规定的时间内顺序播出。通常，采用主持人方式的电视新闻多采用现场报道的新闻制作方式，每条新闻都由现场报道员制作完成，主持人只要稍加介绍即可，不需要主持人对新闻内容做大量补充。

电视新闻常采用可提高新闻时效的直播形式，电视新闻节目主持人在新闻播出中起现场指挥调度作用，因此，新闻节目主持人又被称为新闻主播。

电视新闻主持人的具体工作内容很多，其中包括：新闻串联、现场采访、即兴评论、现场调度、把握时间等。通常，新闻节目都要求主持人态度严肃认真，话语简洁明快。

穿插在新闻节目中的演播室采访，往往由节目主持人负责。新闻直播中的现场采访，可以被看做是一条新闻。演播室采访之前，主持人应告知对方采访的时间长度，使其心中有底，主持人提问应直截了当。现场采访的内容，常常是观众当时最迫切希望了解的问题，被访者的回答应当是简单的分析、说明和介绍。

远距离采访有多种方式。一种是通过便携式卫星传送系统，另一种是通过非专业可视系统进行交流，还有一种是电话采访。远距离采访除应遵循演播室采访的一般原则外，还应注意一些操作细节，例如，远距离采访中，对方可能看不到画面，只能听到声音，提问应让对方听清楚；采访中还容易发生双方同时说话而导致交流顺序错乱，因此远距离采访应当及时、干脆，不能拖泥带水；远距离采访可由主持人控制采访进程，采访结束时，果断关闭线路。

新闻节目主持人有一些评论是在新闻播出前后即兴表述的，这种随口而出表达自己态度和看法的言论，很容易产生不公正、偏激，甚至伤害他人人格的问题，应格外注意。

第十一节　电视社教类节目主持

一、电视社教类主持人节目的界定和分类

（一）电视社教类主持人节目的界定

电视社教类节目是以社会教育为宗旨的电视节目的总称，其中那些栏目化的，设立了主持人的节目，就是电视社教类主持人节目。

（二）电视社教类主持人节目的分类

1. 以节目内容和社会功能分类，可分为教育性主持人节目、对象性主持人节目、服务性主持人节目。

教育性主持人节目：向观众普及文化历史、科学技术、经济、法制、环保、道德等方面知识的教育性节目。

对象性主持人节目：一般根据观众的年龄、职业等特点为特定观众群体开办的栏目。

服务性主持人节目：服务性节目题材广泛，内容丰富，它为群众生活的方方面面提供直接、具体的服务。

2. 以节目构成和传播形态分类，可分为杂志型节目、专题型节目和访谈型节目。

杂志型节目：把若干不同内容、不同体裁、不同形式的节目单元（也称小栏目、子栏目）加以组合，由节目主持人把它们串联成一个有机整体的节目样式。

专题型节目：与杂志型节目相对应的，内容相对集中，可以形成统一主题的节目形式。

访谈型节目：节目主持人与相关人物在演播室进行访谈的节目形式。

此外，在节目制播方式上还分参与型、非参与型，直播、录播节

目等。

节目分类对于主持人的意义在于两个方面：一是主持人必须熟悉并适应节目及对象的特定要求，即主持人知识结构中的“专业性”要求非常突出，如法律、证券、医药、文学、社会学等学科的专业背景；二是要求主持人能掌握相应的主持方式。主持人在节目中的主持方式多种多样，就拿通常的节目串联来说，有的在演播室进行，有的在外景主持；有的节目主持人以实地采访作为构成节目的主要方式；有的采用谈话节目的形态，这就需要主持人具有采访和组织谈话的能力；有的节目有观众参与，把知识、娱乐、竞赛融于一体，主持形式既有演播室的串联调度，又有外拍采访等。

二、社教类节目主持人的素质

社教类节目主持人的思想素质、语言素质、心理素质，应当说与新闻评论类、文艺类节目主持人基本相同，这里我们主要对主持人所应具备的专业素质进行讨论。

首先，社教类节目主持人要具备复合型的知识结构。进入21世纪的大众传媒，由于各种媒介的竞争日趋激烈，必然导致受众需求的细分化和传播者的专业化。在这种变化和发展趋势中，科教、文卫、法律、经济几乎是无所不包而又分门别类的社教类节目，其专业性特点更是显而易见。对于节目主持人，观众往往青睐那些权威性强、可信度高的主持人，希望他们对所谈的知识有较大程度的信息占有和较为透彻的理解。

其次，社教类节目主持人要具备丰富的生活阅历和人生感悟。社教类节目以知识性、科学性、服务性为主，以实用性、贴近性、针对性为特色，但是不管哪一种社会教育节目都不能搞简单的课堂搬家，要使知识传播中的科学精神、人文精神，服务中的道德评价、理想导向都蕴涵人类普遍的生存价值和精神理念，从而引起观众的情感体验和审美感受。中央电视台“半边天”的主持人张越，好读书、善思考、勤于笔耕，对多彩的人生有深入细致的观察和独到的体验和理解，给观众留下深刻的印象。

再次，社教类节目主持人要具备自觉的服务意识、创新意识。

（1）服务意识。只有真正树立起为观众服务的意识，主持人才能在节目中摆正自己的位置，也才能激发出创新热情，想方设法地精办节目。中央电视台资深主持人沈力的主持生涯与社教类节目难解难分。从她的第一个主持人栏目“为您服务”走到“夕阳红”，她始终心系观众，悉心体察观众的心情，平等谦和地以商量的口吻面对观众。她从不抬高自己，更不对观众指手画脚，而是处处为观众着想，尊重观众，理解观众心理，真诚地为观众服务。

（2）创新意识。创新意识是主持人艺术的重要前提。社教类主持人节目在一定程度上可以说与观众有着某种天然的联系，这是优势，但是如果不深入考虑节目定位、观众定位，不悉心揣摩观众的需求、接受心理、接受习惯，不熟悉这些方面新的变化，节目很难有吸引人的力量，更不要说形成观众所认可并喜爱的风格特色了。

最后，社教类节目主持人要具有采、编、播多方面的业务能力。主持人在节目中所起的作用、所承担的任务、所处的节目制播语境都不尽相同，更不是一成不变的。主持人节目形态日益丰富发展，无可争议地把主持人推到一个起主导作用的位置上，具有采、编、播综合能力的“多面手”主持人将格外受到青睐。

三、社教类节目主持艺术特点

（一）主持人与学者专家的合作

主持人在演播室与嘉宾访谈，这种节目形态经常为社教类节目所采用，尤其是知识性、教育性强的节目。一般请来的嘉宾都是专家学者，在这种情况下，主持人如何恰当地把握自己在节目中的位置，处理好自己与学者专家的关系，积极而又得体地发挥主持人的作用，是主持艺术的关键。

1. 恰当地把握主持人的位置

从传播者角度看，社教类节目主持人要突出知识结构上的“专业性”，强调一个“内行”的主持人所具备的传播的“可信性”、“亲和力”。从受者一方来看，观众希望主持人是真正的谈话者，不是一个只会按编导设计提问背词的“表演者”，更不是一个只能在嘉宾谈话时频频点头做倾听状的“应声虫”。主持人作为嘉宾与观众之间的“中介”、“桥梁”，这种位置及关系的把握集中表现在主持人与嘉宾的谈话当中。

主持人的“中介”位置有两个方面需要把握，首先是认识和态度方面。主持人一要协调好与学者专家的关系，尊重他们，积极发挥专家学者的“权威”作用，多以“求教”探讨的口吻与嘉宾交谈，做好嘉宾为观众“解惑”的助手；二要顾及观众的求知欲和接受习惯，做好观众“求知”的代言人。其次是主持艺术方面，主持人一要对知识重点心知肚明，能巧妙地为嘉宾通俗易懂地讲解知识“找窗口”；二要善于抓准观众的“兴趣点”、“疑惑点”及“盲点”，为寻求嘉宾的解答“搭梯子”。总之，从节目的传播目的和教育的性质看，主持人要找到“应知”与“欲知”的结合点，找到观众需求与嘉宾专长的结合点。

2. 积极得体地发挥主持人的作用

主持人在与嘉宾谈话时，主要通过提问和插话发挥自身的作用。主持人的作用是：（1）以提出具体问题的方式，引领谈话方向，控制谈话层次；（2）适时插话，衔接串联演播室访谈及外采等节目的其他部分，从容驾驭节目进程；（3）重复嘉宾看法，突出传播重点，加深观众印象；（4）稀释知识难点，告知观众盲点，活跃谈话气氛，巧妙地实现传播目的。

（二）精心把握受传对象的特点

社教类节目中有许多是对象性栏目，主持人必须深入了解栏目对象的心理特点，能够真诚地把握特定对象的需求，这是社教类节目主持艺术的一个重要方面。

（三）能动地发挥主持人的串联作用

串联，应当说是杂志型节目形态最基本的主持形式，当然也是社教类主持人节目最为常用的形式。节目形态各异，有的由一位主持人串联，有的由两位主持人共同主持，有的由主持人与特约嘉宾共同主持。主持人的串联作用概括起来有两点：一是以个性化的表述方式对栏目做出恰如其分而又妙趣横生的推介和阐释，二是以平等的交谈方式与观众进行情感或观点的沟通和交流。具体操作可以从以下三个方面入手。

1．加大信息量，引导收看

首先，主持人要从多种角度、不同层面来理解、感知所传播的节目；其次，主持人要尽量占有资料，并调动自己相关的知识积累和储备，补充有关知识和信息，以开阔的视野引导观众对节目的理解接受。

2．激发兴趣，吸引收看

主持人要充分发挥想象力和创造力，努力寻找能够触发观众兴趣和审美的细节，选择贴近观众生活和接受心理的“话头”引出节目，从观众的“已知”引出观众所“不知”。由远及近、由此及彼的“联想”是主持人常用的串联衔接方式。

3．在交流中推介，在沟通中阐释

“交流”“沟通”正是主持人以“人际方式”进行传播的特点所在。主持人不能只是机械地罗列一些相关资料，而应当非常细心和灵敏地预测观众具体的收视心理，并把自己的感受、观点说给观众听，进入与朋友交谈共同感兴趣的话题的情境。在实际操作中，把阐释和沟通结合起来，是观众易于接受的方式：阐释背景知识，可以帮助观众深入了解节目内容；沟通感受，不仅在“共鸣”中延伸了主题，而且还体现了一种平等贴近的服务，一种亲切平易的引导。

第十二节　电视文艺节目主持

一、电视文艺节目类型

电视文艺节目可以按照不同的表演形式分为戏曲、音乐、歌舞、曲艺等节目类型；如果从节目的制作和播出方式来考虑，我们可以把电视文艺节目分为下面几种类型。

1．串接式文艺节目。这是一种体现电视文艺节目制作灵活特点的节目形式。在这类文艺节目中，电视播音员或节目主持人出面将各种文艺形式串接起来，播音员和主持人只起穿针引线的作用，他们的目的是将节目介绍给观众。

2．专题文艺节目。专题文艺节目是电视文艺节目中数量最庞大的节目形式。它是充分利用电视制作手段编排的文艺节目。这类节目手法多样，名称各异，主持人参与其中，起着组织和引导作用。

3．文艺节目转播。这是一种采取转播方式的电视文艺节目，但在表现形式上与过去的剧场转播有所不同。节目主持人代替了传统的报幕员，介绍节目的方式也有所不同。

4．综艺节目。这是一种由演员、现场观众和节目主持人共同参与的电视文艺节目形式。这类节目形式活泼、有趣，娱乐性强，受到电视观众的普遍欢迎，收视率高。综艺节目从内容上划分，也可以分为表演类和游戏类两种类型。

二、串接式文艺节目主持

串接式文艺节目是电视文艺节目中较早的一个品种。现在的文艺节目串接多采用主持方式，它是在播读式简单串接的基础上发展起来的。

主持串接式文艺节目，其目的主要是介绍节目，帮助观众更好地收看。出于这一目的，主持人的议论不应过长，也不应偏离节目内容、谈论与节目无关的话题。

主持人声音要避免剧场化的报幕方式用声，他们的声音应当个性化和角色化。个性化是指自己的声音和语言具有个人特点，角色化是指自己的声音要适应节目的要求。主持人的身份除了是电视台的代表者，还应当是所涉及节目的爱好者、研究者或专家，应当对这一行有所了解，在外表、气质和语言的使用上都应与自己在节目中的角色靠近。

串接式文艺节目在电视上很常见，有时以固定栏目形式出现，如以播放MTV、民族音乐、戏曲选段为主的节目。有时是以不固定的单集形式出现，如配合某一纪念日播出的专题音乐节目等。

三、专题文艺节目主持

除了现场转播和综艺节目之外，凡是经过编辑剪接，按照一定主题组合在一起的文艺节目都可称为专题文艺节目。按照通常解释，电视专题文艺节目是指运用电视艺术手段，按一定主题构思、录制完成的节目。这类节目以文艺作品录像为素材，经解说、介绍、评述、访谈等方式将其串联而成。专题文艺节目可分为鉴赏、知识、报道和评论等类。

由于专题文艺节目内容和形式都比较多，对主持人的要求也各有不同，我们只能从大的方面强调这类节目对主持人的要求。

1. 专业知识。专题文艺节目范围很广，音乐、舞蹈、戏剧、曲艺，门类繁多，五花八门。主持某一专题文艺节目，一定要对相关艺术门类有较深入的了解，包括艺术门类的发展情况、主要的演员、主要作品、主要流派风格等。有了专业知识，才能心里有底，说得明，讲得清。

2. 适合节目需要的形象和声音气质。能够表现出气质的主要是长相、打扮、表情、举止、声音、谈吐、反应能力等。不同专题文艺节目，对主持人的气质要求不一样，主持人应当根据自己的条件，选择与之相适应的节目，这样才能发挥自己的长处。气质的表现是由多个要素构成的，有些要素是可以通过训练改变的。节目主持人改进自己的气质，应当从可变要素着手。

3. 语言表达能力。专题文艺节目主持人应当具有良好的语言表达能力，其中包括脱离稿件的大段即兴表达的能力。即兴表达涉及知识水平、思维记忆能力、语言反应能力等多方面因素。知识水平决定你是否有内容可说，思维记忆能力决定你讲话的逻辑性如何，语言反应能力可以使你在转换话题或访谈提问时保持机敏、灵活的话语状态。

4. 临场控制能力。是指在演播过程中，根据节目需要控制访谈进程的能力。访谈在专题节目中很常见。在不了解对方会说什么，怎么说的情况下，主持人控制谈话进程的能力就显得很重要。好的节目主持人可以不动声色地通过提问和插话，引导对方谈话内容向节目的播出目的靠拢。

5. 个人风格。是指节目主持人根据特定节目需要，结合自身特点所显露的与其他节目主持人的不同之处。它体现在性格、气质、表情、语言表达等各个方面。根据不同内容采用不同表现方式，节目主持的个人风格能产生与众不同的效果。

四、转播现场主持

电视直接把剧场或演播室演出的文艺节目转播给电视机前的观众，这是一种很方便的播出形式。

现在，用于转播的文艺节目更多考虑电视的需要，无论在剧场，还是在演播室，报幕员常常被节目主持人取代。

转播现场主持人的身份与传统报幕员不同。报幕员是以演出一方代表的身份出现，而主持人是以电视节目介绍者的身份出现，由此产生了语言方式的不同。节目主持人的身份是介绍者，他们不仅介绍演出的内容，还可以代表电视台，对节目内容、节目形式和演员表演进行评价，由于身处局外，这些评价比报幕员的评价更具有可信性。介绍者的身份为节目主持人提供了发表评论的机会。

主持人不仅要将观众设想为离自己较近的电视观众，还要兼顾到离自己较远的现场观众，主持人的声音距离感应当适当加大，声音应当略微放开些，但应避免传统报幕的腔调。

转播现场有大量观众，场合较为正式，不同于没有现场观众的演播室，主持人应当稳重些，语言和举止应得当，不能过于随便。转播现场主持可有不同方式。有时采用传统报幕方式，主持人从舞台一侧走出，说完之后退下；有时会使用两名或多名主持人同时主持，此时，应当注意主持人之间的默契配合。

五、综艺节目主持

电视综艺节目是近年来国内发展较快的节目类型。它是由节目主持人现场主持，有观众参与，穿插各种娱乐表演和游戏竞赛的大型电视文艺节目。电视综艺节目一般都在单独布置和设计的演播厅或室外场地进行，而不选用台上和台下界限分明的剧场模式。综艺节目主持与现场转播主持不同，主持人身处观众与表演者之间，即兴控制节目进程，尽管事先有一定的策划安排，但过程细节并不是规定好的，带有很大的不确定性。主持人要随机应变，灵活应对现场出现的各种意外情况。他们是把握节目控制权的真正可以操纵场面的主持人，而不是编导的代言人。

电视综艺节目可以分为两类：一类是表演型综艺节目，另一类是游戏型综艺节目。

在表演型综艺节目中，主持人的任务是用话语或适当的表演穿针引线，将不同节目连接起来，形成一个衔接紧密的节目整体，以改变剧场演出节目连接松散，观众注意力过分集中，节目整体性较差的缺点。节目主持人采用经过适当排练的台词与临场发挥的即兴表达相结合的语言形式，既有实现设计的成分，又要根据场上情况，随机应变，灵活应答。节目主持人要语言得体，态度谦和，待人平等，还要有适度的幽默感，使场上气氛轻松愉快。

在表演型综艺节目中，主持人除了语言表达，还要在台上使用手势、动作。这些手势、动作应简洁、明快，不要过于繁杂。主持人要善于利用肢体语言表达自己的意思。

游戏型综艺节目主持人可分为以口、脑为主，动作较少的智力游戏节目主持人和动作多、全身心投入的动作游戏节目主持人。

主持智力游戏节目，主持人在场内保持相对固定的位置，主要使用语言和手势与参赛者沟通。主持智力游戏节目时，语言方式以即兴表达为主，内容多属一般交际用语，要说得轻松、大方而得体。主持人的语言应当明快、简练，这样才能使节目保持适当节奏，不要使节目变得拖拖拉拉。

主持智力游戏节目时，有几个环节需要语言表达。

1. 开场。节目开始时，主持人要向电视观众介绍节目的大体安排、参赛嘉宾及现场观众。还要向参赛者说明竞赛规则，回答方式，如何记分等。开场时的说明要简练，一听就懂。

2. 出题。传统的智力竞赛采用口头念题，参赛者抢答方式。这种竞赛方式可加快比赛节奏，扣人心弦。主持人出题时可借助事先准备的卡片或现场字幕进行提问；要事先搞清楚问题内容，不要读错题目。因为主持人出题时隐含着考官的身份，连题目都不懂的考官是不称职的。有时，出题方式借助屏幕画面或现场演示，这种出题方式活泼、生动。主持人只需稍作提示，不必多费口舌；说得多反而干扰参赛者观看画面或现场演示。

3. 启发。在参赛者思考答题时，主持人可用适当的语言启发参赛者，使参赛者能够将思考的范围接近问题答案。语言启发多用在思考时间较长的问题上，因为思考时间过长会影响节目进程和节奏。主持人的启发可以活跃气氛，但不要有意或无意地将答案泄露。

4. 打分。主持人要对参赛者的回答评判打分。打分应当公平、公正。虽然是游戏，分数多少并无利益关系，但在众多观众面前，参赛者有时也很看重分数。主持人不应出现打分错误，一旦出现错误要及时更正，并表示歉意。

5. 评议。当比赛进行一段时间或比赛结束时，主持人常对参赛者的表现加以评论。评论应以表扬为主调，尽可能少用批评，尤其不要对落后的参赛者进行讥讽。有时候，主持人想用幽默的语言对比赛做一个风趣的总结，活跃一下场上的气氛，结果却弄巧成拙，伤害了场上的一部分人。因此在对别人进行评价时，一定要谨慎行事。

动作类游戏节目是另一类综艺节目。动作游戏节目主持人是最活跃的主持人。他们边说边动，不停地向参赛者示意和讲解动作要求，发表评论，打出分数。动作游戏节目主持人需要具备多方面能力。

开朗热情、反应迅速是动作游戏节目主持人的性格特点。动作敏捷也是必不可少的，因为主持人往往需要参与其中，有时候还要作出示范，没有灵活的手脚和敏捷的动作，很难达到目的。

在动作游戏节目中，主持人的手势和身体动作很多，面部表情也丰富。主持人应当具有一定的表演能力，善于用表情和动作表现自己或模仿别人，使表达更生动。

综艺节目主持中即兴成分很多，没有固定的程式。主持人更多依靠个人性格、形象特点、语言动作等随机发挥。

综艺节目主持人需要多方面的素质，包括丰富的生活和文化知识、机敏的反应能力、灵活对答的语言能力、机智的幽默感、一定的表演能力等。与其他节目主持人不同，综艺节目主持人不仅要用语言、表情、手势作为表达手段，还要使用多种动作。从一定意义上讲，综艺节目主持人是播音员和演员的结合。

综艺节目是电视文艺节目中最大众化的娱乐节目，主持人要具备多方面的能力才能获得观众好评。在节目中，他们用自己的语言、表情和动作将节目内容步步推进；同时，也用自己的表现维护着现场气氛。气氛不足时要“添一把柴”，煽动一下情绪；气氛过热时，又要冷处理一下，使场上气氛“降降温”。只有充满活力、热情奔放而又聪明机敏的主持人才能做好这一工作。

第十三节　电视纪录片解说

一、电视纪录片的特点

电视纪录片也称电视专题片。它具有以下几方面特点：

（一）真实性

真实性是纪录片（即电视专题片）的创作属性。纪录片以真实性为基础与追求，纪录片的创作依据是具有实在性和具体性的客观现实的原生状态，不允许虚构与表演，否则将失去真实性。真实性是纪录片创作的原则与追求。电视纪录片必须用真实的环境、事件、人物等自然和社会的原生形态来反映再现客观世界、现实生活，或表现创作主体的见解与情感。

（二）内涵丰富

电视纪录片是最具综合性的节目形态，它涉及的领域、内容、题材很广，大致有社会面貌、百业新风、人物介绍、风光旅游、经济现象、历史地理、民俗综览、科技卫生、文化教育、生活知识、中外交流以及对政治、军事等重大历史与现实问题的思索与探讨等。电视纪录片具有政治性、知识性、教育性、服务性与欣赏性，还具有内容的专一性、连续性、深入性、针对性和对象的特殊性。不同内容、题材、风格的片子可以区分成不同种类、风格的电视纪录片，例如，可以分为政论片、人物片、风光片、科教片等。

（三）创作多样

电视纪录片，也可以对某一社会领域、社会现象以及人生课题等给予专门、深入的报道或反映。电视纪录片内容和形式的多元化，使它的创作也呈现多样性，在遵循真实性创作原则的基础上，允许采用多种形式和多种艺术手段来进行创作。

例如，在解说的处理上，可采用叙述讲解、议论说理、描绘抒情等不同表现样式，也可有不同人称角度的处理，如对话式、人称交替式等。在片中要素的处理上，可以是只有画面、音乐，不加解说，或以画面、同期声为主，或仅有画面、解说而无音乐、同期声等。

创作的多样性适应了不同种类的纪录片需求，形成内容与形式的有机结合，增强了感染力，促使欣赏主体与创作主体实现同构共识，达到审美效果。

二、电视纪录片的声画要素及相互关系

（一）声画元素的多维性

电视纪录片的编导者就是利用各种视听符号将自己的创作整合于一体，以求得欣赏主体的同构。在电视纪录片中，视听符号主要源于这几个要素：画面、解说、音乐、音响、同期声和字幕。

画面图像是电视纪录片的基础，具有直观性和形象性，能诉诸观众事物发展、变化、运动的视觉形象。

解说大多是为了解释图像才产生的，一般而言，它对画面有一种依附性。解说不是对画面图像的简单重复或直白叙述，它是根据特定的情景和情节，对画面图像进行补充、丰富，或渲染、点题以增加画面的内涵和意义，与画面配合共同表达一个主题。

音乐在电视纪录片中，多表现为背景音乐，它是为配合图像和解

说而存在的。它要受图像符号与语言符号的双重制约，既不能和图像矛盾，破坏声画统一，也不能与解说比例失调，干扰片子内容的阐述。它虽然在“躲躲闪闪”中存在，却有着不可低估的陪衬、烘托作用。它可以写意也可以写实，更擅长抒情。有时，根据不同片种与不同需要，音乐的地位还可以提高。

音响效果是人为制造的自然声响，它的作用是营造真实的空间，加强身临其境的真实感，并有渲染画面气氛的作用。

同期声包括与拍摄现场同时出现的人物语言和现场自然声响。同期声的运用，集中表现了电视纪录片纪实、真实的本质，并为表现片子的主题、内容服务。

字幕是画面解说在电视屏幕上的文字呈现，起介绍、说明、补充的作用。

（二）声画元素的相关性与主导性

电视纪录片创作凭借的声画诸元素，在创作当中具有相关性与主导性。相关性，是指每一个单独的创作元素都不可能产生整体效应，必须相互依存又相互制约。主导性，是指根据需要，有的元素处于主要位置，形成创作的主导关系。

在纪录片创作中，画面和解说都是最主要的创作元素。画面图像是第一性的，是创作的基础。在最具综合性的电视纪录片中，画面图像与解说的关系并没有固定的模式。画面具有直观性、形象感，它有其自身的语言，是表情达意的主要途径，它既有叙述的功能，又有抒情的功能，它可以使所要表现的内容具体、可感，富有极强的视觉冲击力。就画面与解说的关系来讲，画面更富有真实感和启示力，而解说则更富有概括力与指向性，二者既有区别又有联系，在一部片子中，往往形成互存互补、相得益彰的效果。

画面与解说各自的特点与它们相互依存的关系，决定了它们在电视纪录片中的关系大约呈现三种状态。

1. 画面为主，解说为辅

画面内容是表达的主体，解说则是围绕着画面展开，处于辅助地位。它是为了介绍、说明、补充、完善画面内容服务的。

解说与画面的这种关系是较常见的。此时解说的作用在于说明画面，使观众这个欣赏主体对画面有一个准确、全面的理解。而离开了画面，解说也就失去了形象的依托，失去了存在的必要。因此，播这类解说时，应当注意把握自己“后撤”的身份，以及“让位”于画面（或音乐）的心理感受。

2. 解说为主，画面为辅

在片子中，解说所反映的内容远比画面所反映的内容更重要、更丰富，因此，虽然画面仍是内容表现的主体，却已将主导的地位让位于解说。播这类解说时，应紧紧把握内容的完整性与深刻性，应把握主导心理，使解说位置靠前，表达分量加重。

3. 解说、画面互为依存

此时，从形式上来看，画面与解说词若即若离，而本质上却是相互依存、互为补充，共同表现一个主题、一个内容。在播这类解说时，应把握解说词与画面的多种关系，当靠前就向前，当后撤就靠后，牢牢把握互补互为的感觉。在此种关系中，解说与画面轮流主导，而画面依然是主体。

三、电视纪录片解说备稿的特点

（一）全方位

电视纪录片解说备稿一般涉及三个方面、两个阶段，形成循环过程。

三个方面，即全片创意、解说本体与画面图像。

两个阶段，即整体把握与具体把握。

循环过程，即看解说词（每段到整体）—观看画面—了解创意（形成全方位理解与把握）—再回到解说词（整体到每段）。

（二）整体感

在电视纪录片解说的备稿中，了解了全片创意后，还应当在这个总前提下进一步着眼于解说词本体，加强对解说词整体与局部的理解与把握，以求得解说的整体感和准确、深刻的具体感。

（三）具体性

在电视纪录片解说备稿的过程中，有了总体趋向、整体感还不能就此止步，还必须将其落实于解说的各个局部，具体落实于每一段解说词的理解与把握中，只有这样解说才有最终的落脚点。

在电视纪录片中，解说的作用大致有五个。

1．提示说明作用

提示说明，是解说最基本的作用。它是对与解说词对应的画面内容进行说明讲解，使观众对画面所表现的内容有更清楚的认识。

2．补充丰富作用

补充丰富，是解说的本质作用。它是将不易或不能用画面来表现的内容，通过解说补充进去或使其丰富起来，从而扩大画面的内涵，使观众得到更多的信息，进而更好地理解片子。

3．深化主题作用

深化主题，是解说的重要作用。它是将编导的立意、观点直抒胸臆地表露出来，使之成为全片内容的点题、升华，从而更好地揭示片子的精神实质。

4．连接画面作用

连接画面，是解说的又一基本作用。它是帮助编导推进内容、形成结构的关键。通过解说可以将表面上互不相关的画面有目的并有机地连接起来，帮助观众形成准确的理解。

5．烘托添趣作用

烘托添趣，是解说的渲染作用。解说可以将画面上平淡无奇的形象，引发为情趣盎然的联想，或将画面中本已具有的情感意向进一步加深加浓，从而使观众更好地感受画面语言，欣赏片子。

电视纪录片的题材、内容、形式、表现手段各不相同，形成不同的片种，所以，解说的作用也各有侧重。但在大多数片子中，这几种作用都不同程度地存在着。应当在解说的备稿过程中，结合全片创意与画面语言准确无误地理解每一段解说词的具体作用，选择其方式，把握其表达。

综上所述，解说备稿要注意全方位的涉及、循环式的过程和整体氛围下的具体把握。

四、电视纪录片解说再创作的心理特征

电视纪录片解说再创作的心理取向、心理调动等心理内容不同于一般广播播音，有其差异性和自身特征。

（一）多向性

在解说再创作从备稿到播出的整个过程中，解说者的心理始终在全方位运动。具体来讲，电视纪录片解说的心理视野主要着眼于画面感及与解说的关系，全片整体效应多取决于此。正确的创作途径和创作方法是，解说的准备与外化阶段要始终参考、伴随着画面感。这里的画面感有两层含义：一是画面感觉，二是画面感受。即在解说者心中有与画面配合的感觉，以此来确定、调整解说时的自身位置与心态。在体味解说词本体内涵的同时，也要体味画面的内涵与情感相呼应，以求更准确、生动、有机地外化表达。

（二）综合化

电视纪录片解说再创作的心理过程和心理结构，要比一般播音复杂，呈现出综合化特点。电视解说感觉、感受的产生与调动不同于一般播音，它只来自自我想象、联想，是内部心理结构的诱导，是第二信号系统的刺激转换生成物，同时兼有第一信号系统的直观刺激，即电视图像的客体刺激。在电视纪录片解说创作中，第一信号系统与第二信号系统共同参与创作，画面的直接刺激与解说词的提示，再造想象与联想所生发出的相应感觉和感受的交替、交合状态普遍存在，有时二者相对独立，有时相互融合。从这个角度看，电视纪录片解说创作的心理过程和心理结构呈综合化态势。

（三）效应感

电视纪录片的创作主要是由画面语言结合解说语言形成电视语言，分别作用于观众的视听感觉并由此达于观众的心灵，以求产生共鸣。电视纪录片给予受众的应是整体效应，而不是局部效应。

五、电视纪录片解说与其他元素的结合

一部纪录片，若想获得创作整体的和谐感，解说时必须注意以下

几方面的把握：

（一）与纪录片的目的、风格相贴切

解说的把握，首先在于对整部纪录片基调的把握。解说基调的产生来源于对编导的整体创意、纪录片与解说词的创作风格以及纪录片的主题、目的等方面的理解与把握。因此，接到一部纪录片的解说任务时，首先要看该片是什么内容、立意何在、是运用什么手段和风格来体现的，再结合解说词的具体写法，选择自己解说的风格、样式以及人称位置，将此融于解说的基调中。

（二）与画面的情绪气氛相和谐

解说与画面情绪气氛相和谐，是纪录片声画和谐的条件之一。画面情绪气氛是解说情绪的基础和参照物。解说者应紧跟画面情绪气氛，不断调整自己的内心感觉以与之相适应，并选取恰当合适的表现方式来体现。

解说情绪的准确把握，除了内心感觉要调整外，还要外化到位，方可使人感觉到。这就尤其要注意语言色彩的浓淡，语言形式的扬与抑、松与紧等，以及语言技巧的运用。比如，画面上是表现轻松闲适的异国他乡市景，而解说却语言过紧，这势必影响到应有情绪的表现。因而，解说情绪欲与画面情绪气氛相和谐，就必须抓内外两个环节，把握与体味这两方面的内容。

（三）与镜头的运动方式、景别、场景相适合

电视纪录片的画面语言是由一个个、一组组画面组合而成，是由推、拉、摇、移、跟不同镜头运动方式，远、中、近、特写不同景别，仰、俯不同角度及内、外不同场景拍摄而成的，解说必须与这些画面语言相适应，否则会影响到声画二者的和谐感及表达的生动感、贴近感。

试想，画面上是一个人与久别的亲人重逢时，激动地向对方跑去的动态跟拍镜头，解说却是四平八稳的人物静态叙述，毫无疑问，这种解说处理就与画面的镜头运动感不相适宜。又如，为突出一座石雕像的高大，编导使用了仰拍镜头，如果解说者此时不带有一种自己也仰视的感觉来播这段介绍石雕像的解说词，会使人感觉与镜头视角不

相适应，冲淡了对这座石雕像的夸赞效果。再如，景别不同，解说也应显现不同的分寸，以免造成画面景别与解说的距离感不相适应的局面，例如特写镜头的伴语却似来自中远景镜头。

此外，画面上内外场景不同，解说也应兼顾其环境、氛围因素来把握自己的处理，方可入情入理，使解说感觉与画面感觉相适合。

（四）与画面的段落、位置相吻合

电视纪录片的画面有各自的段落、位置，解说也应与其相吻合。解说与画面的段落、位置相吻合，可使受众清楚、准确地体味此段片子的内涵，产生妙趣横生、触景生情的贴切感。若想求得此效应，应注意两个层次的把握。

有时，在一个大段落中又可分出几个小层次。第一层次的把握，是指解说与画面大段落与小层次的吻合。第二层次的把握，是指解说与片中某一具体事物和形象的严格对位与吻合。为了便于解说者识别、记忆画面的特征，在其他条件相同或不易识别与记忆时，可注意以下特征：

（1）记景物——画面中的具体物品或景象。

（2）记景别——画面中同一景物或人物的不同景别。

（3）记场景——画面中场景的内外之分。

（4）记动静——画面中同一景物与人物的动态与静态之分。

（5）记人物——画面中人物的性别、年龄、数量之分。

（6）记镜头——画面中镜头的运动方式、拍摄组接特点。

（7）记颜色——画面中同一景物或人物的着装、饰物等的不同颜色。

（8）记音乐——与画面相伴的音乐情调、旋律、节奏的特点。

（五）与音乐的情绪、节奏相融合

解说者应对片子音乐的情绪、节奏等有所参考或设想，获得特定的音乐感受，以便在解说时选用适当的方式与技巧与之相配合。解说与音乐相融合、协调应注意两方面的问题：一是与音乐的配合，二是进出音乐的感觉。

与音乐的配合表现在两点：一是在未配乐前先解说时，对音乐类型、情绪、节奏的想象要正确，它来源于正确的理解与经验的积累；

二是把握有无音乐的解说感觉。音乐具有极强的旋律性、起伏感，有音乐时的解说，应注意加强心理上与音乐的配合感，使语言的起伏度强于无音乐时，如此可以避免解说与音乐旋律、节奏不相适应的局面。同时，配合节奏快的音乐，解说不宜太拖，感觉也应积极；配合节奏慢的音乐，解说不宜太快，感觉不宜太紧，否则都会造成分离、不协调感。

注意把握进出音乐的感觉，这是解说与音乐相协调的又一方面。

解说与音乐相融合，除去与具体情绪、节奏相融合外，还应把握其进出感觉与方式。一般轻柔优美的旋律，解说多柔进柔出、低进低出、缓进缓出，这样不使人感觉解说闯进闯出、生硬隔离，破坏了解说、画面、音乐的美感。而激越、恢宏的旋律，解说有时则可硬进硬出、高进高出，以适应其旋律、节奏的性质，不会使解说淹没在音乐声中。在音乐中入解说，应尽量避开音乐的强拍进入，以防解说与音乐相撞而不融合，使人听不清。比较理想的解说出入感，应为接来送去感。

由于大多数电视纪录片的制作都是先配解说后配音乐，即便是先配音乐后配解说的，因技术所致，在解说时也很少能听到相伴的音乐。因此，在解说创作过程中，解说者不仅要在头脑中产生与之相伴的画面，耳畔也要有与之相伴、相适应的音乐，随时对自身心理感觉与表达处理进行微调，以达到解说与音乐的融合与协调。因而，对有无配乐以及音乐的类型、情绪、节奏的设想与参考便尤为重要。

（六）与音响效果、同期声相协调

解说者在配解说时，应当对音响的有无、位置、性质有所了解，以使自己的解说采用正确的方式与之配合。

同期声中有现场音响与人物语言，解说与同期声的配合，应当注重与人物语言的衔接。如果解说不参照同期声中的人物语言，在用声上过扬或过抑、过紧或过松，都会与同期声衔接失衡；或者解说者不了解同期声中人物语言的具体内容，而解说词又与之紧密相关时，便找不准二者的契合点，解说难以准确。

解说要与音响效果、同期声有机配合，着重表现在对音响效果和同期声的性质、作用、内容、位置的了解和把握上，并给予适当的融合方式。它体现在解说者的内心感觉与外化形式两个方面。

六、电视纪录片解说的表达特性

（一）解说语言的生活化

朴实、自然、流畅构成解说语言的内涵。朴实、自然在吐字发声形态上接近自然说话状态，但却是更高层次的控制。吐字发声不夸张，是有控制的自如状态。从语流形态上看，语流畅达，语势多平缓，少大起大伏，连贯、少顿，有明显的前推感。从表达方面看，不刻板、少雕琢、不夸张、较自如。

（二）解说表达的丰富性

解说虽然以说为主，然而对于不同类型、不同风格，使用不同方式、手段创作的不同形式的片子，或一部片子中对解说有不同的需要，往往要求解说具有讲解、朗诵、播读和述说等不同语言样式，叙述、议论、抒情、描绘等基本语气以及不同人称的身份感。

有时在一部片子的开篇词、提示或引导词中，需用庄重的播读体来解说，以增强其分量、庄重感或客观性；有时在一部片子中引用的诗词或情感高潮、结尾处根据一度创作，需用朗诵体来表现；有的片子需用真挚、柔美的抒情方式来体现；有的片子又需用耐心清楚的讲解式来表情达意；还有一些片子则需摆脱第三者解说的角度，说出片中人物活生生的语言，道出其神态与心声。凡此种种，没有丰富的表达技能，不足以胜任解说工作。

（三）解说样式的多重性

不同内容、类型、风格的片子，韵味、情调、吐字用声、表达方法都存在着不少差异，可形成不同的表达样式。以一种表达样式对待所有片类的表达方式，是不适应电视纪录片解说需要的。

政论片，解说是片子的主导。解说充满哲理性和思辨性，有很强的逻辑性，除去对有关事实的叙述、分析以外，主要是议论，由于政论片解说具有明理性与论述感，从而形成“议论型”的解说样式。它的表达特点是吐字多饱满、用气力度较强，用声以实声为主，节奏多凝重或高亢。根据不同风格，有的解说又需平实、相对客观，语势起伏不大。政论性片子的解说，语言感觉宜严肃、质朴、庄重、大方，有主体感，视角有一定高度，不宜过于亲切、甜美，否则会削弱片子应有的力度与分量。

人物片（不含文献、历史人物片），它往往将各行各业有代表性或有特点的人物作为反映的对象，表现一个主题、一种立意。人物片的解说大多通俗、生动、口语化，形式活泼多样（除第三人称外）。有以第一人称口气出现的，也有第一、第三人称交替出现的，时而是叙述者，时而是人物自己的话；也有的是对话形式的；还有的是男女对播的，解说者既是叙述者，也是片中男女人物的代言人。在人物片中，解说与画面多呈互补状态，解说表现人物的内心活动或介绍人物的经历、背景、事件等，画面则对人物形象、人物活动、人物生活、工作环境以及人际关系等给予形象性、直观性的展示。解说者一方面要把握好自己解说的角度：是第一人称的，要进入人物的主体心态，是第一、第三人称交替出现的，要注意适当、及时地转换心理视角与感觉；另一方面要抓住与画面语言衔接、相伴的依存感，一般画面多表虚，解说多表实。由于人物片以叙述、倾诉为主，因而，解说的表达样式为"叙说型"。其表达特点是吐字、用声适中，节奏多舒缓或轻快，表达更接近生活语言，极为流畅、自然。有时，第一人称解说还需要个性化，用声以半实声为主；有时需要用半虚声来表达内心直言，产生很强的交流感。

风光片，它往往对某一地域的风土人情、名胜古迹等给予展现，以满足人们猎奇、欣赏与拓展视野之目的，兼有欣赏性和知识性。风光片以展现景物的画面语言为主，解说大多处于辅助地位。由于风光片以抒情、描述为主，因而，解说的表达样式为"抒描型"。表达特点是吐字柔长，用声轻美柔和，节奏也多舒缓、轻快，与优美、明丽的画面和音乐相融合、协调。解说应特别注重凸显解说语言的音乐美，注意字音完满、归音到家。风光片的解说词多引名句、诗词，多用比喻、对偶、排比等句式，多描绘、抒情，因而解说词也经常呈现一种韵味感和抒情性。根据需要，风光片的解说语言大多可以有所修饰，以使其更加贴合画面、音乐，形成全片整体美感，体现艺术性和欣赏性。风光片的解说，应有兴致，有情趣，要细致地描绘，真挚地抒情，由衷地赞美，表达基调多扬少抑，语言多亲切、甜美、柔和，不能基调沉、语言硬、语速快、情感冷漠，也不能情感假、语调嗲，否则都会削弱对景的赞美和对情的抒发。

科教片的画面与解说多是互补性的。由于科教片解说以讲解说明为主，因而它的表达样式为"讲解型"。它的表达特点是用声平缓，语言稳实、质朴。有些枯燥的内容更需增强其语言的生动性、形象性和兴味感，以使人更易接受。科教片的解说，不宜太扬、太飘、太快，要耐心，让人听得清楚明白、有兴致。

纪录片的解说，不仅有以上这四种基本样式，还有"明快、参与型"的体育片、"活泼、诱导型"的儿童片等多种解说样式及各种混合型样式，应根据具体情况，寻找其解说的表达特点和规律。

第十四节 网络主持人

随着互联网的发展，网络主持人应运而生。以网络媒体为依托，做主持传播工作的人，称为网络主持人。

一、网络主持人的分类

这里采用系统分类的方法，以表现主体、节目内容、技术手段、播报方式等多种标准为依据，对网络主持人进行了分类。按表现主体分，可以分为虚拟主持人和网络中的"现实"主持人。其中，虚拟主持人是指用数字传播技术集成的虚拟人。虚拟主持人的形象具有集成性，其声音和形象可以根据受众传播需求进行调整，在电脑技术的综合运用和调制下可以达到几乎完美的效果。虚拟主持人集采、编、播于一体，有强大的信息采集功能和记忆功能，具有广博的知识。同时，虚拟主持人可以 24 小时不停地工作，随时随地接收或传播信息。除了初期制作费及日常"护理""调整"费外，虚拟主持人工作不计任何报酬，从而大大降低了媒体运营成本。未来，随着虚拟主持技术的不断改进，人们对其认同感不断增强，虚拟主持人可以和传统媒体结合，和现实主持人互动，必将发挥出更大的作用。虚拟主持人按播报方式又可分为实时主持人与非实时主持人；按实现技术，可分为基于关键帧动画的虚拟主持人、基于人工智能技术的虚拟主持人和基于跟踪设备的实时虚拟主持人等。

网络现实主持人，按表现形式又可分为网络电台主持人、网络版面主持人、聊天室主持人及网络视频主持人等。其中，网络电台主持人（Net Jockey，即 NJ）是指网络直播节目主持人；网络版面主持人是指在各类版主中，职能逐渐发展、完善的一种具有主持人性质与功能的网络版主；聊天室主持人是指具备主持人某些性质与特点的聊天室管理员，他们为了聚集聊天室的人气，往往会事先设置一个话题供聊天室用户们讨论，并在此过程中承担部分引导作用；网络视频主持人是指综合性网站或专业视频网站的自有视频节目的主持人，这种视频节目由网站自创，采用流式传输[①]的方式在互联网上播放，供网民欣赏。

网络视频主持人按节目内容又可分为访谈类节目主持人与播报主持人，按播出方式分为实时与非实时（直播与录播）主持人；聊天室主持人按技术手段分为基于视频的主持人与基于音频的主持人。随着视频应用技术的发展，版面主持人在实质上也是视频主持人，在节目进程中通过速记员将文字同步呈现在版面上，版面上的“主持人”成了视频主持人的一个表现形式。另外，聊天室中基于视频的节目主持人在实质上也是视频主持人，聊天室为其提供了表现的空间，称其为“聊天室主持人”，只是为了与其他类别的主持人在领域空间上有所区分。

这里对网络主持人的研究主要是指网络视频主持人。根据电视节目主持人的定义，我们把网络视频主持人界定为“在由网站制作的原

① 在网络上传输音/视频等多媒体信息，目前主要有下载和流式传输两种方案。A/V 文件一般都较大，所以需要的存储容量也较大；同时由于网络带宽的限制，下载常常要花数分钟甚至数小时，所以这种处理方法的延迟时间也很长。流式传输时，声音、影像或动画等时基媒体由音/视频服务器向用户计算机连续、实时传送，用户不必等到整个文件全部下载完毕，而只需经过几秒或十几秒的启动延时即可进行观看。当声音等时基媒体在客户机上播放时，文件的剩余部分将在后台从服务器内继续下载。流式不仅使启动延时十倍、百倍地缩短，而且不需要太大的缓存容量。流式传输避免了用户必须等待整个文件全部从 Internet 上下载才能观看的缺点。

创网络视频节目中，以个体行为出现，代表着群体观念，以有声语言为主干引导节目进程，直接面对网民，平等地进行传播的人”。

二、网络主持人的基本特点

（一）从创作主体的角度分析

关于创作主体，我们在网络视频主持人的定义中是这样描述的：“以个体行为出现，代表着群体观念”。“以个体行为出现”，表明网络视频主持人是以“我”的身份出现，以第一人称的语气说话，具有独立的人格魅力，使网民感到这是一个有血有肉的真实、具体的人。“代表着群体观念”，是指网络视频主持人身后存在着一个制作团队，虽然现阶段有些网络视频节目的制作团队规模比较小，但是任何一个节目都是集体智慧的结晶，而网络视频主持人是这个集体的一部分，是节目的“发言人”，与电视节目主持人相同，网络视频主持人也以渗透着个性色彩的表达反映着群体的观念。

由此，我们归纳出网络主持人的如下特征：

1. 人格化特征。网络主持人产生的原因之一就是网民的情感需求，网民希望网络更人性化。网络主持人的出现使人们感觉到网络更有人情味，也更具可视性。

2. 具有信息载体的作用。网络视频主持人的信息载体作用体现在两个方面：首先，网络视频主持人要挖掘深层次内容，积极、主动地把媒介要传播的内容有效地传达给网民，善于调度载体的各种功能，用货真价实的内容和全身心投入的工作作风赢得网民的好感和信赖。其次，网络视频主持人在某种程度上还有着信息中转站的功能。比如，在某些访谈类的网络视频节目中，主持人除了向嘉宾提问，还担当嘉宾和网友交流沟通的桥梁，将网友实时发送的问题或者评论传达给嘉宾，起到穿针引线、畅通交流的作用。网络视频主持人要对自身的定位有深刻的认识，要考虑到网民的利益，将传达信息、表现内容、吸引网民、与网民产生共鸣放在工作的重要位置。

（二）从创作依据的角度分析

1. 其主持活动具有局限性。对于电视节目主持人来说，节目、稿件、画面、音乐、音响等创作依据对主持人有一定的制约性、局限性。对于网络视频主持人来说，这些创作依据的影响依旧存在，同时，由于网络的特殊性，他们在进行主持创作活动时还要受到其他创作依据的影响。网络视频主持人要在众多的创作依据的限制下最大程度地发挥主观能动性，制作出符合网民要求、个性鲜明、别出心裁的节目。

网络视频主持人的主持创作活动同样要受到节目特色，办节目的方针、宗旨的制约；受到稿件（或腹稿）文字的制约；受到画面语言的制约；受到音乐旋律和节奏的制约；受到音响在节目中所处位置、层次、主次的制约……除此之外，网络工具、网络技术也是制约网络主持人创作的重要方面。

2．其主持创作活动具有创造性。网络视频主持人往往集采、编、播和后期制作于一身，可以说是视频编辑与主持人的“合成体”，其中的每一步都是在创造。从网络视频主持人从事的主持工作来说，是建立在采访、编辑等创作活动之后的一次创造，即对于整个传播系统而言，是一次再创造。在直播节目中，将网民的实时留言去粗取精，转化为符合视听与节目要求的有声语言也是一种再创造。而对于主持语言表达系统本身来说，主持人对腹稿或文字稿件符号系统进行转换，使之生成符合听觉、视觉规律的新的符号系统，又是一次创造。可见，在实际的工作中，网络视频主持人要具有较强的创造性，要结合网络特点、突出网络优势、熟知网民需求，才能制作出新颖独特、互动性强的网络视频节目。

（三）从受众的角度分析

关于受众，我们在对网络视频主持人的界定中是这样描述的：“直接面对网民，平等地进行传播”。网络视频主持人正是要直接运用有声语言和副语言（有时还需运用文字）与网民进行交流、沟通、传情达意。从受众的角度看，网络视频主持人具有如下特征：

1．面对多元化的交流对象。由于网络的匿名性，谁都可以发表自己的言论，网友的来源并不十分固定与明确，因而网友的素质也参差不齐，使网络交流呈现出很强的随意性。尤其在实时播出的访谈类节目和聊天室节目中，网友可以随时提出自己的看法与主持人或嘉宾互动，其中各种职业、年龄、经历的网民都有。有些网民具有开阔的视野、深刻的思想，能够深入主题，发表高水平的言论，但是也不可避免有些网友提出尖锐，甚至带有攻击性的问题和言论。作为主持人必须时刻保持高度的警惕性，随时以友善的姿态应对形形色色的网民，促进网络环境和谐健康发展。

2. 以“一对多”的形式进行传播。在许多网络视频节目中，网络视频主持人要一边主持一边交流，一边面对嘉宾一边面对网民。以访谈类节目为例，在直播过程中，网民们一边看节目一边通过实时留言谈自己的想法和感受。主持人此时不但要和嘉宾进行交流，还要时刻关注网民的反馈，快速地将网民留言进行筛选，转化为符合所谈话题的基调，使其成为既具有一定专业水平又符合网络特点及网友心理需求的有声语言，并将其“转达”给嘉宾。因此，网络视频主持人是“一对多”的服务。

3. 实现了信息的人际化传播。网络的优势之一是互动性极强。虽然电视也存在一定的互动性，但它对互动性的体现较为有限，无非是电视节目主持人与现场观众的互动，直播节目中电话连线的互动，以及节目播出后通过问卷调查等反馈机制获得的观众意见、建议等，它主要的传播形式还是“我说你看”。而互联网则不同，它可以直接向网民提供“发言”的机会，每个网民都可以提出自己的看法，这些留言都会被主持人及时获取。主持人会将大家的看法和提问归类，选择具有代表性的留言请嘉宾解答或与大家分享，从而实现了人际化传播。

三、网络主持人的发展趋势

随着互联网的普及以及三网融合步伐的加快，未来传统媒体主持人和网络主持人的队伍会不断交叉、趋于融合。网络主持人作为打造网络宣传阵地的重要力量，会逐渐受到传统媒体从业人员的关注。许多传统媒体会利用自身雄厚的资源与实力，打造网络精品原创视频节目；许多传统媒体的从业人员会转投网络主持人行业，成为网络主持人队伍中一支很重要的专业力量。同时，随着主持人队伍专业化程度的提高，对网络主持人的分类会不断细化，按照不同的节目类型，网络主持人队伍会随之分化。因此，未来网络主持人的发展趋势是，与传统媒体主持人不断交叉、相互融合，其自身又会不断细化、提高专业化程度。

思考题

1. 电视新闻对主播的要求有哪些？
2. 社教类节目主持的特点有哪些？
3. 电视文艺节目的类型及对主持人的要求是什么？
4. 电视纪录片的分类及其解说的语言特色有哪些？
5. 网络主持人的分类和特点是什么？

第十一章 播音主持风格的含义和特征

内容提要

本章论述播音主持风格的含义和特征。播音主持风格是播音员、主持人在播音主持创作中所体现出来的创作个性和艺术特色。它以运动的状态贯穿播音主持创作的全过程，又以相对稳定的状态凝结在播音主持作品上。播音风格又是播音员和节目主持人同原文字作品风格有机统一的结果。播音主持风格在播音员和节目主持人长期创作实践中形成。播音主持风格具有附着性、可感性、独特性、一贯性、多样性和可变性等特征。

第一节 播音主持风格的含义

对于“风格”一词，不同时代，不同国度，不同学科，不同职业有着不同的理解和解释。

“风格”一词源于希腊文 στυλos，本义是表示一个长度大于厚度的不变的直线体，译为“木堆”、“石柱”、“雕刻刀”。希腊人取了最后一种含义，并加以引申，表示“写字的方法”、“说话的方式”、“演讲的技巧”、“言语的类型”，还作了“用文字装饰思想的特定方式”。近代瑞士著名语言学家德·索绪尔（Ferdinand de Sausage）认为“风格是个人语言的特点”。他的学生，瑞士语言学家巴里（Charles Bally）写出了关于风格学的专著《风格学概论》（1905 年），他认为“风格是说话者个人语言感情的表达特点”，把风格限定在语言的范围，从而为语言风格的研究奠定了基础。

在我国，汉语中“风格”一词始出于晋朝。最早把“风格”用来评文章、进行文学批评的是刘勰的《文心雕龙》。刘勰在《文心雕龙》的《议对》篇中评陆机的文章时说：“及陆机断议，亦有锋颖，而腴辞弗剪，颇累文骨；亦各有美，风格存焉。”到了唐代，文学艺术发达，风格成熟的作家、艺术家甚多，谈论风格的人也多了起来。杜甫《苏端薛复筵简薛华醉歌》：“坐中薛华善醉歌，歌辞自作风格老。”到此，风格已经指作品的风度和气派，和现代的所谓风格有些接近了。唐以后，评论风气发展，风格的理论研讨日精，风格概念运用渐广，及至扩大到文学艺术评论的各个领域。

播音主持艺术，随着电子技术、广播电视的产生而产生，其历史很短，只有几十年。然而，当播音主持艺术一出现，“播音风格”这个词就出现了。最早出现播音艺术的苏联，也是最早提到播音风格的。在我国，1940 年 12 月 30 日人民广播诞生，形成了自己独特的风格。解放战争时期，毛泽东表扬播音员：“这个女同志好厉害，骂起敌人来义正词严，讲起我们的胜利又很能鼓舞人心，真是憎爱分明，这样的播音员要多培养几个。”①毛泽东的话，虽未直接用“风格”二字，却已点出人民广播播音风格的内核：“憎爱分明”。梅益 1955 年 4 月 2 日在中央人民广播电台播音业务学习会上就已明确指出播音风格问题。他说：“我们播音要有个性。梅兰芳就是梅兰芳，程砚秋就是程砚秋，周信芳就是周信芳……能不能所有的人演戏都和梅兰芳一样呢？假如是这样，那就是贫乏……当一个小孩还没有长成的时候，他可能有一些模仿的动作，长成了以后，就有了他自己的个性和风格，播音员也应该如此。”②到 1961 年 1 月 26 日，梅益在同中央人民广播电台播音组同志的谈话中，专门谈了播音风格问题。他谈到：“人们不同的要求和爱好，也对播音员提出了不同的要求。播音员不能老是一种腔调，必须根据不同的题材采取不同的播法。……我想播音应该有更多

---

① 阎长林：《胸中自有百万兵》，见《中国人民广播回忆录》（第三集），中国广播电视出版社 1981 年版。

② 引自《梅益谈广播电视》，中国广播电视出版社 1987 年版，第 73 页。

的表现形式，而且应该鼓励播音风格多样化。”[①]之后，风格一词在播音界广泛使用。

风格属于美的范畴。创作主体用属于他自己的独特手段，去揭示某种艺术美的本质和规律；同时，这种手段必须达到把艺术美的本质和规律揭示出来的目的，两个方面，缺一不可。一方面，如果只强调手段的异样，没有揭示和体现出美的本质，这不能称为风格。比如，有人认为，只要自己的播音“格色”，和别人不一样，就是风格，有的甚至连起码的要求还没有达到，发音还不准，声音有毛病，语句的停连、重音都错了，还说是自己的风格。这种想法是错误的。殊不知，风格非一日之功，是千锤百炼后的水到渠成，是属于“这一个”自己自然体现出的独有的方法，并非主观随意。当然，另一方面，那种千篇一律、千人一面、千口一腔、相互模仿，都用一种方法，也就没了创作个性，也不会形成风格。所以两方面必须通盘考虑。正如著名美学家王朝闻所言：“在具有真正的风格的作品中，我们看到艺术家对现实的反映一方面具有不可重复的独创性，另一方面这种独创性又正是客观真实的深刻的揭示。脱离现实的真实反映的‘独创性’或‘风格化’，不过是艺术家的主观任意性的表现，它不可能形成与艺术的真实性相一致的风格，而只能产生虚假的、肤浅的以致歪曲现实的‘风格’”。[②]

播音主持风格的实质是播音主持创作的多种形态的表现。

播音主持风格，从广义上讲，包括播音主持创作中所体现出来的时代风格、民族风格、阶级风格、节目和稿件的风格，以及播音员、主持人的风格。正如上面已经阐述过的，播音主持创作风格体现的核心和焦点，是播音员、主持人的风格。所以，这里播音主持风格的含义所指的，也正是播音员、主持人的风格。

播音主持风格，就是指播音员、主持人在播音主持创作中所体现出来的创作个性和艺术特色。它以运动的状态贯穿播音主持创作的全过程，又以相对稳定的状态凝结在播音主持作品上。播音主持是二度

① 引自《梅益谈广播电视》，中国广播电视出版社 1987 年版，第 108 页。
② 王朝文主编：《美学概论》，人民出版社 1981 年版，第 282～283 页。

创作，所以播音主持风格又是播音员、主持人同原文字作品（画面、音乐、音响等）风格有机统一的结果。播音主持是一门实践性很强的艺术创作活动，所以播音主持风格是播音员、主持人在长期艰苦的播音主持创作实践中逐渐积累形成的。

第二节　播音主持风格的特征

播音主持风格的特征，呈现在许多方面。这里仅从附着性、可感性、独特性、一贯性、多样性和可变性几个方面来阐述。

一、播音主持风格的附着性

有稿播音主持是一种创作。播音主持风格是在表现稿件风格或节目、栏目风格的同时体现出来的。没有稿件或节目、栏目，也就没有播音主持，更谈不上播音主持风格。所以播音主持风格有着很强的附着性。播音员和主持人的能力，就在于使稿件的风格和自己的风格有机地统一起来。比如齐越、夏青这两位中国播音界的巨将，一个风格雄浑豪放，另一个风格严谨端庄。当他们朗读毛主席诗词时，都体现出主席诗词大气磅礴的风格：一个是雄浑豪放中体现出磅礴的气势，另一个是在严谨庄重中体现出宏大的气魄。当他们朗读毛主席的诗词，表现主席诗词的风格特征时，他们的风格才有了表现的依托，他们的风格正是在表现作品风格的时候，才有可能成为现实，雄浑豪放只有在磅礴的气势中才能体现，严谨端庄只有在宏大的气魄中才能实现。抽象的、孤立的雄浑豪放、严谨端庄，是无法表现的。再比如，“新闻联播”的播音风格应是正式、庄重、严谨的。李瑞英的播音端庄大方，李修平的播音持重温和。她们二人的风格都是依附在“新闻联播”的节目风格之上，离开“新闻联播”，她们的播音风格就无法体现。所以说，播音主持风格具有附着性特征。

二、播音主持风格的可感性

播音主持创作的材料是声音和形象。声音和形象直接作用于听众、观众的耳目感官，具有明显的直观性、可感性特征。同时，由于收音机和电视屏幕会将形象、声音的特征集中、放大，所以其可感性就更为鲜明。此外声音、形象这一播音主持创作材料，同文字这一传递信息的材料不同，文字自身不具有表态性，无所谓思想感情，只是文字所体现的内容具有思想感情。播音主持所运用的声音、形象这一材料的物质基础是人，具有其特殊性，即声音、形象本身具有表态性，具有强烈的可感性。人们了解一个人的播音主持风格，首先是从声音、形象表现的特征中感觉到的。所以播音主持风格具有可感性。

三、播音主持风格的独特性

在播音主持创作中，创作主体和对象之间存在着某种内在的联系。美的形态是多种多样的，表现的方法也是多种多样的，这是客观存在。而审美追求和当时客观环境的不同，决定了创作主体有属于自己的发现美和创造美的方法和手段。这种主客体之间的内在联系是在长期的实践中发现并形成的。比如，当中央电视台播音员罗京刚在电视屏幕上出现时，有的观众认为他播音的表情太严肃了，便给他写信建议："播音员同志，请你笑一笑。"但罗京并没有因此去笑着播音，因为他知道那个"笑"不属于他。生活中的罗京，性格内向，不苟言笑，如果硬要他在电视播音时"笑一笑"，可想而知，那效果一定会令观众哭笑不得。罗京通过多年的电视播音实践，寻找到了属于自己的揭示电视播音美的稳健庄重的特征，已为观众认同。

独特性，是风格的生命。播音主持风格的独特性，正是上面所言的每个人对播音创作美所具有的，也只能是"这一个"所具有的"专利"权。当然，独特性也反映在声音相貌上的不同，理解感受上的各异；但"这一个"是核心，它从深层上决定播音主持独特性的质量。

比如，有人播音，模仿夏青、赵忠祥的声音，乍听很像，但无论怎样以假乱真，最后个个还是露出了"马脚"。这并非模仿者的"功夫"不到，而是无法为之。因为模仿，只能是一个声音外壳，深层次的、内在的东西，是模仿不到的。由此可见，风格的独特性，是个有规律的东西。世界上只能有一个夏青、一个赵忠祥。夏青的声音内涵、生活经历、思想素养、文化知识结构、审美追求等，决定了这个世界上只能有“这一个”。

四、播音主持风格的一贯性

作为一个成熟的播音艺术家和节目主持人，他的播音主持风格，不可能仅仅体现在一次节目、一篇稿件或一个时期的播音主持创作中，而是贯穿于他整个的播音主持创作生涯中。其风格特征具有其一贯性，这是由播音员、主持人的世界观、艺术观所决定的播音主持创作个性。它一旦形成、成熟之后，不会轻易改变，会相对稳定。一贯性，也正是这种相对稳定的创作个性在创作实践中连续不断地相继迭现的结果。正像丹纳所说：“人人知道，一个艺术家的许多不同的作品都是亲属，好像一父所生的几个女儿，彼此有明显的相像之处。”①布封也说：“知识、事实与发现都很容易脱离作品而转到别人手里。它们经过更巧妙的手笔一写，甚至会比原作还要出色些哩。这些东西都是身外之物，风格却就是本人。因此，风格既不能脱离作品，又不能转借，也不能变换。”②

例如，林如播音风格的基调是含蓄。时代的变迁，生活经历的变化，节目稿件的不同，使她的播音时而质朴自然，时而典雅深沉，但都没有离开“含蓄”这一主旋律，质朴自然也好，典雅深沉也好，都是在含蓄这一主旋律引导下的变奏。含蓄，显示出她风格的一贯性。再比如，虹云的播音风格是热情，这一风格基调贯穿于她各个时期的代表作。她在“大众经济”节目中的解说热情活泼，她在“话说长江”中的播音热情奔放，她在“午间半小时”中的主持热情爽朗。“热情”这一风格主调一直贯穿始终。

中央电视台“为您服务”的主持人沈力在主持节目时，十分注重保持自己形象的稳定性。她说：“为了节目的需要，有时要请一些演员或专家一起主持，但主持人不可忘记自己的身份，不该‘让权’的地方，决不能让，不能失去自己的身份和性格。如果不考虑自己主

① 丹纳：《艺术哲学》，人民文学出版社，第 4 页。
② 转引自王之望：《文学风格论》，四川文艺出版社 1986 年版，第 26 页。

持栏目的任务，不考虑自己的性格和身份，一味地去背编辑的稿子，那我今天是个‘马大哈’，明天又是个捧哏者，就不会有一个稳定的形象。”[①]比如，沈力主持的“历史知识竞赛”的原稿中有这样一段对话：

主持人：现在进行第二集历史知识竞赛。

历史教师：哎，沈力同志，你怎么忘了，上一次的奖品还没发哪！

主持人：噢，幸亏您提醒了我，要不真忘了。好，现在请上次获一等奖的同志上来领奖。

这个节目的编辑是一位性格开朗、活泼的年轻人，她的这一安排和设计，符合其性格。但沈力认为，这段对话对她就不合适了。因为沈力的形象风格是质朴自然，为您服务耐心细心，沈力认为她连一年前一位中学生的要求都记在心里，怎么能把一周前刚办的事情忘得一干二净呢？所以，为维护自身形象的一贯性、稳定性，沈力对该段对话进行了修正。同样，该撰稿人为“家家乐”节目写了这样一段对话，沈力也进行了修改。原对话是：

沈：这次的“家家乐”专题节目喜逢佳节，今天我们和广大电视观众朋友们共同欢度一个新春之夜。

师胜杰（相声演员，边说边上场）：爆竹声中一岁除，春风送暖入屠苏。电视机前家家乐，送走健牛迎飞虎。

沈：你这诗不错啊，是谁写的？前两句怎么这么熟？

师：前两句是宋朝著名改革变法家、诗人王安石的一首七绝的前两句。

沈：这后两句呢？

师：是我为“家家乐”诌出来的两句打油诗。

沈：你这两句不错，既有家家乐，又有送旧迎新之意。

---

① 沈力谈话录。

师：过奖，过奖。

沈力修改后的对话是：

沈：这次的“家家乐”节目喜逢佳节，今天我们将和您一起，共同欢度这个美好的夜晚。

师（上场）：沈力同志。

沈：你怎么才来，节目都开始了。（虽是句玩笑话，但仍不失主持人和老大姐的身份）。

师：我正在写一首诗，你听听：爆竹声中一岁除，春风送暖入屠苏。

沈：对不起，打断一下，这不是宋代诗人王安石七绝《元日》中的前两句吗？（沈力这一形象的一贯特征应是知识大姐形象，不能是一个无知的形象去给别人捧哏，所以沈力把话接过来了。）

师：你别忙啊，这后两句是：电视机前家家乐，送走健牛迎飞虎。

沈：（故意问）这是谁的大作？（仍是老大姐语气。）

师：这是我为“家家乐”专题节目胡诌出来的两句打油诗。

沈：那好，但愿电视机前的家家户户新春快乐，以龙腾虎跃的姿态迎接新的一年。

五、播音主持风格的多样性和可变性

听广播看电视我们可以发现，同一时代的播音员、主持人具有不同的风格，同一位播音员、主持人在不同时代的风格也会有变化；同一篇稿件不同的播音员播会有不同的风格；同一位播音员播不同的稿件风格也会有变化；同一个节目，不同的主持人主持会有不同的风格；同一位主持人，主持不同的节目风格也会有变化。这些现象，都反映了播音主持风格多样性特征。

任何艺术风格都具有多样性特征，这是艺术创作本身的规定性决定的。从根本上说，这是因为艺术所反映的客观世界本身丰富多彩，艺术家的生活经历、思想感情、审美追求、创造才能千差万别，人民群众对艺术的审美需求多种多样。艺术作品只有具有多样的风格，才能反映丰富多彩的客观世界，才能体现艺术家的创作个性，才能满足人民群众的多种需求。播音主持艺术也不例外，它也遵循和体现着风格多样性的规律。

具体讲，由于受时代、民族、社会制度以及电台、电视台、节目、稿件等外部条件的制约，受播音员、主持人生活经历、性格气质、思想修养、审美追求、业务条件等内部要素的影响，播音主持风格便呈现出多样性的特色。其多样性，概括来讲体现在两个方面：一个是从播音员、主持人群体上看，由于各个播音员、主持人之间风格的差异，形成了风格的多样化；另一个是从播音员、主持人个体来看，即一个播音员、主持人处在不同的创作时空、创作条件下，其风格呈现出不同特色。

这里，不逐个去谈影响播音主持风格多样化的内外部要素和一般规律，只试图从播音主持风格与文学等其他艺术风格的对比中谈谈播音主持风格多样化的特殊性。

通过观察发现，较之文学创作等风格的多样性，播音主持风格的多样性特征更为明显和突出。这是因为，播音主持属二度创作，限制性相对较强；播音主持音声性的特点，使得播音员、主持人个体差异相对较大；播音主持创作时空变换的频率相对较高。

播音主持创作以稿件为依据，稿件是播音主持创作的素材之一。播音主持创作的这种素材与作家创作的素材不同。后者是直接从生活中来的，没有观念形态化，而前者则是从编辑、记者或稿件作者那里来，是观念形态化的产物，这其中已经包含着作者的创作个性或风格。播音员、主持人在播音主持创作中还应该把作者的创作个性或风格体现出来。所以，播音主持作品的风格正是播音员、主持人的创作特色同稿件中所包含着的作者的创作特色有机统一的结果。播音主持二度创作的这一特点，使得播音员、主持人必须主动去掌握和驾驭各种稿件，适应不同稿件的特点和风格。播音员、主持人创作的成熟，也是这种适应能力的增强。所以播音主持风格一经形成，就具有多样性特点，就体现出丰富的内涵，具有多样的特色，这也是播音主持二度创作的限制性要求播音员、主持人不能“吃偏食”的结果。播音员、主持人的创造性，也正是在这种限制性中体现出来，限制性越强，要求播音员、主持人的创作能力越强。这种创作限制性自身的规定性，也就带来了播音主持风格多样化特色的客观必然性。从实际工作中我们可以看到，一个播音员、主持人在他的整个创作生涯中不可能只播一种类型的稿件，他必须播出大量的各种类型的稿件。有时，一个播音员、主持人一天播出稿件的类型就有好多种。播音员、主持人正是在这种对多种稿件的适应和驾驭中使自己的创作成熟起来，成熟中也就包含着多种风格特色。比如，林如在播音创作初期，较多地播出文艺性稿件，之后，客观因素要求她必须得胜任政论性稿件的播音，大量的新闻性稿件也等着她，这样，她的风格一经形成，便在含蓄的基础上体现出丰富的特色，包含着多样性的内涵：既有典雅、自然，也有大度、深沉。再如，在对方明一天播音的观察中发现，方明一天播了大量各类稿件：上午人民子弟兵，下午阅读和欣赏，晚上各地联播。听他的播音，忽而电闪雷鸣、骤雨疾风，忽而喜逢春雨、润物无声，忽而刚健挺拔，忽而潇洒飘逸。方明说，具体稿件具体分析，找出不同播法，体现不同风格，这是播音员的看家本领。即便是对于某类节目或文章的播音有突出特点的播音员、主持人，其风格也并不单一。比如夏青的政论播音风格突出，在文学作品欣赏的播音中也同样显示出他的特色。即便都是政论文章，他播毛泽东的文章和播鲁迅的文章所体现的风格特色也不尽相同。这些都是播音主持二度创作的特性所带来的。而作家的文学创作则不同，由于是一度创作，作者在素材的选择上具有很大的自由度，他们可以选取自己熟悉的或感兴趣的生活内容，有的作家在整个创作生涯中只选一种类型的题材，同样可以形成自己的风格。王蒙说，我写我的政治题材，写小桥流水是刘绍棠的事。山药蛋派作家，可以只选取山西农村的生活素材进行创作。这种一度创作所带来的选材上的自由度，使作家选取的素材类型相对稳定和集中，创作风格不如播音主持风格多样化的程度高。

播音主持创作具有音声性的特点，这使播音主持创作个体差异性较大，这也是形成播音主持风格多样化特点的一个原因。个体差异，是任何艺术风格形成的内部要素。它集中体现在创作个体的主观因素即自身条件上，比如生活经历、性格特征、思想修养、审美追求等方面的不同。除此之外，由于创作工具——嗓音的特殊性，播音主持创作者之间的差异之处就更多。世界上没有两片完全相同的叶子，也不存在两副完全一样的嗓子。夏青和张悦的嗓音不同，这显而易见，因为一个是男声，一个是女声；一个宽厚，一个细腻；一个庄重，一个甜美。张悦和曾凯都是女声，声音都具有甜美的色彩，但也不尽相同，一个美中有柔，一个甜中带刚。每一副嗓子都构成了一个独特的表达世界，即便对稿件的理解相同，用声音表现出来也会有不同的风格特色。这是从音声性自然属性的一面讲的：由于嗓子的生理构造不同，会有不同声音色彩。其实音声之魂，还有其社会属性的一面，即不同的感受，这也会使声音具有不同的色彩。在播音主持创作中，感受是从理解到表达的桥梁，是播音主持创作的关键一环。感受从某种意义上说是播音主持创作者全部生命的综合，它凝聚着播音员、主持人的生活实践、性格气质、文化素质、思想感情、审美追求等。这些都通过声音体现出来，又赋予声音不同的色彩。播音员、主持人在播音主持创作中，理解可以相同，但感受绝不等同。例如，播送歌词《大海一样的深情》，播者都可以理解到这是表达对台湾同胞的思念之情，但在具体语句的感受上是不尽相同的。比如：“我怀着大海一样的深情”一句，你所感受的大海是“深”，我所感受的大海则是“广”，这样不同的感受所表达的声音色彩是不同的，声音中所体现出的播音主持风格也不相同。当然无论感受是深是广，都能表达出对台湾同胞的思念之情。张颂在谈如何朗诵时举了方明和瞿弦和朗诵《大河，你永远地奔流》的例子。二位朗诵者都能较准确地理解和把握作者的创作意图和诗的内容，但由于各自不同的感受，声音色彩具有很大差异，朗诵风格截然不同。方明从第三人称的角度通过客观观察去感受，他以宽广的胸襟，站在大河之上，纵观远古与未来，感情奔腾激越，催人奋进；瞿弦和则以一颗赤子之心去领略大河的波涛，他面对源源流淌的大河，以“我能化作你其中的一滴吗？”这样的感受，表达人类对美的追求，发人深思。反映在声音形式上，一个洒脱豪放，一个含蓄深沉。

播音主持创作时空变化频率高，这是导致播音主持风格多样化特征明显的又一个原因。以上是从播音主持风格内部要素即个体差异谈的，这里则是从风格的外部要素来谈。

从播音主持创作的外部条件看，播音主持创作时空的可变性大。从时间的角度来看，大而言之，时代的变迁对播音主持风格产生影响。新闻是时代的产儿，播音主持是时代的艺术。播音主持风格的晴雨表时刻都在记载着时代的变迁。比起其他艺术，时代对播音主持风格的影响更迅速、更直接、更明显。比如，从总体上讲，人民广播的播音风格是爱憎分明、刚柔相济、亲切朴实、严谨生动。这种风格在不同时期有不同体现：战争年代，气势豪迈、爱憎分明、从容坚定；和平建设时期，质朴扎实；十年动乱，风格遭摧残，代之而来的是高、平、空；改革开放后，亲切自然，活泼生动。从创作个体讲，林如五六十年代的播音风格主要是质朴自然，经历了十年动乱，她的风格又有了新的内涵，含蓄、深沉。从时间的角度来看，小而言之，播音主持创作所处的每日时刻的不同，对播音主持风格色彩会产生影响。比如早新闻报纸摘要的风格色彩就显得更高亢、明朗些，以适应清晨人们心理情绪上振奋的特点；晚新闻联播的风格色彩就显得更亲近自然些，以适应这个时间人们即将休息的特点。从时代变迁考虑播音主持风格的可变性，是从社会属性的角度考虑；从每日时刻的不同考虑风格色彩的变化是从自然属性的角度考察。

从空间的角度，即横向联系来看，由于稿件的不同，播音员、主持人的风格也随之变化，这一点前文已详细阐述了。此外，由于节目的不同，播音主持风格也会有变化。比如同一个播音员，播同一篇稿件：中国乒乓球队获胜，他在体育节目中播和在“报摘”中播，风格色彩就会有变化，前者更活跃些，后者在喜悦之情的基础上也注重规范性。中央台播音员雅坤，播新闻节目，其风格呈现出明朗、大方的特色，之后又主持“今晚八点半”这一综合性文艺节目，其风格又显示出亲切热情的特点，这也说明节目对播音主持风格变化所起的作用。

当然，探讨播音主持风格多样化问题，并不排斥播音主持风格具有相对稳定性的特征。这里所说的变化，是在相对稳定的主旋律风格上的变奏。

思考题

1. 播音主持风格的含义是什么？
2. 播音主持风格的主要特征有哪些？

第十二章　播音主持风格的构成要素

内容提要

本章阐述了播音主持风格的构成要素及其具体体现，指出其体现在独特的感受、独特的表达和整体美等方面。体现在有声语言表达(包括内外部技巧的独特运用，语言表达样式的独特运用，语句组织的独特构思、有声语言声音形式的不同等),副语言手段的独特运用等方面。同时指出，播音主持风格最关键的是要有整体感，从整体把握，体现出整体美。

第一节　独特的感受

播音主持风格，体现在播音主持创作中。它以运动状态贯穿于播音主持创作的全过程，又以相对稳定的状态凝结在播音主持作品上。具体来讲，播音主持风格以动态的方式体现在播音主持创作的各个环节和要素上，又以整体美的形式通过播音主持作品综合地体现出来。

这里从独特的感受、独特的表达和整体美三个方面进行分析。

独特的感受，是在遵循播音主持创作感受一般规律的同时，由于播音主持创作者的不同的性格特征、生活经历、文化知识、思想修养等决定了不同的播音主持创作的审美追求，以及所造成的播音主持创作者独有的体验。它包括播音主持创作者独特的审美认识和发现。这种独特的体验是独特表现的内在依据。

齐越所播的《县委书记的榜样——焦裕禄》这篇通讯的开头，是一段关于兰考灾情的描写："1962 年冬天，正是豫东兰考县遭受内涝、风沙、盐碱三害最严重的时刻。这一年，春天风沙打毁了二十万亩麦子，秋天淹坏了三十万亩庄稼，盐碱地上有十万亩禾苗碱死，横贯全境的两条黄河故道，是一眼看不到边的黄沙；片片内涝的洼窝里，结着青色冰凌；白茫茫的盐碱地上，枯草在寒风中抖动。"齐越对这段灾情描写的感受，没有局限在痛心和同情上，而是有他的独到见解：他认为这段灾情景象，应该是焦裕禄眼里看到的灾情，应该体会焦裕禄看到灾情的心态。焦裕禄看到这灾情，一方面同情灾区人民，另一方面有"我要战胜你"的决心。基于这样的体验，齐越对这段灾情描写的播音不是沉痛的、惋惜的，而是沉重的、顽强的、坚定的，从而体现了他雄浑豪放的风格。

齐越和方明都播过魏巍的长篇通讯《谁是最可爱的人》。齐越的感受是：自己进入战场，同志愿军战士一起同敌人拼杀。牺牲的战士，都是他身旁的战友，他对他们的一举一动看得十分清楚，他和他们同呼吸、共命运。所以听齐越的播音，仿佛我们也进入了战场，感到、看到眼前正在发生的活生生的壮烈场面，震撼人心，使你对志愿军战士肃然起敬。方明的感受是：站在历史的长河之上，追述 40 年前那波澜壮阔的一页，他的播音如同一首壮丽的史诗，唤起你我对志愿军战士深深的怀念。

许多电视观众都认为，赵忠祥对"动物世界"的解说别具一格，这是同他的独特感受分不开的。他认为，播"动物世界"就要和动物的心灵沟通，自己的命运和它们紧密地联系在一起，它们是自己的同伴朋友、同路人、同行者。如："茫茫的雪海，鹿群将向何处去呢？"播这句话时，他的体验是：自己就是鹿群中的一员，和同伴们一起探寻前途和命运。在这样的感受中，他的解说具有强烈独特的感情色彩，其语言真切动人。

由上述可见，独特的感受，是播音主持风格的内在表现。独特的感受，在播音主持风格中占有重要地位，它决定着独特的外部表达的可靠性和真实性。没有独特感受，独特的表达只能是没内核的外部形式。

第二节　独特的表达

有了独特的感受，还要通过独特的表达形式体现出来，只有这样，播音主持风格才能具有可感性。独特的表达，包括有声语言的表达和副语言的表达。

一、有声语言的表达

（一）有声语言表达技巧的独特运用

播音主持的语言表达技巧分为内部技巧和外部技巧。内部技巧主要有情景再现、内在语、对象感。外部技巧有停连、重音、语气、节奏。

1．内部技巧的独到运用

播音主持创作时，为了调动播讲愿望，在感受的基础上，就要运用内部技巧，即情景再现、内在语和对象感，展开想象，把握目的，确定对象，这些都是在创作想象中进行的，也都是一种想象。

先看情景再现。情景再现是指稿件中的人物、事件、情节、场面、景物、情绪在创作者脑海里像过电影那样，形成连续活动的画面。这些画面，既包含文字稿件所提供的景，又包含创作者因此而产生的体验和评价。创作者不但感受到了内中的形象“景”，而且体验到了内中的神采“情”，从而达到情景交融的目的。

运用情景再现激发感情，具体可分四步。

第一步，理清头绪。理清头绪，就是要看看稿件中描写了哪些情景，它们是怎样联系的，我们脑海里那些连续活动的画面是怎样发展变化的，哪些是“特写镜头”，哪些是远景、全景，是由近及远，还是由远及近，等等。比如高尔基的散文诗《海燕》的文字给我们提供了苍茫的大海、乌云、海燕、海鸥、海鸭、企鹅、暴风雨等场面和景物。为了理清头绪，引发情感，可以运用“分镜头”的方法对景物进行整理。“在苍茫的大海上，狂风卷集着乌云”，在我们脑海中展现的画面可以是远景，以显示海面的辽阔，气势磅礴。接下来，“海燕像黑色的闪电高傲地飞翔”等一连串的动作可以是近景，以突出海燕的形象。

对海鸥、海鸭、企鹅等的行为可采用俯视的方法，以引起对它们鄙视的感情。接下来是对海燕一连串动作的描写，对这段视觉形象，我们可以采用仰视的方法，由远及近，最后给海燕以特写镜头来突出海燕勇敢、坚定的性格。“狂风吼叫……雷声轰响……一堆堆乌云，像青色的火焰，在无底的大海上燃烧……”这时，我们的视觉景象要逐步展开，镜头由近及远推出，以显示大海的气势和它吞没乌云、熄灭闪电的力量。

第二步，设身处地。朗读《海燕》，我们就要把自己置身于作品所描写的情景之中，真切地感受现场的环境和气氛：眼前海域辽阔，海色苍茫；上面是黑压压滚动着的乌云，下面是白茫茫波涛起伏的大海。我们眼前的海燕，在暴风雨到来之前，像个精灵，大笑、高唱、飞翔，斗志昂扬，豪情满怀，迎接暴风雨的来临。

第三步，触景生情。在前两步的基础上，我们还必须对脑海里产生的画面作出积极的内心反应，给予评价。在暴风雨到来之前，海燕矫健疾飞，勇敢地迎战；海鸥、海鸭、企鹅或“呻吟”“飞窜”或“畏缩”“躲藏”。面对这种场景，播音时，要从内心激起对海燕举动的敬佩、歌颂和对海鸥等行为的鄙视、憎恶。

第四步，现身说法。通过前三步激发出感情后，产生了“溢于言表”的感受，此时，播讲者要像讲述或描绘他亲身经历的事件那样，抒发自己的感情，从而令人信服。

以上谈了情景再现的一般规律。在实际运用中，由于每个播音创作者的具体感受不同，每个人情景再现所展现出的景，以及由此引发出的情感的样式也会有差异。比如齐越朗诵《海燕》时，他战斗生活的经历，他顽强、倔强、爱憎分明的性格，会使他对《海燕》的感受具有很强的参与感：他所展现的镜头，更多的是一些中景和特写。他不是站在一旁评判，他是把海燕看成一个勇敢的革命战士，是他的战友，同时海燕又是他自己，他要同海燕一起飞翔，一起冲向乌云，一起迎接暴风雨，一起大笑，一起高唱。

我们听夏青对《海燕》的朗读，雄健有力，庄重铿锵，从他的朗读中，我们听到了一个满怀胜利信心的预言家的宣言。

夏青善于进行哲理的思考。面对《海燕》，他首先感受到的是“这是黎明前的黑暗，风暴过后必定是胜利的曙光，这是历史的辩证法”[①]，所以在他的脑海里展现的画面，“是那个风起云涌的革命时代的整个波澜壮阔的革命浪潮”[②]。他善用远景和长镜头，站在历史长河之上，从漫漫的黑夜，看到了黎明的曙光，透过压顶的乌云，望见了遮不住的太阳。所以，他以胜利的预言家的身份，敲响了反动势力的丧钟，吹响了人民革命胜利的号角。

播音主持语言表达的另一个内部技巧是内在语。所谓内在语，是播音员激发播讲愿望的一种手段，它是指稿件中的文字语言不便表露、不能表露，或没有完全显露出来的语句关系和语句本质。

对象感，也是内部技巧之一。如前所述，由于播音员坐在播音室里播音，眼前看不到观众、听众，为了和观众、听众交流，必须在心里感到他们的存在，并同感觉到的听众、观众交流，这就是对象感。由于每个播音员设想的观众、听众不同，也会体现出播音风格的差别。徐曼播音时，设计的收听对象是一个人，是自己亲爱的台湾同胞，所以她的对台广播体现出了亲切、热情、甜美的风格；丁然的播音，喜欢设计多一些的听众，体现出了持重昂扬的风格。

三个内部技巧的运用，由于选择的不同，也会体现出风格的不同。比如，齐越善用想象联想，即情景再现的技巧来激发自己的情感和播讲愿望，他的播音形象生动，激情饱满。夏青则善用内在语来显示播音的情感态度，激发自己的播讲愿望。所以他的播音严谨端庄，寓意深刻。

2. 外部技巧的独到运用

播音主持语言表达的外部技巧，包括停连、重音、语气、节奏四个方面。外部技巧赋予思想感情一定的物质形式。

对于外部技巧的运用，不同的播音主持创作者的方式方法不同，体现出的创作特点和风格也不同。

比如：在停连这一技巧的运用上，夏青善于多停少连。他停顿的

①② 同夏青谈话录。

时间长，而思想感情的线索又不断，经常被同行称为“绝妙的一停，惊人的一顿”，这是因为他的许多停顿，既是在文章的情理之中，又是在听众的预料之外。夏青说：“要用这个停顿，给听众一些时间，让他们思考一下，把他们的注意力集中起来，把他们带进来，领他们一起去。”夏青的停顿方法多是扬停（即停顿时语尾扬起），这样从声音形式上给人停而不断之感，语句有继续推进的力量，体现出他严谨端庄的风格。比如：“我们中国人民▲有志气、▲有能力，▲一定会在不远的将来▲赶上或者超过▲世界先进水平。”这段话中，他用了五个顿挫，并用扬停，语句稳健，语言铿锵有力。

铁城的播音，多连少停。他主张长句子的处理“首先要一气呵成”①。比如上面这段话，铁城只在“将来”后面停一下，其余部分都连起来，体现了他粗犷酣畅的风格。

在重音这一技巧的运用上，方明的原则是少而精，他主张抓“句眼”，即抓住一段话中最关键的词精雕细刻，全力以赴将其突出出来，其余地方的所谓重音，都要为之让路，从而显示了他潇洒飘逸而又精雕细刻的风格。有时，为了找到句眼，他要反复琢磨和思考。例如方明回忆他当年播赞颂杨水才的通讯时对一段重音的选择，他是这样说的：“当年播的杨水才事迹的通讯，其中有一段是叙述杨水才去世时的情况的：

太阳都长起老高了，杨水才还没有起床，乡亲们下地回来都吃早饭了，发现杨水才的小门还关着，推开小门一看惊呆了，小油灯还在亮着，桌上放着毛主席著作、水道杨的发展规划，而他——杨水才就坐在桌前去世了。

这个情节是表现杨水才一心为集体、‘小车不倒只管推’的精神境界。那么这段话中哪个词最能体现出人物的精神境界呢？‘句眼’在哪里呢？我曾反复琢磨过，放在‘去世’上，不行，人去世是自然规律，谁也不能违反；放在‘桌前’，也不行，没有什么实际意义；只有

① 李瑞英、刘连喜：《广播电视播音与节目主持人》，辽宁人民出版社 1991 年版，第 19 页。

‘坐’这个词最能体现杨水才的精神境界，他到死都没有离开他的工作。于是，我播的时候，就在这个‘坐’字上重重地加了一笔，使人物的闪光点充分显示出来。”

再如，夏青的重音强调，多是加强加重，体现了庄重的风格；林如的重音强调，多是以情托出，表现了含蓄的风格。

在语气这一技巧的运用上，主要反映在语势的变化上。语势可分为“上山类”、“下山类”、“波峰类”、“波谷类”、“半起类”。方明善用上山类语势，潇洒飘逸，显示出语言表达的阳刚之美；林如爱用波峰后的波谷，含蓄深沉，显露出语句处理的阴柔之美。

在节奏这一技巧的处理上，齐越善用节奏的变化，显示豪放的特征；夏青语言节奏稳健，体现出严谨的特点。如，他们都朗诵过毛主席的诗词《沁园春·雪》。听他俩的录音，你就会感觉到：齐越的朗诵，语势高低变化频繁，语句之间大停大连，语言速度忽快忽慢，全篇节奏变化明显；夏青的朗诵，语势高低起伏、错落有致，语句停连严谨规范，语速平稳稍慢，全篇节奏匀称稳健。

（二）语言表达样式的独特运用

播音主持语言表达样式，有宣读式、播报式、评述式、谈话式、讲解式等。不同播音员主持人在播音主持中，习惯以某种语言样式为主，这样也体现出了不同的风格特点。

比如，夏青的播音，贯以宣读式为主，即工整规范、重音长重、多停少连，显示出其严谨端庄的风格特色。林如的播音以播报式为主，即“半说半读”，“一些重点和句子，可以放下来说”[①]，显出质朴自然的风格特点。如播“中国共产党章程（草案）”这句话，听夏青的播音字字铿锵，显示出其规范性、权威性和庄重性；林如播这句话，只把“章程”选为重点，以读的方法强调，其余的词都放下来说，体现了她的“半说半读”，听她的播音，我们也同样感到了其法规性和权威性。

（三）语句组织的独特构思

这里有两层含义，一个是语言表达时，对句与句之间有声语言形

① 林如语。

式的处理，一个是在主持节目时对语言的组织。

比如，方明在语句关系的处理上，善用“爬坡”，即一句比一句的分量重。他强调的句眼，往往是他爬坡的顶点。比如方明朗诵贺敬之的《回延安》这首诗的前几句：

心口呵，莫要这样厉害的跳；
灰尘呵，莫把我的眼睛挡住了。
手抓黄土我不放，
紧紧贴在心窝上。
几回回梦里回延安，
双手搂定宝塔山。

在这几句之间关系的处理上，他把“双手搂定宝塔山”的“定”作为句眼，从低到高，感情表达由弱到强，爬向坡的顶点。由这个“坡”，把这几个句子都连起来；由这个“顶点”的确定，使得几个句子主次分明，重点突出，体现了语言流畅、重点鲜明的特点。

夏青在语句关系的处理上，善于平稳推进，从而体现了他稳健端庄的风格。

在主持节目时，语句组织还体现在对语言的选择编排上。沈力在谈及这方面的经验时说：“主持人应该拿出自己的见解，根据自己的感受和习惯，讲自己的话，这样才有可能形成自己的风格。”①沈力在语言的组织上，体现了她的这一见解。

如，在“洗衣机纵横”节目的开头，编辑设计了一组人们争相购买洗衣机的画面，画外音是：“随着人民生活水平的不断提高，洗衣机进入了越来越多的家庭。目前市场上供应的洗衣机，主要以波轮式为主，而洗衣机的生产则正在向半自动和全自动方向发展，那么选择和购买哪种洗衣机好呢？我们先不忙定论，还是在洗衣机市场上浏览一下为好。”接下去是介绍各种洗衣机的性能和特点。沈力认为，解说词

① 李瑞英、刘连喜：《广播电视播音与节目主持人》，辽宁人民出版社1991年版，第189页。

这样安排虽没有什么不当之处，但这样讲和观众的距离还不够近，还不能体现出她平易亲切的风格。于是她又改成：“很多朋友来信说，现在洗衣机种类比较多，不知买哪一种好，让我们给参谋参谋。因为我们不了解您家里的具体情况，这个参谋怕当不好，所以就录制了一个节目叫‘洗衣机纵横’，向您介绍各类洗衣机的特点，您可以根据自己家的情况和条件看看买哪种好。”这种表现形式和语言的组织，体现出了沈力一贯的平易亲切的风格。

（四）有声语言声音形式的不同

无论是独特感受，还是独特的表达，最后都要通过声音形式体现出来。离开了声音形式这个表现的物质载体，听众和观众也就无从感知播音主持风格的存在，正如离开了油彩笔墨无法感知绘画美，离开了大理石无法感知雕塑美一样。播音主持的声音形式，同油彩笔墨、同大理石等有相同的一面，它们都是艺术创作的物质材料，都是体现艺术风格美的物质基础，作为物质材料本身，都具有自然属性。同时，播音主持创作的声音形式还有其社会属性的一面。它是人体的一部分，是一个社会化的过程。有的人声音浑厚，有的人声音高亢，这些都是体现播音主持风格的基础。这里，既有静态的声理构造等自然属性的声音本色，又有动态的由社会属性决定的情感态度的体现，只有将二者结合起来，才是有意义的声音，才具有风格。

比如夏青的声音，自然条件浑厚，但单是浑厚，并不能说他的声音体现了他的风格，只有这浑厚的声音同其情感态度结合在一起，才是我们所指的体现播音风格的声音要素，只有这个声音，才能体现出他庄重的播音风格。再比如，徐曼的声音并不宽厚，应该说相对单薄，这个单薄并不能成为体现她风格的要素，只有单薄中蕴涵了亲切的感情时，才可能成为体现其播音风格的要素，即亲切甜美的声音。

声音条件虽然各异，但普通话播音的语音标准只有一个，把不标准的普通话作为一种风格特色，是一种错误的理解。

当然，由于有音位变体理论的客观依据，在同一个标准下，可以有不同的变化。这种变化，也为不同风格的体现创造了条件。比如，为了表示亲切一些，或是对少儿广播，发音可以稍前一点；为了显示庄重的色彩，发音可以稍后一点。这种变化都是以不改变原普通话字音为基础的。

总之，只有当声音的自然属性与社会属性同时展示的时候，声音才成为体现播音风格的要素。

二、副语言的表达

电视播音员、主持人在播音主持节目或现场采访时，不光有声语言在传递着信息，而且其眼神、表情、体态、服饰等也都在传递着信息。后者，我们称之为副语言。副语言的不同，也成为不同播音风格的体现要素。

目前，电视屏幕上所呈现的电视播音员、主持人的图像，大多是半身图像和特写镜头。这说明两个问题：一个是近景或特写，容易使副语言即面目表情动作在屏幕上放大，从而显得夸张。电视播音员、主持人面部一个微小的动作，在日常生活中，是不大会被人们留意的，而在电视屏幕上，则会非常明显，成为一种明显的信息符号，形成传递某种信息的标志。所以，副语言在电视播音主持中起着举足轻重的作用。半身图像和特写镜头的出现还说明，目前电视播音主持副语言展示的天地还不宽，还有进一步挖掘的空间和运用的潜力。

在电视上，观众首先看到的是电视播音员和主持人的形象。其形象既具有自然属性，又具有社会属性；既具有外在的表象，又具有内在的气质；既要求静态美，更要求动态美；既要求可视性，更要求可信性。从形象上来看，一人一面；从性格上来看，一人一样，有的文静典雅，有的活泼开朗，有的亲切热情，有的持重端庄。比如，张悦和李扬共同主持“为您服务”节目，一个面目表情亲切文静，体现出持重典雅的风格；一个神态举止变化丰富，体现出活跃滑稽的特点。同是主持“正大综艺”节目，赵忠祥身体动作幅度不大，肢体动作不多，显得朴实持重；姜昆则动作频繁，溢于夸张，观众都不会忘记他给“不看不知道，世界真奇妙”这句话配上大幅度伸手臂的夸张动作，这种夸张动作再同他的语言表达相配合，体现出他活泼诙谐的风格。同是主持少儿节目，鞠萍更多的是投身孩子们中间，跟他们一起做剪纸，有明显的参与感，体现出“知心姐姐”的形象；晓白则是坐在桌前，以更多的示范向孩子们讲解剪纸的窍门，有明显的引导性，体现出“家庭教师”的特征；刘纯燕扮演金龟子的形象，给孩子们送去欢乐和知识，具有很强的表演特点。过去“观察与思考”节目的主持人肖晓琳，手拿一支笔，体现了文静善思的特点，“文化生活”的主持人刘璐，身披一身纱，显示了洒脱华丽的特色。

综上所述，一举手一投足的副语言，时时刻刻都在体现着不同的风格特征。

第三节　整　体　美

先看几个实例。

某电视台一位播音员形象俊美，衣着典雅，平时在电视屏幕上给人秀美文静的风格。一次她参加一场扑救重大火灾的现场报道，她身上溅满了泥浆，脸上流淌着泥水和汗水，但她全然不顾，密切关注现场动向，全身心地投入到紧张的现场报道中，给电视观众以强烈的感染，受到许多观众的好评。试想，如果她报道时为了保持平时那漂亮的形象，还是那样温文尔雅，那么无论她长得多漂亮，穿得多美丽，声音多好听，此时观众也不会认为美，只能是反感。

某一节目主持人，春节前到电影发行公司去采访有关领导，请他向观众介绍一下春节期间将要上映的影片。采访是在室外边走边谈，这位播音员身着一件深红色呢制风衣，又系上一条淡绿色围巾，显得很漂亮。当这位播音员回到电视台进行后期制作，坐在播音室出半身图像介绍当时采访的概况时，还系着那条围巾，就使观众感到很不协调。因为客观上播音间里没有室外那么冷，所以再漂亮的围巾也没有必要系。

一位很有名气的少儿节目主持人，接到一位观众来信，说她的表情神态“做作”，给这位主持人泼了一瓢冷水，她开始重新总结自己几年来的播音主持创作。前些年，她以“亲切活泼的姐姐”的形象出了名。近几年，她一直以“要保持住这一良好的形象”的心态投入播音创作，无论是用声、化妆还是面部表情，都要以“姐姐”为准则，没想到受到了观众的批评。这是因为，刚出道时她才19岁，是一个姐姐的形象，今天的她已经结婚，而且又过去了很多年，早已成为“阿姨”的形象了。作为播音员和主持人的她，应该根据自身的情况，去寻求“阿姨”美了，不然就如同刻舟求剑，无论花费多大力气，也是没有用的。

从以上三个例子我们可以看出，美在和谐中，美在环境中，美在流动中。播音主持创作必须注重整体，播音主持风格也正是在整体美中体现。

保证创作的整体性、完整性，也是艺术创作规律本身所要求的。亚里士多德最早从整体性的角度提出艺术作品的特征问题时指出:“美与不美，艺术作品与现实事物，分别就在于美的东西和艺术作品里，原来零散的因素结合成为一体。”[①]他还进一步指出，艺术作品必须“像一个完整的活东西，给我们一种它特别能给的快感”[②]。席勒把整体性作为艺术美感的四大要素之一。歌德说:“艺术要通过整体向世界说话。”[③]别林斯基认为:“在艺术制作中，必须没有任何不完整的、不足的或多余的东西，每个特征和每个形象都应该是必要的、恰当其位的。”[④]在黑格尔看来，“真正的艺术作品……为整一的心灵所创造的整一的亲切的作品，不是从外面掇合拼凑的，而是全体处于紧密的关系，从一个熔炉，采取一个调子，通过它本身产生出来的，其中各部分是统一的。”[⑤]我国古代文艺批评家刘勰说，作品须“首尾周密，表里一体”，主张艺术家要“弃偏善之巧，学具美之绩”[⑥]。李渔也说:“编戏有如缝衣，其初则以完全者剪碎，其后又以剪碎者凑成。剪碎易，凑成难。凑成之工，全在针线紧密；一节偶疏，全篇之破绽出矣。”[⑦]更是明确地表明了对整体性的追求。

① 引自朱光潜:《西方美学史》(上)，人民文学出版社1987年版，第61～72页。
② 亚里士多德:《诗学·诗艺》，人民文学出版社1982年版，第82页。
③ 《歌德谈话录》，人民文学出版社1978年版，第137页。
④ 别林斯基:《别林斯基论文学》，新文艺出版社1958年版，第207页。
⑤ 黑格尔:《美学》第一卷，人民文学出版社1958年版，第375～376页。
⑥ 刘勰:《文心雕龙·附会》。
⑦ 李渔:《闲情偶记》，中国戏剧出版社1959年版。

马克思指出，风格美“是许多规定的综合，因而是多样性的统一”①。车尔尼雪夫斯基认为，美是“活生生的人的一切力量和才能的共同行动”②。辩证唯物主义认为，美的本质归根到底是人的本质、本质力量的对象化。而人的本质、本质力量则是多层次、多侧面的统一体。体现人的本质特征的认识世界、改造世界的各种本质力量，如思想、情感、意志品格、智慧、才能等，在认识世界和改造世界的实践活动和对象化过程中，不是漠不相关，分别动作，而是在大脑神经中枢的统一调度指挥下协调一致的，从而有可能在对象世界中完整地复现和显示自己的全面本质，创造生动丰满的整体美。所以，艺术风格美，体现于艺术整体美，是客观规律。播音主持艺术也不例外，播音主持艺术的风格也是在播音主持艺术创造整体美中体现的。

看看播音主持创作实践，我们就会发现，那些著名的播音主持艺术大师们无不从自己独有的播音主持创作的整体美中，体现他们的风格特色。

齐越说：“要从整体把握，是我的一个重要的业务观点。”③他在播音创作中，对整体的把握，时空跨度大。他播歌颂自卫反击战中“新一代最可爱的人”时，联想到朝鲜战场上志愿军战士这“最可爱的人”，同他几十年前播魏巍的长篇通讯《谁是最可爱的人》进行对比，找到他们的共同点和新一代最可爱的人的时代特征。他播《把一切献给党》，歌颂“中国的保尔”吴运铎时，想到了苏联的保尔·柯察金。他播《县委书记的榜样焦裕禄》，联想到了全国成千上万的做农村工作的干部。他播《为了周总理的嘱托》，歌颂植棉劳模吴吉昌，想到了包括他自己在内的千百个被周总理从“四人帮”的铁蹄下解救出来的人。他播歌颂拥军优属模范的报道，想到了几十年前人民解放战争中那车轮滚滚的支前大军。他的想象跨时代、跨国度，这种整体把握时空跨度大的特点，体现出了他气势磅礴、雄浑豪放的风格。

夏青说：“播音不能光从自己出发，单看稿件也不够，要多从听众

① 马克思：《〈政治经济学批判〉导言》，《马克思恩格斯选集》第2卷，人民出版社1995年版，第18页。

② 转引自普列汉诺夫：《尼·加·车尔尼雪夫斯基》，上海译文出版社1981年版，第198页。

③ 齐越谈话录。

那里想一想。”[①]他主张“把逻辑的链子拴到听众那里去”[②]。他在播音语句表达中，体现了他开放心态的逻辑严谨、庄重稳健的风格。

林如说：“构成整体美，一方面要求各要素自身相对完美；一方面还要求多要素之间的关系统一协调。如果说，片子拍摄得好、剪辑得好、韵好、词也好，这几个‘好’相加，不一定等于总体好。各种表现力相争，只能相互抵消。各种表现力相让，那么在‘美’的创造中，各自都能起到最好的作用，收到最佳的效果。”[③]林如在她这一整体创作观的指导下，在电视片解说中，注重“跟”、“贴”、“让”。“跟”，就是跟上片子的发展，把握全篇的整体，使语言表达的感情情绪不断线。“贴”，就是贴切，从总体上注重同全篇风格吻合，使自己的语言表达、情绪发展不游离。“让”，就是把表现力让给片子，把创造天地让给观众。比如一部风光片中有一组丰收场面的镜头，画面相继出现了苹果、山楂、梨、柿子……解说词很简洁：“金色的秋天，丰收的季节。”林如认为：“在这种情况下，如果在苹果的画面刚一露头就忙着读，便令人感到沉不住气，有‘抢先’的感觉。这一组镜头很美、很具体、很诱人，可以让画面的表现力充分发挥，然后解说者再说出观众心中发生的感叹：‘金色的秋天，丰收的季节’。”[④]这一创作的整体美，体现出了林如含蓄内敛的风格。

方明的语句处理上的“爬坡”，重点强调上的“句眼”，层次关系上的“语点”，篇章把握上的“红线”，创作想象中的“立体图像”，创作意境表现中的“动静虚实”等，构成了他的一系列整体创作的观点，体现了他气脉贯通，洒脱畅达，意境生动的风格。

以上四位播音大师，从不同的方面，把握了播音创作整体美的特征，体现了他们的不同风格。

我们再看电视播音主持，如前文所述，节目主持人沈力组织修改解说语言，要使其适合自己一贯的平易近人特点，以体现她整体上的亲切自然的风格。

①② 同夏青谈话录。

③④ 引自李瑞英、刘连喜：《广播电视播音与节目主持人》，辽宁人民出版社 1991 年版，第 180 页。

中央电视台播音员李娟，从声音与画面的统一上，体现了解说的精巧细腻的风格。她强调，电视播音员要熟悉电视镜头的表现手段，使自己的语言表现手段与之相吻合。播音员对电视镜头的推、拉、摇，画面表现速度的快慢，中、近、远、特写等景别的运用，画面色调的冷与暖等，都要有一个总体把握，使整个创作和谐统一。比如，她解说的电视音乐舞蹈片《春江花月夜》有这样一组画面：随着“春江花月夜”的乐曲声起，陈爱莲扮演的一个古代少女，双手各拿一把半月形羽扇，掩面起舞。有三句画外音：

扇子如花开时的喜悦；
扇子如浮云掩月时的含羞；
扇子如夜莺飞翔时的轻快颤动……

李娟解说时，第一句在两面扇子打开时播出，第二句是在扇子合起时播出，第三句则是在扇子轻轻抖动时播出。她把每一句话，都巧妙地压在一个完整的乐句上。为了和画面的意境相配合，也为了不干扰观众欣赏画面并力图把观众带到这个意境中来，她在发音时，声音贴近话筒，气息和音量控制匀细，听起来像是悄悄地看着花开、云游、鸟儿抖翅的场景，从而使得语言与画面交相辉映，创造出了一个整体的完美的意境。在这整体的表现中，受众便可以感到李娟那精巧、细腻的播音风格。

播音主持创作看似简单，实则是一个复杂的系统工程，播音主持创作的整体美有多种表现形态和范畴，包括语句之间的相互关系，篇章结构的完整统一，感受理解与表达的统一，形象感受与逻辑感受的统一，具体感受与整体感受的统一，内部技巧与外部技巧的统一，声音与形象的统一，语言与副语言的统一，配音与画面的统一，思想感情与艺术表现的统一，自身风格与原作风格的统一，稿件的处理与节目风格的统一，表达手段与听觉规律的统一，播音员主持人的“小我”与党的宣传员的“大我”的统一，创作实践与生活实践的统一，等等。播音员、主持人只有处理好这些关系，以自己独有的方式把握住播音主持创作整体美，才能完整地体现出自己的播音主持风格。

思考题

1. 播音主持风格体现在哪些方面？
2. 为什么要强调播音主持的整体美？

第十三章　播音主持风格的成因

内容提要

本章从客观原因、主观原因、创作实践三个方面论述了播音主持风格的成因。客观原因包括时代、民族、阶级、地域和媒体、节目和稿件等，主观原因包括播音员、主持人的性格气质、生活经历、审美追求、业务条件等。而这主客观两个方面，又通过播音员、主持人的播音创作实践统一起来。

第一节　客观原因

一、时代

任何艺术风格的形成，都同时代密切相关。所有艺术家的创作个性，也都带有其深刻的社会历史必然性，正如恩格斯指出的，都“没有能够超出他们自己的时代使他们受到的限制”[①]。鲁迅也说：“风格和情绪，倾向之类，不但因人而异，而且因事而异，因时而异”。[②]这些都说明了时代对播音主持风格形成的重要作用。

新闻是时代的产儿，播音是时代的艺术。时代对播音创作、对播音主持风格的影响，较之对其他艺术的影响更为明显。不同时代的政

---

① 恩格斯：《社会主义从空想到科学的发展》，《马克思恩格斯选集》第3卷，人民出版社1995年版，第720页。

② 鲁迅：《准风月谈·难得糊涂》，《鲁迅全集》第5卷，人民文学出版社2005年版，第392页。

治、经济、文化，人们的实践活动、社会思潮、价值观念、审美追求，对播音主持风格都会产生强烈的影响。

战争年代，延安、陕北新华广播电台的播音员直接参加当时的人民革命和人民解放战争，他（她）们既是宣传员，又是战斗员。他（她）们播音时尽管头上盘旋着敌机，旁边爆炸着敌弹，但他（她）们透过这弥漫的硝烟，看到了蒋家王朝行将灭亡的必然，看到了中华人民共和国即将诞生的明天。所以，他（她）们信心百倍，从容坚定。“骂起敌人来义正词严，讲到我们的胜利很能鼓舞人心。”[①]体现出了爱憎分明、昂扬刚健、气势磅礴的战斗风格。而和平建设时期，播音风格趋向亲切活泼，清新明快。

时代对播音风格的制约作用，既体现在同一时期不同播音员的相同之处，还体现在不同时期同一播音员的不同之处。比如，中央人民广播电台播音员张悦，她参加播音工作是在20世纪60年代末70年代初，正值那“火红”的年代，所以她的播音不能不打上时代的烙印。那时的播音被人们称为“高、平、空、冷、僵、远”；改革开放新时期，她找到了适合自己声音条件的亲切、甜美的播音风格，创造出了自己独有的播音风格美。林如的播音风格是含蓄的。20世纪50年代末60年代初，她的含蓄中体现出了质朴的特点；十年动乱过后，她的含蓄又体现出了深沉的特征；改革开放新时期，她的含蓄又透出畅达清新的特征。由此可见，时代对于播音风格的成因，具有重要作用。

二、民族

播音创作的风格，不仅受制于时代的风尚，而且还植根于民族的土壤，“镌刻上民族性的烙印”[②]。

民族性是在特定的民族条件下，由于政治、经济环境的制约，社会风尚和文化传统的影响，所产生的民族共同感情、心理，所显示出来的民族特征。别林斯基说：“法国人的民歌常常是放肆的，永远快乐的，德国人

① 毛泽东对陕北台播音员的表扬。见《中国人民广播回忆录》（第三集），广播出版社1983年版，第9页。
② 普希金：《短论抄》，《文学的战斗传统》，新文艺出版社1953年版，第42页。

的民歌沉郁或有宗教气味，俄国人的民歌则阴郁、沉思、有力。”①鲁迅也说：“法人善于机锋，俄人善于讽刺，英美人善于幽默。”②歌德称：“中国人在思想、行为和情感方面”，“更明朗，更纯洁，也更合乎道德。”③这些都从不同侧面道出了不同民族的民族素质、民族性格和民族精神。

那些已形成风格的我国优秀播音员主持人的播音主持创作实践，都体现着中华民族的民族精神和民族性格，显示出中国作风和中国气派。中华民族是一个勤劳、智慧、勇敢、顽强、坚定、自信、豪迈的民族，其民族精神的内涵，既有其区别于其他民族的独特性，又有其丰厚性，体现在艺术创作中，则具有“刚健豪迈的气派，飞动传神的韵致，空灵含蓄的境界”。我们可以从齐越的播音创作中感受到那拔山填海的浩然之气，那巨刃磨天的磅礴之势；从夏青的播音中，我们可以感受到那庄重稳健、不亢不卑之态，落落大方、泱泱大国之派；从方明的播音创作中，我们可以感受到那飞动传神之韵，那骨峻坚韧之质；从林如的播音创作中，我们可以感受到那无我空灵之境，那质朴含蓄之风。

由此可见，播音主持风格的形成，离不开民族的土壤。只有体现着民族精神、民族性格、民族特色的播音主持风格，才能适应中华民族的审美要求，才为广大人民群众所喜闻乐见，才具有生命力。

三、阶级

我们先看一段原中央广播事业局局长梅益同志 1965 年从广东给齐越写的信：“……海丰的天空不全是我们的，一到夜晚，美帝的、日本的、南朝鲜的、南越的、蒋帮的、甚至澳门的电波都交织在一起，可是哪个电台是我们的，哪个是敌人的，可以从播音的风格中立刻区别出来。我们的播音是谨严的（主要是政治上的严肃，以及由此而来的正派、认真、工整……等等）、乐观的（大国风度的、坚定的、充满信心的、说理的）和爱憎分明的（战斗性的、鲜明的、感情饱满的……）”，

① 别林斯基：《论人民的诗》，《别林斯基论文学》，新文艺出版社 1958 年版，第 77 页。

② 鲁迅：《准风月谈·“滑稽”例解》，《鲁迅全集》第 5 卷，人民文学出版社 2005 年版，第 360 页。

③ 《歌德谈话录》，人民文学出版社 1978 年版，第 112 页。

"我时常为我们的播音风格而自豪"[①]。

这段话充分表明，播音主持风格中包含着阶级因素，播音风格的形成，受阶级的影响。

在阶级社会里，任何艺术风格都会受到一定的物质生活条件所决定的一定阶级的审美要求和审美理想的影响和制约。播音主持风格当然也不例外。而且，由于播音主持工作具有广播电视的新闻属性，广播电视是宣传和体现阶级意志的工具，是党的喉舌，所以，播音主持风格的阶级性特征就更为明显了。

与此同时，应该看到，播音主持风格所体现的无产阶级的情感内涵是丰富的。这是因为，一方面，无产阶级从事伟大的社会革命和社会实践活动，其实践的内容是丰富的，无产阶级认识世界和改造世界的内容也是丰富的，所以无产阶级播音创作的情感内涵也应该是丰富的，风格形式也应该是多样的，既有"四海翻腾、五洲震荡"，也有"莺歌燕舞、潺潺流水"。另一方面，我们还应看到，无产阶级是人类历史上最先进的阶级，它肩负着埋葬旧世界、开创新世界的光荣使命，代表历史发展趋势，具有强大的生命力，而集中体现无产阶级利益的中国共产党，则是一个朝气蓬勃的党。因此，无产阶级播音主持风格的另一个特点就是向上，即朝气蓬勃、亲切明朗。这种"向上"和"多样"的辩证统一，便构成了无产阶级播音主持风格的特征。那种片面的"高喊"，那种在十年动乱中形成的"高、平、空、冷、僵、远"的播音腔调，是与无产阶级的播音风格格格不入的。

如今，我们进入了改革开放的新时期，播音主持风格的上述特征集中体现在中国特色社会主义的播音主持工作中，体现出中国特色社会主义的性质。

四、地域和媒体

我国地域辽阔，电台、电视台分布全国各地。不同地区的社会风俗习惯不同，艺术审美情趣各异，这些也影响播音主持风格的形成。

---

① 梅益：《给齐越的信》（1965 年 12 月 4 日），《梅益谈广播电视》，中国广播电视出版社 1987 年版，第 392 页。

比如，江南一带电台、电视台播音员和主持人的风格比较委婉、柔和；北方电台、电视台的播音主持风格较为刚直、粗犷。

电台、电视台、网络媒体，中央台、地方台，播音主持风格都有不同。一个播音员、主持人长期在一家媒体单位工作，他的播音主持风格会受该媒体单位的特点和单位里其他同志播音主持风格的影响，比如，中央台庄重、大度，地方台活泼亲近。由于电台和电视台传播手段不同，电台播音员和主持人只能凭声音，电视台播音员、主持人除声音外可以借助形象和画面等来传播信息，所以，电台播音员、主持人体现出规范、稳健的特点，电视台播音员、主持人显示出自然、轻快的特色，而网络主持人体现出轻松、活跃的特点。

五、节目和稿件

节目和稿件对播音主持风格的形成，起着直接的制约作用。长期主持农村节目的主持人，他的主持易朴实亲切；长期主持少儿节目的主持人，他的主持易活泼开朗，娓娓动听。经常播评论、消息等书面语稿件，容易形成严谨、规整的风格，经常播出对话等口语比较强的稿件，容易具有活泼自然的特色。

比如，同是虹云，她主持“大众经济”节目显示出热情、灵动的特点，主持“午间半小时”节目体现出热情、持重的风格；播“新闻和报纸摘要”节目表现出热情、明快、昂扬的特征。可见，不同的节目为她在热情这一风格总基调上的丰富和变化发挥着不同的作用，这些节目也都同时促进了她热情风格的形成。

中央人民广播电台“午间半小时”节目的三位主持人虹云、傅成励、陈希，是按节目对他们提出的“三个人的性格要拉开距离，加大反差，以求各自的鲜明”[①]来寻找自己表达个性和在节目中的位置的。傅成励在总结时说：“按照这一节目方针，联系三位主持人本身各方面的特点，分别考虑了三个主持人的形象特征。虹云，应当是热情、善良、温柔，又有事业心的职业妇女的形象；陈希，应当是思想比较开

① 中央人民广播电台“午间半小时”节目总结。

放，反应敏捷，乐于并善于接受新知识、新观念的年轻女性；傅成励则应当知识面较宽、大度、有见解，经常对人们关心的问题发表看法。”[①]在节目主持中，他们成功地做到了这一点，节目的要求促使他们的创作个性和风格特征更加鲜明。

再如，中央电视台的“东方时空”节目促成了敬一丹、白岩松、水均益等一批主持人敏锐、思辨、富有活力的风格的形成。北京电视台“电视商场”节目也培育了秦洪峰“大众女婿”的风格。中央电视台“实话实说”节目促成了崔永元机敏、善辩的风格的形成。

第二节　主观原因

一、性格气质

不同性格特点，影响着语言表达的方式。播音员、主持人的性格不同，也直接体现创作风格的不同。比如，虹云的性格较为活泼，其播音显得开朗、洒脱；张悦的性格较为温柔，其播音显得甜美、细腻。

性格气质，是人的一种生理心理素质的综合，是人类高级神经活动特性的有机结合，是先天素质与后天陶冶交互作用的“合金”。性格气质具有独特性和稳定性。它是播音员、主持人进行播音主持创作的心理和生理方面的内在动力，它构成播音员、主持人审美个性的生理心理基础。它主要通过情感、情绪作用于播音员、主持人的语言表达方式。播音员、主持人外在的表达方式，必须与其构成审美个性的心理生理相统一，才能具有属于自己独有的稳定性和生命力的风格。比如，十年动乱期间，硬让张悦按照不符合她内在生理心理气质的“高喊”的方式来播音，其结果只能是失败。1979 年，她开始“放下来说”，找到与她性格气质相吻合的表达方式，她的播音“开始被听众承认，被同行关注了”[②]，从而逐步取得了成功。

二、生活经历

播音员、主持人不是生活在真空中，社会生活时时刻刻都在作用

① 李瑞英、刘连喜：《广播电视播音与节目主持人》，辽宁人民出版社 1991 年版，第 147 页。
② 张悦谈话录。

于他们。播音员、主持人生理心理相统一的审美个性，不光具有其先天性，而且还有其社会性，播音员、主持人的生活经历和社会实践，也影响着播音主持风格的形成。比如，齐越3岁丧母，自幼在家里受到继母的不公平对待，养成了富于反抗的倔强的性格；人民革命和人民解放战争的实践，培养了他爱憎分明、坚忍刚毅的精神，所以他的播音中体现出坚定豪放的风格特征。林如曾在教会学校学习，养成了她内敛含蓄的性格特点，她的播音中显露出质朴清淡、含蓄自然的风格。后来她在十年动乱中受到了不公正的待遇，使她对生活有了更深的认识，她的播音风格更加深沉、坚毅。由此可见，生活经历和实践对播音主持风格的形成具有重要作用。

三、审美追求

播音主持风格的形成过程，是播音主持美的创造过程。不同的审美追求和理想，对播音主持风格的形成具有重要作用。

比如，林如追求“无我”的审美境界，她在播音创作中总是力求“跟”、“贴”、“让”，体现出了清淡含蓄的风格，具有感染力；铁城追求“洒脱”美，因而其播音体现出了粗犷酣畅、神采飞扬的风格，具有感召力。

审美追求以性格气质、生活实践为基础，同时还融进了文化素质、思想修养等重要特征。比如，齐越在播音创作中强调要追求一个“真”字，“对所播稿件要真动心，对广大听众要动真情”[①]。他的这种审美追求，同他的思想修养密切相关，他对党的事业，对人民广播事业赤胆忠心，具有高度的使命感和责任感，所以他在播音创作中，具有一片赤子之情，他的播音总是给人以现场感、形象感、真实性和可信性。

四、业务条件

这里主要是指嗓音条件和形象特征。前面已论述过，一人一面，一人一声，形象的不同，嗓音的各异，为播音主持风格的形成确定了

① 齐越谈话录。

前提和条件。夏青的庄重，通过他浑厚的声音体现出来；葛兰的清新，通过她明快的声音表现出来；刘佳的大方，通过她端庄的形象体现出来；沈力的平易，通过她和蔼的面容表现出来。由此可见，每个人的声音、形象条件是形成不同风格的基础。当然，这种条件只有和感情结合起来，才能具有生命力和表现力，离开了感受、感情，它只能是一个空壳。

第三节　创作实践

创作实践包括两个方面，一个是生活实践，一个是业务创作实践。生活实践和自身素质的提高，在第十四章展开论述。本节仅就业务实践方面进行探讨。

一、播音主持风格在实践的基础上形成

播音主持是一项实践性很强的艺术创作活动。播音主持创作规律的认识、创作工具的掌握、创作技巧的运用等都要在播音主持实践中进行。主客观两方面因素的有机统一，包括审美理想的实现等也都要在播音主持实践的基础上落实。没有实践这个基础，再好的审美追求、创作理想也不会化为现实。没有实践基础，多么高超的播音主持技巧也只能是纸上谈兵。所以，同其他许多艺术风格的形成规律一样，播音主持风格的形成基础也是实践。

二、播音主持创作实践是一个长期艰苦的过程

风格的形成不是一朝一夕的事，是一个长期的艰苦的不断实践的过程，也是一个反复实践的过程。播音主持创作规律的认识，创作手段的掌握也有一个反复摸索的过程。尤其是语言和声音的锤炼、形象的塑造更需要长期艰苦的实践。要想取得质的飞跃、美的实现，必然要经过量的积累，而这量的积累过程，需要付出大量的心血汗水。

三、主动自觉地加强播音主持实践

播音主持风格的形成需要进行大量艰苦的实践，但这实践不应只

是被动的。播音员、主持人应该在实践中发挥主观能动性，自觉主动地加强实践。第一，主动地加强实践，包括加强实践的强度、力度、宽度、深度，增加实践的数量，提高实践的质量。第二，在实践的过程中，注意发挥主观能动性，体现出创作主体在主客观因素统一过程中的重要作用。比如，时代是播音主持风格形成的重要的客观因素。播音员、主持人首先应正确认识并正视这一客观现实的存在。每个人都不可能超越自己所处的时代，不管播音员、主持人自己承认与否，其播音主持个性中都不可避免地体现出时代特色。作为播音主持创造者，不应只是消极被动地接受时代的影响，而应主动研究并抓住时代的本质特征，主动地汲取时代精神所给予的营养，迎接时代挑战，展示时代风貌。当今的时代特征，是政治、经济、文化、科技等多种范畴意义的综合体现，播音主持要体现这一时代风貌，不能仅仅以为加快播音主持语言的速度和节奏就是体现时代风格了，而应综合考虑，把握本质。第三，主客观多种因素在实践中的把握应是联系时代的，综合的。比如在把握风格民族化这一因素时，只有注意联系时代，在强烈的时代气息的感召下，民族特色才能更富有活力，更具有新鲜感，更能体现自身的特点。主客观因素在实践中还应是综合统一的。其中包括主动适应客观因素之间的相互关系，主动把握主观因素之间的相互作用，使主客观因素在实践中得以优化、统一。第四，主客观因素在实践中把握应是辩证的。比如，对声音这个创作手段的认识和把握，不能仅限于宽音大嗓才能够形成庄重大方的风格，林如是"小嗓门儿"，仍然表现出了庄重大方的风格特征。揭示庄重大方的角度应是无限丰富的，关键是创作主体要发挥主观能动性，寻找到最佳切入点。树立辩证的观点，就会使实践的途径无限广阔。

四、正确认识播音主持创作过程中的模仿学习

一些初学者，为了学习播音主持，往往模仿电台电视台著名播音员和节目主持人。怎样看待模仿？这里有一个对模仿概念的认识，模仿度的把握。第一，初学者为了学习播音，往往下意识模仿优秀的播音创作。这种模仿，要从广义上去认识，从学习中去把握。第二，这

种模仿应掌握一个度。一个是时间上的度，限于初学阶段；一个是数量上的度，模仿学习积累到一定量即可；一个是分寸上的度，模仿不应仅仅理解为原原本本地照搬照抄，模仿样板的影响要控制在一定的数量和范围内，要逐步学会发掘自己的长处，培育自己的特点。第三，反对机械模仿。机械模仿就是仅从声音和形象上去照搬照抄。有的人捏着嗓子去仿照他喜欢的播音员的嗓音，有的人修眉画眼，去按他喜欢的主持人的形象去装扮。这种模仿，毫无学习的意义，只能是抹杀了自身的个性，还会损坏自己的嗓音，扭曲自身的形象。这样的模仿，背离了学习的初衷，是不可取的。第四，模仿的目的是学习。模仿的目的，是在学习实践的过程中不断地发现自我，创造自我，学人之本，扬己之长，走自己的路，形成自己的播音主持创作个性和风格。

思考题

1. 播音主持风格形成的主客观原因是什么？
2. 为什么要强调创作实践对播音主持风格形成的重要作用？

第十四章　素质和修养

内容提要

播音主持是一项创造性的活动，这就要求作为创作主体的播音员、主持人必须具备一定的创作能力。这种能力的获得，一方面靠播音员、主持人素质中先天的成分，更多的则是通过播音员、主持人加强各方面的修养，提高自己的综合素质获得的。根据播音主持创作活动的特点，播音员、主持人素质的提高和修养的加强可以从政治素养、文化素养、业务素养等方面进行。

第一节　素养的构成

这里的素养构成，就是指播音员、主持人素质和修养是由哪些内容组成的。

“人的素质就是人在质的方面的物质要素和精神要素的总和。”“人的个体素质主要指先天素质、生理素质、心理素质、政治素质和文化素质等，它是个体人的体质、性格、气质、能力、知识、品质等各种要素的综合。”[①]一个人的素质构成，从具备和获得方面可分为天赋素质（如天生的聪颖、敏锐或愚钝、迟滞、果敢等）和获得素质（如经过后天的学习、训练获得的智力、体力、德力等）。从表现形式上看，有基础素质（包括生理、生活、劳动、思维的能力），有专项素质和岗位素质等。

---

① 张颂：《播音语言通论》，北京广播学院出版社1994年版，第184页。

修养，是指一个人在理论、知识、思想、政治、道德、艺术、技能等方面经过长期锻炼、积累所达到的一定水平。

播音员、主持人的素养，既有广播电视传播者的共同特点，又有播音主持专业自身的特征。其素养应是综合的、客观的、具体的，播音员、主持人的素养既有自然属性的成分，如先天生理方面的构成要素，像神经系统、感觉器官、嗓音、相貌上的条件；更有社会属性的内容，如后天在社会生活、社会实践过程中的养成和习得。其中，社会属性的内容是主要的，素质和修养的加强，主要是指这方面。

播音员、主持人的素养主要包括政治、思想、文化、知识、专业技能、职业道德等方面，也可概括为政治素养、文化素养、业务素养等。

政治素养，主要表现为政治理论、政治立场、政策观念和政治作风。播音员、主持人应在思想上、政治上、宣传内容上与党中央保持一致，在播音主持中坚持党性原则，贯彻全心全意为人民服务的宗旨，在播音主持宣传中体现出政治智慧、政治预见和政治坚定性。政治素养还要求播音员、主持人应具有良好的人品素质和职业道德。人品素质“是指位于人民信得过的信息传播者和代言人地位的广播电视传播者，为人要光明磊落，胸怀坦荡”[①]。其人格应正直、忠诚，其性格应机敏、热忱，其行为应能自控、自导，其作风应团结奋进、求实创新，其职业道德应体现为恪尽职守、廉洁公正、遵纪守法、勇于奉献。

文化素养，指对知识、信息的了解和掌握，以及文化资源的储备、文化底蕴的不断加强、文化水平的不断提高。

专业素养，主要体现在对专业技能的把握和运用上，包括语音、声音、形象、表达技巧以及驾驭节目的能力等业务实践的各个方面。

第二节　素养的内容

一、增强政策观念，提高政治水平

播音员、主持人每天都在宣传党的路线、方针、政策，传达国内

① 阎玉：《中国广播电视学》，中国广播电视出版社1990年版，第672页。

外发生的各种信息。播音主持创作是一项创造性的新闻实践活动。这就要求播音员、主持人应具有较高的政治水平和思想修养，较强的政策观念和新闻敏感。政治水平、思想修养、政策观念、新闻敏感，作用于整个播音主持创作活动，决定着全部播音主持技巧的运用，是播音主持创作成败与否的关键。

要加强这方面的修养，首先就要加强马克思主义理论的学习，树立辩证唯物主义的世界观，掌握科学的方法论。马克思主义理论，是我们党制定路线、方针、政策的理论基础，是我们认识和分析客观现实和新闻事实的指导思想。所以，只有加强马克思主义理论的学习，才能深入地领会、准确地宣传党的路线、方针、政策，才能全面地理解、正确地报道新闻事实。学习马克思主义理论，关键是要树立正确的世界观，掌握科学的方法论，从而指导播音主持创作实践。其中的核心，就是要运用辩证唯物主义和历史唯物主义的观点指导播音主持创作。比如，电台报道某某地方降了陨石雨，或报道一些未被揭示的宇宙天体的自然现象，有的播音员、主持人一见到这样的报道，就以神秘、奇特的语气和感情基调去播。而著名播音员夏青则认为，要对其进行历史的思辨。他说，历史唯物主义认为，世界上存在奇怪现象并不奇怪，没有奇怪现象反而奇怪了。所以播这样的消息，不必以过于神秘奇怪的语气去播，因为，目前出现的这种现象，虽然暂时解释不了，但随着科学的发展，人类的进步，其奥秘终将会被揭示。人类就是在不断地揭示这些奥秘，不断地认识和改造自然、改造社会的过程中，获得不断发展和进步的。所以，夏青在播这些事件的稿件时，总是以“终将会被揭示”的充满信心的语气来播。

用辩证唯物主义的观点指导播音创作，就要本质地、联系地、发展地看问题，对稿件进行由表及里、由此及彼、由近及远的分析理解。比如新华社播发的一条消息，从文字表面上看，是24个县改市的名字，如果不进行由表及里的分析，很可能只把这些城市的名字读出完事。但是如果进一步挖掘，就可以发现记者报道这条消息的意图是通过这些具体城市的名字，宣传我国城镇化进程所取得的巨大进展，赞扬和歌颂我国改革开放所取得的成绩。这样分析理解后，才会激发起赞扬的感情和强烈的播讲愿望。再比如，播报一篇有关一位农民党员带头致富的稿件，稿件中相当一部分篇幅是写他如何致富的，只是后边一段点了他致富不忘国家和广大人民群众，拿出钱来修路。稿件本身的结构安排与致富和修路所占篇幅的比例以及记者所报道的分量不够理想，如果我们在播音时，不去认真分析，不去进行由近及远的思考，就很容易把重点放在他如何挣钱致富上。而作为播音员，要具备一定的政治思想修养，必须以发展的观点，从运动的现在看到运动的未来，重点突出他致富不忘国家和群众的精神，要认识到我们改革开放的根本目的是走共同致富的道路，共产党人更应如此。

作为播音员、主持人，在加强政治思想修养的同时，在播音主持创作中，还要通过分寸感的把握，体现出较高的处理问题的政策水平。以夏青播送毛泽东逝世的《告全党全军全国各族人民书》为例。毛泽东逝世，举国上下一片哀痛。夏青本人也沉浸在万分悲痛之中。他在中央人民广播电台四楼的播音室里接到此稿时，声泪俱下。但播出时，他立刻又意识到，毛主席是深受全党、全军、全国人民爱戴和尊敬的伟大的领袖和导师，消息传出后，必然会引起全国人民极大的悲痛。播音员的任务是，既要把这无比悲痛的消息告诉全国人民，又要让全体人民化悲痛为力量。为了准确地把握这一分寸，他进行了心态调整。他认为，“播音员不只是代表我个人，我是中国共产党的播音员，是中华人民共和国的播音员。毛主席的去世，无疑是我党、我军、我国各族人民的巨大损失，但是党还在，中华人民共和国还在，我现在是代表这个党，代表中华人民共和国，评价自己领袖的一生，评价祖国伟大儿子的光辉的一生。毛主席逝世，天安门广场下半旗默哀，红旗并没有落地，我们的党、我们的人民、我们的军队，一定会继承他的遗志，化悲痛为力量，中华人民共和国仍然巍然屹立在世界的东方。”夏青就是以这样的态度感情，播出了《告全党全军全国各族人民书》。

又比如，像这样一条消息：

新华社消息：中华人民共和国政府照会日本驻华使节，谴责日本文部省在修改教科书时篡改侵华史实，把侵略中国说成是进入中国……

一位新同志在电台播这条消息时注意到了态度要鲜明，对日本进行了强烈的谴责。夏青听完录音后，首先肯定其态度是鲜明的，但他又说，播这条消息时，既要态度、感情鲜明，不能对日本篡改侵华史实无动于衷，又不能以剑拔弩张、如临大敌之势去播。后者就是分寸过火了，失去了大国的风度。他认为，播音员播这样的消息，是代表我国政府发言，通过播音员的声音体现出来的态度、感情，不光是反映我国的立场，也体现我国的风度和气度。我国在国际事务中，不光要处理同日本文部省的关系，还要处理同中日友好协会的关系；不光是要处理同日本的关系，还要处理同美国、同苏联的关系，同欧共体和第三世界的关系；不光处理外交关系，还要处理经济、政治、文化、科技、体育等各个方面的关系。中国是一个大国，遇事沉着稳健，任凭风浪起，稳坐钓鱼船。中国政府处理这件事时，既认真对待，又游刃有余。所以，如果按那种“如临大敌、剑拔弩张”的态度播出稿件，会让人感到中国政府全力对付日本修改教科书这件事，甚至其他一切都不顾了，这样就没有反映好我国政府的形象。夏青在示范播音时，既有明确的观点和感情，又以稳重坦然的态度表达。为了显示这条消息的分量，他语速稍慢，声调不高，声音不飘，句首出口稳健。他只将“照会”二字上扬加重，予以突出，其余所有语句并未追求表面的严厉，听去只是摆事实讲道理的语气，这样既表达出了分量，又把握住了分寸，虽未有表面形式的“剑拔弩张”，却给人以内在的威慑力。

由于播音主持工作政策性强，所以播音员、主持人就必须加强对时事政治和政策的了解和学习。如果不了解当前经济改革的有关政策，就很难播好这方面的消息。如果不了解时事，也就很难准确地把握各种事件报道的态度。由于事件的多样性，由于政策的连续性、综合性，我们对事件和政策的了解和掌握，也应该是全面的、深入的。例如，一位新同志在电台播“新闻和通讯”节目。他拿到一篇稿子，题目是《市长爱鸟》，找林如辅导。稿件反映了陕西省某市一位副市长亲自登门拜访，表扬一位七旬老人牺牲自己利益保护国家珍稀鸟类的事迹。这位老人家院子里有一棵大树，他原打算用这树木做寿棺，可是看到这树是鸟群的栖息处，就一直没锯掉。后来市长知道后，表扬这位老人为保护国家野生动物所做的贡献，并当场决定，由市里出钱给他买木料备寿棺。林如看了稿子后马上就提出，这篇稿件只注意了宣传国家保护野生动物的有关规定，但忽视了实行火葬是殡葬改革方向的有关政策规定，从而把住了播出的最后一关。由此可见，对国家政策的全面把握，是播音员、主持人政治修养的一项重要内容。

加强政治修养，始终不渝地加强党性锻炼，坚持坚定正确的政治方向，树立牢固的事业心和高度责任感，是培养党和人民可以信赖的合格的广播电视工作者的根本保证。

二、扩大知识结构，提高文化素质

提高文化素质，扩大知识结构，既是客观形势的要求，又是播音主持队伍素质现状的需要。

从客观上讲，当今社会，是信息的社会；当今时代，是知识爆炸的时代。广播电视，是信息的集散地、知识的汇集处、社会的联结点，这就要求广播电视从业人员必须具备较高的文化水平、较宽的知识面。播音主持工作又是电台、电视台各个节目传播的综合，要求播音员、主持人有较宽的知识面。播音员、主持人每天播送的稿件，古今中外、天文地理、人文自然，无所不包，只有具备较高的文化知识水平，才能对稿件深入地理解感受。播音主持创作活动自身，也是一项复杂的系统工程，播音主持创作的时间又很紧迫，播音主持学科还具有边缘性，因此，作为创作主体的播音员、主持人，只有具备较高的文化素质，才能把握其创作规律，完成这一创造性的工作。

从播音主持队伍和播音主持创作的实际情况来看，许多台站的播音员、主持人文化水平还不高。在播音主持中，由于其文化水平低下和知识面不宽而造成的差错屡见不鲜。比如，由于数学知识缺乏，把"勾三、股四、弦五"，播成"勾三股，四弦五"；由于近代史知识匮乏，把"五卅运动"，播成"五州运动"；由于文学知识贫乏，把"捉放曹"播成"提放曹"[①]；由于音乐知识缺乏，把"春江花月夜"播成"夜月花江春"（当唱片转动时看着唱片上的曲名读的），等等。

① 李越：《播音导论》，北京广播学院出版社1992年版，第83页。

由于知识贫乏所造成的差错，在实际播音主持中经常发生。这里有以上说的播错字句的，也有虽然字句未错，但感情表达不准的。比如，一位地方台的新播音员，给夏青试朗诵毛主席诗词《七律·长征》。其中“金沙水拍云崖暖，大渡桥横铁索寒”两句，他都用喜悦的感情、高昂的语调念出来了。夏青听了后，给他讲了我们红军是巧渡金沙江，强渡大渡河，在渡大渡河时牺牲了不少红军战士，毛主席用一个“寒”字以显示战事之艰苦，以悼念牺牲的烈士。夏青说，如果你有了这个历史知识，了解了强渡大渡河战事，才能体会到主席用一个“寒”字来悼念牺牲的红军战士的感情，在感情表达时，就自然不会盲目地以兴奋喜悦的心情去高喊这一句了，而是应该和前一句形成鲜明对照：“金沙水拍云崖暖”，以上扬喜悦的心情突出“暖”字；“大渡桥横铁索寒”，以深沉内在的感情体现“寒”字。

一篇稿子，有时甚至是一个字、一句话，要想表达准确，都必须有深厚的知识积累作为支撑。比如，1982 年夏青应邀给北京广播学院播音系的学生辅导新闻播音。其中有一条是他播过的我国领导人会见一个第三世界国家的领导人维埃拉总统的消息。在试播中很多同学都把其中我国领导人讲的两句话作为重点，加重强调突出，即：“要警惕有人插手你们的事务，搞小动作。”“中国人说话是算数的。”夏青认为，“要警惕有人插手你们的事务，搞小动作”这句话，点到为止，不必突出，因为谈话的人是我国领导人，谈话的对象也是一个国家的总统，只要你一点，人家就会理解。第二句“中国人说话是算数的”，夏青认为应该把它作为重点予以突出，但突出时并不是趾高气扬地“拍胸脯”。夏青播这句话，语调并不高，他的语言表达稳重扎实，以诚恳的态度、令人信服的语言，向第三世界国家表明了我们将一如既往地发展同他们的友好关系以及对他们进行援助的态度。夏青说，这句话不要拔高，要播得扎实，要播出分量，这就要对它进行历史的思考。他说：在中国近代史上，英帝国主义侵略我国，杀我同胞，占我国土，似乎不可一世，我三元里人民一挥而起，说抗英就抗英，杀他个人仰马翻，中国人说话是算数的。抗日战争时期，日本帝国主义大举进犯我国，侵占了我半壁河山，他们实行“烧光、杀光、抢光”的“三光”政策，一时间，神州大地，满目焦土，遍地火光；一时间"恐日症"和"亡国论"在一些地方流行，中国共产党领导中国人民说起来抗日，就起来抗日，他们用血肉筑起了新的长城，不怕牺牲，英勇奋战，终于打败了日本帝国主义，中国人说话是算数的。解放战争时期，蒋介石破坏和谈，国共两党谈判失败，有人想以长江为界，毛主席一声令下，"宜将剩勇追穷寇"，打到南京去，百万雄师过大江，解放了全中国，中国共产党人说话是算数的。1950年，美帝国主义把战火烧到鸭绿江边，有人说，中国刚解放，国内百废待兴，无力出兵再战，党中央、毛主席经过深思熟虑，决定抗美援朝，于是，中国人民志愿军雄赳赳、气昂昂跨过鸭绿江，与朝鲜人民一起，打败了美帝国主义及其一切走狗，中国人说话是算数的。基于这样的内心依据，夏青出口播这句话，必定是内涵丰富，充满自信，稳健扎实的，它仿佛是史学家在对历史进行考证后所得出的令人无可置疑的答案：今天，中国人说话仍然是算数的。过去我们说过第三世界是我们的朋友，我们也是第三世界，我们首先要和第三世界发展关系，今后我们将一如既往同第三世界的朋友发展关系，可见，没有党史和革命史知识，是很难播好这一句的。

增强文化素质，增加知识结构，对于播音员、主持人来说，就得学习、学习、再学习，刻苦地学习，不断地学习。要组织系统的培训，进修学习各种文化课；要在工作中向稿件学习，通过各方面稿件了解掌握信息，学习积累知识。

由于播音主持学科的边缘性，要增加学习的广度，政治、新闻、传播、语言、文学、史地、心理、美学、社会学以及自然科学等所有知识都要学；由于播音主持创作的特殊性，还要强调学习的深度，对于直接作用于播音创作的新闻、语言、艺术、传播等，还要进行深入的研究。

三、加强专业修养，提高业务能力

专业修养是播音员、主持人修养中最直接的一环。播音员、主持人的专业修养，是指其从事播音主持创作所必需的关于创作规律性的知识，以及业务能力的培养、锻炼、积累和掌握。

从事播音主持创作活动所依据的各个要素，包括传播工具、传播内容、传播方式、表达手段、语言样式、受众心理等，都对播音主持创作者的能力和水平提出了要求，都从不同的方面规定着播音员、主持人专业修养的内涵和特点。

从播音主持创作的规律和特点看，播音员、主持人的专业修养至少应该由这样几个方面组成：理解感受能力的培养，语言表达能力的锻炼，生活实践的积累，姊妹艺术的借鉴。

（一）理解感受能力的培养

任何艺术家的艺术修养，都包括一定的感受能力，播音员、主持人作为语言艺术工作者也不例外。同时，由于播音主持学科的边缘性、播音主持创作内容的多样性、播音主持创作所具有的二度性，决定了播音员、主持人理解感受能力的培养尤为重要。播音员、主持人每天要播大量的各种类型的稿件，尤其是大量的政策性很强的新闻稿件，如果没有深入理解的能力，是难以吃透其精神实质，把握好稿件的。播音员、主持人在播音主持时，看到的是一个个方块字，他只有把这些文字通过自己的感受理解，还原到文字所反映的客观现实自身，才能真正地理解和表达好。这就需要播音员、主持人平时注意培养自己的观察力、分析力，同时注重形象思维能力和逻辑思维能力的锻炼和提高，以培养自身的理解和感受力。

（二）语言表达能力的锻炼

语言表达能力，应包括语言基本功（发声、内外部技巧）的训练，以及对语言的组织结构能力、即兴表达能力和副语言表现力的培养和锻炼。

语言基本功的训练，是语言表达能力培养的最基本的一环，无论什么时候都不能放松。播音员、主持人是以语言作为最基本的创作工具进行创作的。良好的声音状态是播音主持创作成功的最基本的保证。而要获得良好的声音，必须进行长期的、艰苦的声音训练。由于声音训练不能一劳永逸，今天获得了好的声音状态，明天不练，就没有了，所以必须播到老，练到老。语言内外部技巧，是语言表达的基础，也必须经常练，无论是什么文体的播音，都离不开它。当然，基本功的训练，既要把握基本的共同的训练规律，又要根据每个人发声器官不同的生理构造特征和心理特征，实施不同的训练方法，切忌相互模仿，千人一腔。

广播、电视、网络等媒介的不同播音主持创作形式的出现，使得口头报道、现场采访等语言能力的训练，语言结构和组织能力的培训，即兴表达和副语言表现能力的培养和锻炼，也必然纳入语言表达能力训练的范畴。在这方面，播音员、主持人应着重训练其适应力、应变力、敏捷反应力，其核心是训练思维和组织语言的能力。副语言的训练，一要训练形象形体；二要训练同传播媒介的配合；三要注意基本的规范要求，培养可视性；四要加强自身思想文化素质的提高，注重气质的培养，增强可信性。

语言和副语言的训练，还应注意研究受众心理、接受方式等制约因素，以增强语言表达的针对性和感染力。

（三）生活实践的积累

丰富的生活实践，是播音主持创作取得成功的基石。这一点已被许多著名播音员、主持人优秀的播音主持创作证实。

播音主持作品的内容来自于现实生活，其反映生活之广之深，是其他一些艺术难以比拟的。要理解作品的内容，创作者必须要有多方面的深入的生活实践。

播音主持创作要有感受，要引向情感，真实的感受和情感也只有在生活实践中才能获得。

调动感情要靠想象和联想，而想象和联想又必须以深厚的生活实践为根基。

生活实践的积累，在专业修养中占有举足轻重的地位。在进行生活实践的过程中，要注意深入进去，认真体验，多方面地观察和思考，这样才能使实践的质量提高。同时，还要注意把生活实践同业务实践紧密联系起来，这样才能使得生活实践与业务实践相互促进，真正有利于播音主持创作。

（四）姊妹艺术的借鉴

各门艺术之间有许多相通之处，由于播音主持艺术尚年轻，在播音主持业务的修养中，借鉴其他姊妹艺术便显得尤为必要。

播音主持属语言艺术，包括语言和副语言的表达运用。电影、戏剧、歌唱、朗诵等艺术在语言运用和声音训练上都有了一套成熟的经验，在语言表达上也都有了一套完整的理论，这些经验和理论的学习，有助于播音发声和语言技巧的训练。当然，这种学习和借鉴要注意为我所用，不能照搬照抄。

除了借鉴电影、戏剧、歌唱、朗诵等与播音主持相近的艺术外，还可以博采众家，借鉴音乐、美术、舞蹈、雕塑等艺术，这其中的许多表现方式在深层次上也都与播音主持表达技巧有相通之处。

思考题

1. 播音员、主持人的修养包括哪几个方面？
2. 联系实际谈谈如何加强播音员、主持人的自身修养。

第十五章　播音主持事业发展概说（上）

内容提要

本章论述了新中国成立以前的广播播音，重点论述了解放区人民广播的播音，即人民广播播音形成的基础，尤其是语文基础和广播基础；论述了解放区播音的生成期、雏形期、形成期。

第一节　人民广播播音形成的基础

一、语文基础

人民广播播音的形成，直接受语言文化的影响。这里主要从在语言方面直接影响广播播音的我国近代史上的汉语拼音运动、白话文运动和国语运动等方面论述。

（一）汉语拼音运动、白话文运动、国语运动

1. 汉语拼音运动

中国历史上早期是用汉字注音，如直音、反切等方法。直音法盛行于汉代，是用一个比较容易认识的字来标注跟它同音的字。反切法流行于东汉末年，盛行于唐宋各代，指用两个字来注另一个字的音。

中国历史上的汉字注音，除了中国人自己创造的直音、反切法外，还有外国人拟制的一些汉语拼音方案，较为有影响的是“利、金方案”和“威妥玛式”方案。“利、金方案”是指明朝末年意大利人利玛窦

（Matteo Ricci）[①]和法国人金尼阁（Nicolas Trigault）[②]研制的汉语拼音方案。“利、金方案”促进了中国传统音韵学研究方法的革新。此方案以“官话读书音”为标准而定，适合拼写北京音。“威妥玛式”方案是英国人威妥玛（Thomas F.Wade）[③]研制的。他于1867年出版的一部官话课本《语言自迩集》，成为当时音译中国地名、人名和事物名称的通用标准。

此外，汉语拼音运动还包括以下事件：

（1）清朝末年的切音字运动。[④]切音字运动是指1892年至1911年的拼音字母运动，这是在当时维新改良主义思潮影响下形成的。卢戆章[⑤]1892年写成第一个中国人自己创制的字母式的拼音文字方案《一目了然》（中国切音新字厦腔）。卢戆章认为，此方案男女老幼皆好学，字话一律，字话简便，便于学习推广。

（2）民国初年的注音字母运动。注音字母运动是切音字运动的继续。所不同的是，此时注音字母已经不是个人方案，而是在政府领导下制订的集体方案。

（3）五四时期的国语罗马字运动。国语罗马字是五四新文化运动的产物。1915年陈独秀创办《新青年》杂志，提倡白话文，反对文言文；提倡新文学，反对旧文学，并在“文学革命”口号的影响下，展开了汉字改革的讨论，提出了“汉字革命”的口号。陈独秀、胡适等

① 利玛窦（Matteo Ricci），意大利人，天主教耶稣会传教士。1583年来到中国，1605年（明朝万历三十三年）在北京出版了《西字奇迹》一书，内有《信而步海，疑而即沉》等四篇文章。罗常培根据文章的汉字与拉丁文对照的译文，整理出一个包括26个声母和44个韵母的汉语拼音方案。（详见倪海曙：《中国拼音文字运动史简编》，时代书报出版社1948年版）。

② 金尼阁（Nicolas Trigault），法国人，耶稣会传教士，1610年来到中国。他在杭州出版了《西儒耳目资》。这是一部最早用音素字母给汉字注音的字汇。他的拼音方案是在利玛窦方案的基础上修改形成的，人称“利、金方案”。（详见倪海曙：《中国拼音文字运动史简编》，时代书报出版社1948年版）。

③ 威妥玛（又译伟德，Thomas F.Wade），英国驻中国使馆的中文秘书。1867年，出版一部京音官话课本《语言自迩集》。起初是作为使馆人员学习汉语的注音工具，后来，由于其方案接近英文，扩大了用途，成为音译中国地名、人名和事物名称的通用标准。不但外国人用它，中国对外出版物上的汉语译音也用它。直到1977年联合国第三届地名标准化会议通过采用《汉语拼音方案》作为中国地名罗马字拼法的国际标准时，威妥玛式方案才停止使用。

④ 切音字运动是指1892年至1911年的拼音字母运动。这正是中日甲午战争和变法维新运动的时期。当时爱国知识分子为变法图强，普及教育，培养人才，克服繁难汉字之障碍而兴起此运动。1891年宋恕在《六斋卑议》中首先提出“须造切音文字”的主张。

⑤ 卢戆章（1854—1928），字雪樵，福建同安县古庄乡人。

人都赞同用罗马字母拼写汉语。五四运动后，汉字改革讨论越来越深入。钱玄同、黎锦熙、赵元任等都发表了长篇论文，为制定国语罗马字和开展国语罗马字运动在理论和技术上打下了基础。赵元任发表《国语罗马字母的研究》，提出详细的"国语罗马字的草稿"[①]。这个"草稿"为后来拟订国语罗马字方案提供了基础。蔡元培在《汉字改革说》一文中也主张采用拉丁字母（罗马字母），从此，汉字改革的主流也由汉字笔画式逐渐变为拉丁字母式。此后，国语罗马字拼音委员会成立。1928 年 9 月，大学院院长蔡元培正式公布《国语罗马字拼音法式》，以便注音之用，实为统一国语。

（4）30 年代开始的拉丁化新文字运动。拉丁化新文字运动是中国共产党继承五四时期文字改革的拉丁化方向，受苏联少数民族文字拉丁化运动的启发而兴起的。发起人是旅苏的中国共产党人瞿秋白、吴玉章、林伯渠、肖三、王湘宝等。拉丁化新文字具有不标声调、分词连写、简单易学等特点，所以具有广泛的群众性。

1933 年拉丁化新文字传到国内，1934 年，张庚、叶籁士等发表文章，详细介绍拉丁化新文字运动的情况。蔡元培、鲁迅、郭沫若、茅盾等坚决支持拉丁化新文字运动，1935 年他们联名 688 人提出《我们对推行新文字的意见》。意见书中提出要使这种北方话的新文字方案，成为推进大众和民族解放运动的重要工具。抗日战争期间，上海是拉丁化新文字运动的中心。上海新文字研究会广泛组织培训、研究。

以延安为中心的陕甘宁边区，在中国共产党的领导下，新文字得到了边区民主政府的重视和广大人民的拥护。1938 年 1 月，延安边区新文字促进会成立，出版新文字刊物，举办讲习班。边区教育厅负责人徐特立亲自编写新文字课本并亲自授课。1938 年冬，延安普遍设立"新文字冬学"。1940 年 1 月，毛泽东发表《新民主主义论》，指出文字必须在一定条件下加以改革，言语必须接近民众。接着，吴玉章撰

① 赵元任提出的此方案的特点是限用 26 个拉丁字母，声调用字母拼法上的变化表示。此文还提出了 25 条"范式拟国语罗马字的应该注意的原则。"

文《文学革命与文字革命》《新文字运动与新文化运动》，论述了文字产生的历史及其发展规律，指出汉字改革必须走拉丁化、国际化的道路；同时指出，制订拼音方案必须尊重语言的科学性、逻辑性、历史性。1940年11月，延安筹建陕甘宁边区新文字协会，发表了《延安筹建陕甘宁边区新文字协会成立缘起》[①]，分析了五四新文化运动以来的20年间，中国广大人民的文化水平仍然很落后的原因之一是未进行新文字教育，指出："目前我们要做到的便是利用新文字来教育文盲，使他们最短时间可以用新文字学习政治与科学。"[②]1940年11月7日，陕甘宁边区新文字协会在延安中央礼堂召开成立大会。同年12月25日，边区政府颁发了《关于推行新文字的决定》[③]。1941年5月1日，中国共产党边区中央局发布新施政纲领，其中第14条规定："要使得人民人人都识字，就必须积极推行边区过去消灭文盲的办法，就必须大力的推行新文字。"1941年12月7日—9日，陕甘宁边区新文字协会在延安召开了第一届年会。吴玉章在会上作了文字在切实推行中的经验和教训的报告。

新文字在晋察冀、鲁中南、苏北等地的解放区也得到了积极推行。1941年1月，中共中央华中局书记刘少奇写信支持苏北开展的新文字运动[④]。新文字在新四军、八路军中也得到了推行。1937年，新四军军部成立，军长叶挺重视战士的文化教育，要求部队的文化工作者用新文字在战士中开展识字教育。

1945年9月，上海《时代周刊》副刊《语文周报》创刊，先后发表了周建人、吕叔湘、郭绍虞、倪海曙等人宣传使用拼音文字优越性

① 在《缘起》署名的发起人有：林伯渠、吴玉章、董必武、徐特立、谢觉哉、罗迈（李维汉）、艾思奇、茅盾、周扬、肖三、丁玲、胡乔木等99人。署名赞助人有：毛泽东、朱德、王明、洛甫、王稼祥、邓发、任弼时、李富春、高岗、肖劲光、王震、张鼎丞、范文澜等52人。

② 详见王均：《当代中国的文字改革》，当代中国出版社1995年版，第29、32、34页。

③ 《关于推行新文字的决定》规定：（1）从1941年1月1日起，新文字与汉字有同样法律地位；（2）从1941年1月1日起，一切上下公文、买卖账目、文书单据等，用新文字写与用汉字写同样有效；（3）从1941年1月1日起，政府的一切法令、公文、布告，一律新文字与汉字并用。

④ 刘少奇写给苏北地区"拉丁化播种队"队长张雁的信。见王均：《当代中国的文字改革》，当代中国出版社1995年版，第34页。

和必要性的文章。1946 年 7 月，《语文周报》发出 200 封信，征求各界对中国文字拼音化意见，80%的人赞成拉丁化新文字方案。1947 年 3 月 2 日，支持新文字运动的中国语言学会在上海成立。[①]1949 年春，倪海曙编辑的《中国语文的新生——拉丁化中国字二十年论文集》在上海出版。吴玉章的《新文字与新文化运动》在北平华北大学重印。1949 年 7 月，周建人、陈望道、倪海曙等 68 人在第一届中华全国文学艺术工作者代表大会上提出了一个关于推行拉丁化新文字的提案，要求文艺作品语言口语化。随着新中国的诞生，为使文盲占大多数的人民群众迅速掌握文化知识，普及基础教育，汉字改革即拼音化问题也提到了新中国的议事日程。

2．白话文运动

白话文是一种民间文学的文体，它和古代正统的古文文体——文言文相对立。白话文的历史，可追溯到唐宋年间。明代文学复古运动抬头，使白话文发展受阻。清朝继承了明朝“复古”传统，白话文仍不受重视。直到五四时期，白话文运动才真正兴起。

1917 年，胡适和陈独秀先后在《新青年》上发表文章[②]，明确主张用白话文代替文言文，认为白话文学是中国文学的正宗。胡适、陈独秀的主张，得到了钱玄同、刘半农（刘复）等人的赞同和响应。提倡白话文，反对文言文，逐渐形成了一个群众性的白话文运动，《新青年》等许多刊物改用白话文或刊登白话文。1919 年，国语统一筹备会召开第一次大会，刘复、周作人、胡适、钱玄同等人提出《国语统一进行方法》的议案，其中提出改编小学课本，主张把国文课本改为国语课本，使国民学校全用国语，不杂文言。经多方努力，1920 年 1 月，教育部训令全国国民学校先将一、二年级国文改为语体文。同年 4 月又明令各科教科书改用语体文。五四时期白话文运动取得显著成果，促进了新文学运动、国语统一运动和汉字改革运

① 叶圣陶、陈望道、章锡琛、郭绍虞、周予同、方光焘、魏建功等 7 人任学会理事，郭沫若、郑振铎、马叙伦等三人任监事。

② 1917 年 1 月，胡适在《新青年》第 2 卷第 5 号上发表《文学改良刍议》，提出改良应从“八事”入手。1917 年 2 月，陈独秀在《新青年》第 2 卷第 6 号上发表《文学革命论》，提出文学革命的三大主义。

动的发展。

五四时期白话文运动，确实使文学向人民大众大大地靠近了一步，但到了30年代，白话文出现了两种偏向：一是过于欧化；一是半文半白，老百姓看不懂，脱离群众。针对这种情况，1934年6月，上海文化界由陈望道、胡愈之等人发起了大众语运动，提出清算文腔白话和欧化白话，提倡“大众说得出，听得懂，写得顺手，看得明白”[①]的大众语。大众语运动是白话文运动在30年代的进一步发展。

3．国语运动（普通话的形成）

（1）汉民族共同语的形成

普通话是现代汉民族的共同语。我国古代汉族人民也有共同语，但当时不叫普通话。自春秋战国以来，共同语经历了由“雅语”、“官语”、“国语”到普通话的过程。在社会生产实践活动中，随着社会经济的发展，人们为了交际，就需要有一种通用的民族共同语言。民族共同语言是在一种方言的基础上形成的，正如马克思指出的：“方言经过经济集中和政治集中而成为一个统一的民族方言。”[②]汉民族共同语言的形成也正是经历了这样一个过程。中国古代汉民族的经济政治中心是北方的中原地区，所以汉民族共同语就以中原地区的方言作为基础，以王朝京城所在地区的地方话作为语音标准，比如先秦时期以“成周”（洛阳）方言为基础的“雅言”。“雅言”就是共同的标准语。到了秦和西汉时期，共同语叫“通语”。魏晋后到唐宋，产生了大量的韵书。[③]“韵书的作用就在于‘正音’。从现存的《切韵》《广韵》来看，中古时期的汉民族共同语又有所发展，而且也是有标准、有规范的。”[④]东汉时的洛阳话、唐代的长安话、宋代的汴梁话等，都曾先后成为汉民族的共同语，然而由于其主要通行于官僚士大夫圈子里，有很大的局限性。唐宋时代，产生了白话。白话是在北方方言基础上形成的，这便

① 陈望道：《关于大众语文学的建议》，载《陈望道文集》第三卷，上海人民出版社1981年版，第74页。

② 《马克思恩格斯全集》第3卷，人民出版社1960年版，第500页。

③ 主要韵书有：魏李登的《声类》、晋吕静的《韵集》、梁沈约的《回声谱》、隋陆法言的《切韵》、唐孙愐的《唐韵》，宋陈彭年、邱雍等的《广韵》等。

④ 唐作藩：《普通话语音史话》，语文出版社2000年版，第1、2页。

推广了北方话。金、元、明、清四代，除明初短时期建都金陵（南京）外，其他时期都建都北京。作为经济、政治、文化的中心，北京话影响逐渐加大，并作为通用语言传播到全国各地，成为“官话”。“官话”也就逐渐成为各方言区之间使用的“共同语”。同时，白话文学作品也更多地接受了北京话的影响，这样，北京话就为民族共同语的标准音打下了坚实的基础。

（2）清末对“官话”的提倡

汉字改革和汉语统一运动是紧密相连的。清末切音字方案中，拼写“官话音”的方案最多。卢戆章最早提出把“南京话”作为“各省之正音”，后来他又同意改为用“京音官话”作为“通行国语”。王照坚决主张用“京话”（北京官话）作为共同语。他在《挽吴汝纶文》中指出了“以字母传国语为普通教育之要原”，提出了“国语”的概念。他指的“国语”和“官话”意义是相同的。王照的论述，实际上是主张推广以北方话为基础语言，以北京话音为标准音的汉民族共同语。朱文熊是最早使用“普通话”一词的，他指的普通话是“各省通行之话”。1910 年，资政院议员江谦等联名提出把官话正名为国语。1911 年，清朝学部召开中央教育会议，通过了《统一国语办法案》。

（3）民国初年的读音统一会

1913 年，读音统一会召开，议定 6 500 个汉字的国定音标，称作“国音”。当时“国语”的概念是“就国音而发”的“近文之雅语”，“一种极普通之官话”。但读音统一会只解决了“国音”问题，并没有解决推行“近文雅语”的问题。这一问题，到五四时期才解决。

（4）五四时期的国语运动

为了解决国语统一问题，1916 年 8 月，北京教育界人士 86 人组成了中华民国国语研究会。1917 年召开第一次大会，选举蔡元培为会长。研究会的宗旨是：“研究本国语言，选定标准，以备教育界之采用。”[①]1917 年，国语研究会委任黎锦熙拟订了一个《国语研究调查

① 转引自王均：《当代中国的文字改革》，当代中国出版社 1995 年版，第 49、50 页。

之进行计划书》，详尽地规定了音韵、词类、语法三个方面的调查研究计划。国语运动和白话文学运动几乎同时兴起。1918 年，胡适在《建设的文学革命论》中提出：“国语的文学，文学的国语”的宗旨。于是，国语统一运动和白话文学运动“双流合一”，蓬勃发展。1919 年 4 月 21 日，国语统一筹备会成立。五四运动之后，革命思想成为社会的主要潮流，国语和白话的推行便更加顺利。1920 年，经国语统一筹备会努力，小学“国文科”一律改为“国语科”，使国语运动进入了推行阶段。1924 年，国语统一筹备会修改了读音统一会所定的“国音”，改北京语音为标准音，促进了国语的推广。1920 年，国语统一筹备会成立了国语辞典委员会，主持辞典编纂。1932 年出版了《国语常用字汇》，1937 年出版了《国语辞典》。国语统一筹备会还主持推广国语的培训工作，成立国语讲习所，建立国语专修学校，培养培训了数千名国语教员。

（5）30 年代提倡普通话

1931 年，普通话问题提出来了。瞿秋白指出，五四以后，白话文发展出现了偏差，已成了“非驴非马”的文体。他认为，中国还需再来一次文学革命——俗语文学革命运动，要求“用现代人的普通话来写”。而现代人普通话的特点是：一是共通的，习惯上中国各地共同使用的；二是大众的，也就是“俗话”，不是“雅语”；三是现代的，多音节的，有语尾的。[①]1934 年，大众语运动兴起。经过大讨论，人们对普通话有了基本一致的认识，即普通话是以一种流行最广的方言为基础，习惯上全国各地共同使用的，大众能说得出、听得懂、写得出来的人民大众的口语，它是更具有普遍性的“国语”和更接近人民口语的白话文。随着拉丁化新文字运动的发展，随着抗日战争和解放战争的革命宣传在人民群众中的广泛展开，普通话获得了广泛的推行。

（二）语言运动对人民广播播音形成的作用

上述语文基础，即汉语拼音运动、白话文运动、国语运动的形成和发展，是研究人民广播播音形成和发展的主要基础依据之一。我国

① 转引自王均：《当代中国的文字改革》，当代中国出版社 1995 年版，第 52 页。

语言文化的积淀与上述三个运动的形成，相互呼应、合流交融、不断延伸，为人民广播播音语言规范系统中基本要素的形成提出了标准，如标准语音的确定等；为这一系统中关键要素的构成增添了活力，如大众化的口语语体形态等；为这一系统实现传播的文化背景奠定了基础，如传播者和受众通过上述三个语文运动，其现代语言文化水平都有提高，从而使传播能够变为现实。具体可以从以下几个方面理解。

1. 整个语言文化的历史积淀是现代汉语形成的基础，也是人民广播播音语言规范的根基。正是植根在中华民族文化的肥田沃土上，人民广播播音才能根深叶茂，才有语言和动力，才有基础和条件。

2. 汉语拼音运动、白话文运动、国语运动的延伸和发展，从切音到拼音、从文言到白话、从雅言到国语，虽各具特点，但又相辅相成、相互呼应、融通汇合。在形成共同语、形成普通话、形成标准音方面的异曲同工，为人民广播播音语言规范系统中的基本要素，即语音规范的确立提供了语言标准。

3. 汉语拼音运动、白话文运动、国语运动的形成和发展，为人民广播播音的形成和传播奠定了语言文化基础，培育了语文土壤。在上述语文运动发展过程中，开办、普及、推广新文字、新文化、国语教育，举办讲习所、培训班、编字典等，这些教育普及和推广运动，自然也造就了成千上万的普通话的传播者和受众，使人民广播播音的传播具有可能。

4. 白话文、大众语的推广，为人民广播播音中关键要素的确定，为通俗、简洁、明快的语体形式提供了依据，奠定了基础，注入了活力。

二、广播基础

这里主要是从旧中国广播产生和发展过程中的技术条件、节目安排、人员选拔、语言训练等方面寻找人民广播播音形成的一些因素。

（一）技术条件

20 世纪初期，无线电技术用于广播事业，随后中国境内也开始了这一事业。1923 年 1 月 23 日，美国人奥斯邦的“大陆报——中国无线电公司广播电台”开始播音，“呼号 XRO，波长 200 米，发射功率 50 瓦”。[①]这是中国境内开设的第一座广播电台。上海英文《大陆报》1923 年 1 月关于此电台的节目广告词为“八点开始有新闻、音乐、娱乐节目”。[②]1924 年 4 月，美商开洛广播公司在上海播音。1925 年 6 月，日本帝国主义占领下的台湾伪“总督府”播音室开始试播；1928 年 11 月，伪台湾广播电台在台北开始播音；1925 年 8 月 9 日，日本帝国主义占领下的大连广播电台开始播音。1926 年 10 月 1 日，哈尔滨广播无线电台开始播音。这是中国人自办的第一座广播电台，呼号是 XOH，发射功率 100 瓦，每天播音两小时，内容有新闻、音乐、演讲及物价报告。1927 年 3 月 18 日，上海新新公司广播电台开播，这是中国人创办的第一座民营广播电台。同年 5 月，天津广播无线电台开播；9 月，北京广播无线电台开播。两台皆系东北无线电长途电话监督处所办。

1928 年 8 月 1 日，国民党中央广播电台在南京开始播音，呼号 XKM，发射功率 500 瓦。1932 年 11 月扩大发射功率，更改呼号为 XGOA。播音内容有演讲节目和新闻节目，所有新闻稿件均由中央新闻社提供。为扩大影响，“国民党当局一方面拨给全国各省各特别市党部一台收音机，同时还要求各地需要收音机的政军机关备价领用；另一方面于 1926 年 3 月开办广播收音员训练班。此后，还曾多次举办类似的收音员训练班”。[③]之后，国民党当局在一些大中城市陆续建起了广播电台。

随着众多电台的设立，无线电技术逐步传播、发展，为新闻语言传播提供了技术条件。与此同时，在播音室的技术方面，也注意到对播音声音技术条件的要求，注意到隔音的处理。“播音隔壁皆遮以甘蔗木之避声板，小者屋顶作形，墙上皆有方格信号灯以示演者，室之三面有窗与临室走廊增音室相通，可见一切动静，所用传音器皆为德国式，美国式双钮传声器已搁置不用。大小播音室等，另有试音喇叭、

①②③ 赵玉明：《中国广播电视通史》，北京广播学院出版社 2004 年版，第 8、10、20 页。

调节器增音机、配电板等。”[①]这些设备和技术条件，对保证广播播音语言传播的声音质量起到了一定的作用。

（二）节目安排

在节目种类和内容的安排上，从无线电台诞生的第一天起就有新闻类、服务类节目。

早在1920年8月10日出版的《东方杂志》第17卷第15号所刊登的《用无线电传播音乐及新闻》一文中，就有无线电可传达新闻的消息。文中说：“此器能接受中央无线电发音机所发之声浪而扩大之，使其声自喇叭中传出，以布于全室。因有此种发明，故将来可有许多新用途。例如晚间八点半，为人民音乐跳舞之时间，又于晨间，由中央无线电局将是日所得新闻，发出报告，则家家仅需开动收音机，即可亲聆新闻。”[②]

中国境内的第一座电台，奥斯邦“大陆报——中国无线电公司广播电台”开始播音时就安排有新闻节目；中国境内的中国人自己办的第一座电台哈尔滨广播电台开始播音时，也安排有新闻节目。从前面所述各台建立之史实看，新闻节目是每个电台必然要安排的节目内容。

国民党中央广播电台在南京开始播音时，十分重视新闻内容，不光安排有新闻内容的播音，而且要求所有新闻稿件均由中央新闻社提供。

1936年，交通部以政府法令形式公布了《指导全国广播电台播送节目办法》（以下简称《办法》），明确规定了播音节目内容安排上应有新闻，报告新闻应以国语报告为原则。《办法》在第二条中说：“播音节目之成分，关于教育演讲及新闻报告方面，公营广播电台应占多数，民营广播电台不得少于百分之二十，但以转播中央广播事业管理处所属各电台之节目为限，其娱乐及广告节目全部不超过百分之八十。各广播电台除娱乐节目外，对于教育演讲及新闻报告节目应该以国语播送为原则，暂时兼用当地方言者，应另加教授国语节目。”[③]

① 引自苏祖国：《无线电问答汇刊》，上海亚美无线电股份有限公司编印1932年1月创刊号，第480页。

② 转引自赵玉明：《中国现代广播简史》（修订本），中国广播电视出版社2001年版，第140、159页。

③ 赵玉明：《中国广播电视通史》，北京广播学院出版社2004年版，第8、10、20页。

在节目的安排上，强调以新闻内容为主，是新闻播音的主要语言样式、播报语言样式形成的基础；以法令形式规定新闻播音语言必须使用国语，是新闻播音语言规范形成的基础。

（三）人员选拔

1934 年 9 月 17 日至 1948 年 12 月，国民党中央广播电台主办了《广播周报》（抗日战争时期一度停刊，战后恢复）。1936 年 6 月 20 日，《广播周报》第 91 期刊登了《中央广播事业管理处招考技术、播音补充人员简则》。

这份招考简章中明确规定了播音员的语言条件是国语有特长的，而且还要“口齿伶俐，发音纯正，报考之语调又能抑扬疾徐适得其当者”，“国语报告员应于口试后再个别做国语演说二十分钟”。“发音纯正”是从语音和声音上提出了要求，声音要纯，语音要正；“口齿伶俐”是从口腔控制方面提出了要求，强调口齿清晰和发音的灵活度和力度；“语调又能抑扬疾徐适得其当”是从语言表达上提出了要求，这些正是新闻播音语言规范所要求的。

当时，为了保证使用国语播音，还从收音员里寻找能讲国语的播音员。肖之仪的回忆文章《在国民党广播电台里的见闻》写道：“那时，在江南说普通话还很不普遍，于是在一个名为‘收音员训练班’的人员中，网罗了一批能说‘国语’即普通话的播音员”。①

（四）语言训练

挑选播音员对应聘者的国语程度明确提出要求。而当时播音员国语水平的提高，是受主客观多方面因素影响的，包括主动接受培训，如对收音员数月的培训；或播音员无意中获得了锻炼等。

当时的记录新闻播音，也从客观上训练了播音员的吐字发音能力，提高了新闻播音语言规范的水平。肖之仪回忆说：“在那个时期的新闻节目中，有一种记录新闻，播放很慢，供各县收听站记录。包括简明新闻在内的各种新闻稿件都来自中央社，由征集股人员稍加圈改，交

① 肖之仪：《在国民党广播电台里的见闻》，载《西安文史资料》第 3 辑，政协西安市文史资料研究委员会 1982 年版，第 122、123、125 页。

播音员照稿宣读。”[1]这里提到的“照稿宣读”，从客观上也锻炼了依据稿件规范播音的能力。

语言学家赵元任为选拔培训播音员，利用广播电台进行国语基本知识教育，为推广国语做出了贡献。赵元任除担任选拔播音员的口语主考外，还在广播电台主持播讲《国语广播训练大纲》。《国语广播训练大纲》的研制和推广，使得新闻播音语言规范有了基础，语音有了标准，也使得新闻播音员在语言素质上有了保证。

《播音教育月刊》第一卷第七期刊登了赵演在1937年1月写的《播音讲演人应当注意的问题》一文。这篇文章虽是为在电台讲播教育节目的人员写的，但对于播音员在播音室话筒前播音，对于新闻播音语言规范系统要素的把握也是很有帮助的。赵演认为，播讲者首要的任务是要激起听众的兴趣。在《播音讲演人应当注意的问题》这篇文章中，赵演还介绍了法国学者、丹麦学者和美国学者在这方面的看法。例如，巴黎大学教授罗格氏说：“无线电广播的听众分子是非常复杂的……我以为播音教育的第一种责任在激发这些潜在的好奇心。”[2]丹麦学者佛利希说：“无线电广播的生命，乃在激发我们的兴趣。”[3]美国学者昌西罗说：“无线电广播激起听众对于求学的兴趣比完成教育工作的本身更为有力。”[4]赵演在他的文章中还推荐了当时丹麦对播音演讲者规定的要则十条。要则十条涉及语速、交流、用声、用语、计时等方面，尤其是关于语速适当，用声自然，口齿清楚，语句简明，交流亲切，遵守时间，依据稿件等内容，都是播音语言可以借鉴的内容。

《广播周报》复刊第二期刊登的署名编者的文章《广播新闻的编辑和报告》，对播音的语言要求就更进了一步。

此文强调了新闻播音员报告新闻时要有丰富的知识，正确的字音，清晰的口齿，稳定的神韵，应有的气势，熟练的准备，合适的口语等，这些对于形成新闻播音语言规范会有一定帮助。但是，文中提到播音

① 肖之仪：《在国民党广播电台里的见闻》，载《西安文史资料》第3辑，政协西安市文史资料研究委员会1982年版，第122、123、125页。

②③④ 《播音教育月刊》，第1卷第7期。

声调应像新表游丝走动那样柔和是不可取的。

此外，1935 年 4 月 25 日，国民党政府交通部发布《通饬各广播电台用国语报告令》，以法令的形式规范各广播电台使用国语播音。《广播周报》上也刊登了包括赵元任《国语广播训练大纲》在内的一些研究、宣传、推广国语的文章，这些都在一定程度上促进了人民广播播音的形成。

然而，旧中国的播音语言包括新闻播音在当时并不令人满意。

在《旧中国的上海广播事业》一书中，记载了当时社会各界对广播事业的批评，其中包括对播音及播音员的批评。

1937 年 8 月 28 日，茅盾在《救国日报》上发表了《对于时事播音的一点建议》。文中对当时时事消息播音脱离抗日救国的战事提出意见："最受听众注意的当然是时事消息，这些消息大都是当日的早报和晚报，除将文言翻成半文半白而外，别无贡献。重要新闻既有中央电台和交通部上海台在负责报告也就够了，上海其他的民营电台很可以不必死板板的讲读报纸，很应该把作风变换一变换。我们的战士在前线浴血奋斗，不是每天都有空前的壮烈的记录么，倘如演述，便是最感人的故事。用说书的方式在 retold，觉得既能通俗，又热情横溢，比之死板板的逐句讲读实在好多了。"①

1938 年 9 月 18 日，《上海无线电》杂志第 24 期上刊登了署名浦婺修的文章《滴滴娇与娇滴滴》，从文章的题目就可以看出，此文是批评播音员所用的娇滴滴的播音声调和语气的。文章指出这种声调的播音只能使人肉麻之至，同时也说明了声调在播音中的重要作用，提出播音者应有的声调是圆润、清晰、不拖泥带水，应使用清晰的语言，简洁的语调，明快的节奏。而这些在旧中国的广播中是难以实现的，只有在人民广播的播音创作中才能变为现实。

旧中国播音员的播音质量是和其他精神面貌和生活状况相关的。1939 年 2 月 3 日、5 日，《申报》连载了署名汤笔花的一篇文章，题目

① 上海市档案馆、北京广播学院、上海市广播电视局合编：《旧中国的上海广播事业》，档案出版社、中国广播电视出版社 1985 年版，第 460、461、470、486、487 页。

就叫《播音生活》。文章形象地记录了当时播音员的生存状况和精神面貌。文章写道："只要机器一开，就会发出咿咿呀呀的声音来。有钱的人多么开心。可是播音员的生活却苦不堪言了。局外人以为播音员的生活多么写（惬）意，四十分钟只要嘴巴开开口，法币就会送上门来。其实此中痛苦，正不足与外人道也。笔者也是其中一分子。如今把播音员的生活写出来，报告爱听无线电的听众们。"[①]接着文章描写了播音员在旧中国商业竞争的社会中，为了生存，被迫招揽广告、寻找电台、购买时段等艰辛。他们"互相跌价，彼此挤轧，自相残杀，两败俱伤，凄惨之极，甚至5块钱一月的代价也好播音了"。[②]造成播音员这种境地的根本原因与当时的社会状况相关，受当时旧的社会制度的影响。

综上所述，旧中国的广播事业，技术设备、传输播控的发展，尤其是播音室静音设备的安装，音响调控的使用；节目内容的安排，尤其是新闻节目的保证；对国语标准的要求，国语语音的培训和推广，尤其是语言学家赵元任所主持的讲座；对播音员的选拔，尤其是国语语音标准和口语表达要求的确定；对新闻播音技巧的研究，尤其是《广播周报》等一些刊物关于播音或讲演在国语语言规范和语言表达技巧方面的研究等，都影响和促进了人民广播播音系统的形成，促成人民广播播音实践的发展。

同时，我们也能够看到，旧中国广播新闻播音中，其语言规范系统要素仍有先天的不足、致命的缺陷。正如前面所论及的当时社会各界对广播播音和播音员生存状况的不满，新闻报告语调的"娇滴滴"，语言节奏"像手表的游丝走动"等，这些与健康向上、文明清新的新闻播音语言规范是相距甚远或者说是背道而驰的。这是由当时的社会状况和旧的社会制度及广播事业的性质所决定的，只有到了人民广播播音那里，才能真正解决这些弊端。

①② 上海市档案馆、北京广播学院、上海市广播电视局合编：《旧中国的上海广播事业》，档案出版社、中国广播电视出版社1985年版，第460、461、470、486、487页。

第二节 解放区播音的生成期（抗日战争）

一、人民广播播音的传播基础

广播播音的传播是建立在无线电事业和广播电台筹建的基础上的。人民无线电事业的创办和发展、延安新华广播电台的筹建，是人民广播播音的传播基础，包括技术基础、队伍基础和新闻基础。

（一）人民无线电事业的诞生和发展

"无线电广播是利用无线电通讯技术发展起来的现代化传播工具，人民的广播电台就是在人民无线电事业发展的基础上建立起来的。"①寻求人民广播电台筹建的历史，就应该了解人民无线电事业的来历。"现代化的无线电通信技术早在清朝末年就传入我国"②。20世纪20年代末30年代初，在中国共产党的领导下，人民的无线电事业开始筹建。"周恩来和毛泽东、朱德分别创办了中国共产党在白区和革命根据地的无线电通信事业"③。1927年8月，在南昌起义中，人民军队开始使用有线电通讯。1928年11月，中共六大后，周恩来开始筹划在上海建立秘密电台。1929年秋，李强等成功安装了一部50瓦的无线电发报机，开始练习并逐步使用无线电通讯。1929年12月，在江西中央革命根据地，在红四军召开的第九次代表大会上，毛泽东为会议起草的决议案中指出，无线电是一种进步的通信方法。他和红军总部多次指示，注意保护好缴获的无线电台及相关无线电设备和器材。

1931年1月6日，中央红军无线电队在江西宁都的小布正式成立。电台可接收国民党中央社的新闻电讯。1月28日，朱德、毛泽东签发《调学生学无线电的命令》。④毛泽东、朱德还亲自到训练班给学员们讲政治课，鼓励大家克服困难，掌握无线电技术，努力建立红军的无

---

①④ 赵玉明主编：《中国广播电视通史》，北京广播学院出版社2004年版，第70、74、75页。

②③ 赵玉明主编：《中国广播电视通史》，北京广播学院出版社2004年1月第1版，第70、75页。

线电事业。1931 年 11 月，中央根据地利用无线电台办起了中国共产党的第一个播发文字广播的通讯社——红色中华通讯社（简称“红中社”，是新华通讯社的前身）。11 月 7 日，红中社首次对外广播，呼号 CSR（Chinese Soviet Radio 的缩写，意即中华苏维埃电台），内容是报道当天中华苏维埃第一次全国代表大会在江西瑞金开幕。此后，陆续播发了有关大会的动态、报告、决议案以及中华苏维埃共和国成立，毛泽东当选为临时中央政府主席等重要消息。当时，湘鄂赣、鄂豫皖、湘鄂西、川陕等革命根据地和上海、天津等地的共产党的领导机关都曾抄收过红中社的电讯。①中央根据地的无线电通讯事业，在毛泽东、朱德、周恩来等的重视关怀下，从无到有，从小到大，在对敌斗争中逐步发展起来，形成了以江西中央根据地为中心、联系其他根据地的一个初具规模的无线电通讯网。

在长征途中，尽管条件所限，红中社停止了对外播发新闻，但仍继续抄收国内外新闻电讯。陕北革命根据地的无线电通讯事业始于 1935 年春。第一部无线电台是在攻击延川的战斗中缴获的，此后陕北红军办起无线电训练班。红二十五军长征到达陕北后，两班无线电力量汇合，无线电通讯业务在陕北展开。1936 年 6 月，红中社恢复播发新闻业务。同年冬，西安事变后，红中社在西安设立了第一个分社。1937 年 1 月，红中社改名为新华通讯社，通讯业务不断扩展。美国记者埃德加·斯诺在《西行漫记》中写道：“当时陕北的红军同中国所有的重要城市，包括上海、汉口、南京和天津，都有无线电联系。尽管红军在国民党统治区的电台常遭破坏，但是国民党却无法长期切断红军同这些城市的无线电联系。”②1937 年到 1940 年间，在毛泽东和周恩来等的重视和关怀下，人民无线电事业从人员、设备到管理水平都有较大发展和提高。无线电通讯发挥越来越重要的作用。人民无线电事业的建设和发展，为人民广播事业准备了必要的物质条件和干部队伍，为人民广播播音系统的形成奠定了重要的传播基础、队伍基础、

① 赵玉明主编：《中国广播电视通史》，北京广播电视学院出版社 2004 年版，第 70、75 页。

② [美] 埃德加·斯诺：《西行漫记》，生活·读书·新知三联书店 1979 年版，第 42 页。

新闻基础。

（二）人民广播的筹建

卢沟桥事变后，日本帝国主义向我国内地大举进攻。在中华民族生死存亡的关头，为宣传党的抗日民族统一战线政策，团结各族人民共同抗日，中共中央多次提出要在延安建立广播电台。1940年春，中共中央决定成立广播委员会，在延安筹建广播电台。委员会由周恩来任主任，成员有中央军委三局局长王诤、新华社社长向仲华等。周恩来赴重庆以后，由朱德主持筹建工作，王诤直接领导。

广播电台台址选在延安西北19公里处的王皮湾村。这里地势偏僻，人烟稀少，便于隐蔽。当时播音室的条件十分艰苦，但也有最基本的隔音材料——羊毛毡。“在西川北岸沟口打了两孔土窑洞作为播音室和备稿室。在播音室的一张白木楂桌上放着一只话筒，用羊毛毡作门帘兼作隔音用。”[①]广播发射机是周恩来从苏联带回来的。此发射机经多次改装，反复调试，终于适合语言广播使用了。当时延安没有发电厂，汽油柴油又奇缺，广播通讯战士制作出木炭炉，靠烧木炭代替汽油和柴油解决发电机动力问题。而发射天线则是把几根大木杆子连接起来竖立在山头上。

经过近一年的准备，建台任务初步完成，并开始试验播音。广播稿由新华社广播科编写。当时广播科科长是李伍，编辑有陈笑雨、王唯真等人。新华社在延安城东的清凉山（曾一度在杨家岭），距王皮湾20公里左右，每天有通讯员骑马将广播稿送到王皮湾供播音用。播音员由延安女子大学选派。40年代初期的女播音员先后有徐瑞璋（麦风）、姚雯、萧岩和孙茜等。她们没有做过播音员，也未学过播音，但是有较好的语文基础、政治基础和语言基础，她们都能说国语（普通话），这为播音语言规范奠定了基础。

总之，当时设备虽然简陋，条件虽然艰苦，但经过广播战士的艰苦奋斗，全力准备，人民广播电台终于开始播音了。

① 赵玉明主编：《中国广播电视通史》，北京广播电视学院出版社2004年版，第70、75页。

二、人民广播播音的生成

（一）人民电台的开播

人民广播播音语言要素是随着人民广播电台开始播音而生成的。

1940 年 12 月 30 日，从陕北高原的革命圣地延安发出了一个明朗响亮、振奋人心的声音：“延安新华广播电台，XNCR，现在开始播音！”[①]这是人民广播第一位播音员徐瑞璋（麦风）发出的第一声呼号。第一声呼号，是用普通话呼出的，第一声呼号，体现出了人民广播播音的鲜明的语言特色，明朗、坚定、昂扬向上。接下来便是播新闻。丁戈在《听到我们自己的广播了》一文中回忆道：“那天晚上是我值班。两位播音员同志也早已处在临战状态，白天她们把当夜要播的内容作了多次练习，并在重要的字句旁画上表示抑扬顿挫的各种符号。天一黑，她们就早早地等在播音室里了。我发完了新闻电报，随即通知各台‘现在播送语言广播，请在原播率收听’，并按下电键，把接点拧紧。麦风同志开始呼叫，并与姚雯同志轮流播送当天的新闻和记录新闻及报纸的社论，还播送了音乐和唱片。”[②]这一回忆说明，人民广播首次开始播音，播音员是徐瑞璋、姚雯两位女同志；第一声台号的呼出是徐瑞璋呼出的，而且还反复呼了几遍；开始播音的内容是新闻，采取的方式是轮流播送；新闻体裁有消息，还有报纸社论，即评论类的稿件；新闻播音形式，有正常速度，还有记录速度；在播音之前，两人都进行了认真准备，反复上口练习，并注意抓住稿件的重点，在重要的字句旁画上表示抑扬顿挫的各种符号，播音的外部技巧停连、重音、语气、节奏都包含在内了。

徐瑞璋等最早投入播音工作的播音员十分重视语言规范：遇到不认识的字，必须查字典，以保证读音的准确；向有关同志请教，认真反复地练习吐字发音，以保证声音的纯正；加强口腔控制的力度，注

① XNCR 按照当时国际有关规定，X 是无线电呼号的第一个字母，NCR 是英文 New Chinese Radio 的字头，意思是新中国的广播。

② 中国广播电视学会史学研究委员会、北京广播学院新闻传播学院新闻系编选：《延安（陕北）新华广播电台回忆录新编》，中国广播电视出版社 2000 年版，第 100、109 页。

意语速的把握，以保证语言传达清楚、明确。她们播的广播稿，是毛主席亲自撰写的，为了揭露国民党关于皖南事变的谣言，打破国民党的新闻封锁。稿件的背景，播出的目的，都很明确，播讲愿望也很强烈，语言是战斗性的，声音是具有穿透力的，播音表达的情感是很浓烈的。

（二）在实践中摸索规律

萧岩是最早的四名女播音员之一，她是 1941 年加入播音队伍的。

她在《延安播音生活回忆》一文中立体地展示了人民广播的初始阶段延安台的播音生活，系统地显现了人民广播的播音语言要素的萌生状况。文中反复强调做好播音工作重要的是要真正认识到这项工作的重要性，认识到它同党的事业、同革命斗争的关系，要有高度的政治责任感、使命感。高度的政治责任感、使命感和强烈的事业心，是人民广播新闻播音的重要保证。从文中可以看到，加强业务学习，探索新闻播音规律，是播音规范的科学基础。文中给我们提供了当时新闻播音的语速，一小时七八千字，平均每分钟 130 多字。虽然比现在慢，但这是符合当时实际的，当时的评论文章多，播评论比播消息速度要慢一些；当时受众语言文化基础都比较低，播音语速不能太快，以使大众能够接受。林如在分析这一情况时也说："当时技术条件差，电能不稳，要放慢速度，拉长一点声，像是在对远处的人说话，讲得清楚一些。"[①]所以这一速度是适合当时的条件而产生的新闻播音的语速，也是新闻播音语言规范要考察的一个因素。文中还强调了播音员要会讲普通话。重视普通话水平，正是保证新闻播音语言规范的最基本的要素。当时播音员已经意识到播音不是一项简单的工作，不是轻易能做好的，必须下工夫寻找、摸索播音工作的规律，找到新闻播音的方法。文中还总结了准备稿件的规律和方法。当时的播音不仅是传播，更重要的是宣传，播音工作就是宣传工作，目的就是准确无误地把党的精神传达给听众，同时作为桥梁反映人民的心声，把党的主张化为人民群众的具体行动。在备稿中，播出目的是统帅，抓住了目的，

① 作者就当时播音语速问题同林如研讨谈话记录，2003 年 5 月 17 日。

就抓住了纲。具体准备稿件时，“先把每天的稿件都通读一遍”，这样可以把握全局，掌握全天播出的内容，了解背景材料，做到心中有数。只有掌握全局，才能从总体上把握播音语言表达的分寸感等关键要素，才能把握每篇稿件的轻重缓急，使其语言表达规范得体、重点突出，才能使新闻稿件播出时，各条之间相互配合、相得益彰。“然后再分段复读几遍，遇有读不准的字词，就翻字典，心里总是想着千万不能念错一个字”。这是使新闻播音语言准确规范落到实处的最基本保障，也是最基础的一步。这一步既是对具体稿件内容的深入分析，也是对每个字词的读音及表达方式的具体准备。“其次，还要默读几遍，仔细体会稿件的中心思想”。在具体细致地准备之后，还要再反复默读几遍，既是对具体细致准备成果的巩固，更是为了从宏观上抓住稿件的中心思想，传达稿件的精神实质。这也正是从备稿的划分层次到提炼主题的深化和升华的过程，是保证新闻播音语言规范系统整体落实的重要步骤。文中还提到，当时除播新闻外，还播文艺节目，播送郭沫若写的话剧等，这些对巩固普通话、丰富普通话播音的语言表达手段等都具有促进作用。此外，当时的业务钻研，不仅仅是个人行为，而是大家互相帮助，共同提高，在老播音员的帮助下摸索规律。而且上下级之间，同志之间亲密融洽，互相关怀照顾，温暖异常。播音员既是宣传员又是战斗员，还是生产队员，播音员们共同宣传、共同生产、共同学习，创造了良好的工作氛围，良好的业务研究氛围，从而保证了播音质量。

（三）提高播音语言规范水平

延安台播音员开始从事播音工作，首先接触的播音文体就是新闻播音。在这短暂的初始阶段，他们播出了大量新闻，主要是消息和评论。主要内容是：“向全国听众报道正面战场和敌后战场的情况，八路军、新四军同敌伪英勇作战的捷报，各抗日根据地人民努力生产、支援前线的动人情景，国民党统治区群众运动蓬勃发展的消息，世界反法西斯战争和其他重要的国际新闻；播送党中央的文件和党报的社论、文章，介绍党的方针、政策；揭露和控诉日本侵略者的血腥暴行和国民党顽固派消极抗日、积极反共、破坏团结、挑动内战的罪行；教育和鼓舞全国人民团结起来，夺取抗日战争的胜利。”[①]这些重要新闻稿件的播出，锻炼了延安台播音员新闻播音语言表达的能力，提高了新闻播音语言规范的水平。

中共中央和毛泽东等领导同志的关怀和重视，是做好广播工作、保证新闻宣传、提高播音及新闻播音语言规范水平的重要保障。1941年5月16日，中央决定把《新中华报》和《今日新闻》合并，出版《解放日报》。毛泽东写了《发刊词》，并在为中央书记处起草的通知中指出：“一切党的政策，将经过《解放日报》与新华社向全国宣达。《解放日报》的社论，将由中央同志及重要干部执笔。”[②]“各地应注意接收延安的广播”[③]。6月20日，中共中央宣传部在《关于党的宣传鼓动工作提纲》（以下简称《提纲》）中[④]再次强调指出，广播是“近代宣传鼓动的有力工具”，发展广播事业“是非常重要的”。《提纲》对于播音员认识播音工作是党的宣传工作，新闻播音是党的宣传工作的一部分，对于做好新闻播音工作，提高新闻播音语音规范的质量，提高播音员作为党的宣传员的素质，都具有重要指导意义。《提纲》所提出的做好宣传工作的原则方法以及宣传鼓动者所应有的素质，逐步地体现到了以后播音创作的原则和方法之中。比如稿件的准备要分清内容层次，要了解播出背景和播讲对象的心理，要把握宣传及播出目的等。尤其是《提纲》中对宣传语言的要求，更是对形成新闻播音语言规范要素有着重要作用。比如，语句应当是简单、明了、清楚、透彻的；语言要生动，富于情感，富于煽动性；要采用通俗化的形式，群众所能了解的语言；要熟悉群众的语言；语言表达要了解对象及其心理等。这里既提出了对新闻播音规范语言本身的要求，即简洁、明了、清楚、透彻，采用通俗化、群众所熟悉的语言形式；又指出了对新闻播音语言规范系统要素交流的要求，要富有情感，富于煽动性、鼓动性，生

① 杨兆麟、赵玉明：《人民大众的号角——延安（陕北）广播史话》，中国广播电视出版社2000年版，第14页。

②③ 《关于出版〈解放日报〉和改进新华社工作的通知》（1941年5月15日），见《毛泽东新闻工作文选》，新华出版社1983年版，第4页。

④ 详细内容见中国社会科学院新闻研究所编：《中国共产党新闻工作文件汇编》（上），新华出版社1980年版，第99、100、106页。

动感人等。[1]

（四）延安整风运动的影响

中国共产党 1941 年初开始的延安整风运动，尤其是此间毛泽东的重要批示和讲话，对改进文风、形成良好的新闻播音语言规范的氛围有着重要影响。于根元在《二十世纪的中国语言应用研究》一书中也提出了延安整风运动对语言应用的影响：延安整风运动期间的文献，尤其是毛泽东的几个报告，其中有的章节对语言应用和语言应用研究发表了重要意见；对五四以来的新文化运动作了评述……我们后来一些重要的语言应用理论从中汲取了丰富的营养。这些论述是 40 年代上半期以至 20 世纪上半叶和整个 20 世纪语言应用研究的光辉成果。毛泽东强调了学习语言的重要性，要求要花气力去学。为什么语言要学，并且要花很大的气力去学呢？因为语言这东西，不是随便可以学好的，非下苦功不可。毛泽东指出要向人民群众学习语言，要从外国语言和古人语言中吸收有用成分。他指出：第一，要向人民群众学习语言。人民的语汇是很丰富的，生动活泼的，表现实际生活的。我们很多人没有学好语言，所以我们在写文章做演说时没有几句生动活泼切实有力的话。……第二，要从外国语言中吸收我们所需要的成分。……第三，我们还要学习古人语言中有生命的东西。毛泽东在《反对党八股》一文中，列举了党八股的表现，指出它们的危害。其中既反对空话连篇，言之无物。他指出："为什么一定要写得那么长，又那么空空洞洞的呢？……现在是在战争的时期，我们应该研究一下文章怎样写得短些，写得精粹些。……演说也是一样，空话连篇言之无物的演说，是必须停止的。"[2]也反对无的放矢，不看对象，指出共产党员如果真想做宣传，就要看对象，就要想一想自己的文章、演说是给什么人听的。

文字要简洁，讲话看对象，要言之有物，要向人民群众学习，要为人民大众服务，延安整风运动和毛泽东讲话中关于改进文风、语言

① 详细内容见中国社会科学院新闻研究所编：《中国共产党新闻工作文件汇编》（上），新华出版社 1980 年版，第 103、104、105、106、107、109 页。

② 《毛泽东选集》第三卷，人民出版社 1991 年版，第 834 页。

要为人民群众服务这些重要的观点，为当时人民广播播音语言要素的形成创造了良好的政治和舆论氛围，也为以后人民广播播音理论的建立提供了指南。

第三节　解放区播音的雏形期（解放战争）

一、延安台恢复播音

延安台在停播后不久便开始了恢复播音的各项准备工作。1945 年 9 月 11 日，终于恢复了由播音员播音。（之前一个月，没有调来播音员，就由机务人员在机房里试话。）

李慕琳、孟启予两位女同志先后走上播音岗位。“9 月 11 日，《解放日报》刊登新华社的消息，延安广播电台即日起开始中国国语广播……节目有时事新闻，解放区消息，时评及名人讲演等，还有记录新闻”。[①]随后，《晋绥日报》《冀鲁豫日报》，重庆《新华日报》也陆续刊登了延安台恢复播音的消息。

孟启予在《我在延安新华广播电台播音的时候》一文中回忆说：1945 年 9 月，延安新华广播电台终于恢复播音了。李慕琳同志比我早来一个月。“小毛驴把我送到盐店子。……播音室设在下一层窑洞里。……当时我们就是既没有留声机，又没有一张唱片，每到播音开始，我们就呼叫它两分钟，来代替前奏曲。一两个钟头的节目就这么一口气地播下来。”[②]过了几个月，在五里以外裴庄的一个枣树林旁造好了播音室，一间大的，一间小的，镶着明晃晃的玻璃窗，垂着土布窗幔，墙上和地上都铺挂着陕北产的羊毛毡。[③]稿件由通讯员从 20 里外骑马过河送来。1946 年秋，安装上了蒸汽发电机后，电源基本稳定，播出声音清晰了。“我是个南方人，在小学校念书的时候学过普通话，

① 杨兆麟，赵玉明：《人民大众的号角——延安陕北广播史话》，中国广播电视出版社 2000 年版，第 31 页。

②③ 中国广播电视学会史学研究委员会、北京广播学院新闻传播学院新闻系编选：《延安（陕北）新华广播电台回忆录新编》，中国广播电视出版社 2000 年版，第 143、144 页。

平常还凑合，当个播音员就得口齿流利，声音准确。……发报的、搞机务的同志都热心地帮我克服困难，帮我准备稿子，纠正字音，查字典，仔仔细细地收听我们的播音。哪儿语气不合适，情感不够，速度快了，或者重点不明显等，都记下来和我研究。编辑部同志们也常来信鼓励我们，经常寄来各种参考材料，来帮助我们分析政治形势，加强我们对党的政策的理解和政治理论的修养。我就是在党和同志们的热情而具体的帮助下，对播音工作建立了信心，培养了兴趣，得到了进步的。①

延安台的第一个男播音员王恂在《"XNCR"，我想念你》一文中说："组织上了解我是北平人，适合播音，就调我来工作。当时和我一起调来的还有夏莎同志。""我播过几次音以后，当时带病坚持播音的孟启予同志，就像姐姐对弟弟讲话那样，耐心、亲切地对我说：'不要慌，慢慢就熟悉了。你播音清楚，发音也准确，只是有时候念错字，有的地方不该停顿的停顿了。比如，你把 XNCR 播成 X—N—C—R……'她还把同志们听我播音以后的意见转告我：'你播时事新闻和记录新闻，比较清楚。播通讯，还不够清楚，缺乏丰富多彩的感情，以后要多多练习。'她这一席话，像一股暖流，使我这不平静的心稳定下来，增添了做好播音工作的勇气。"他回忆说："当时机务班赠给播音室一张贺年卡，上面写着：革命的喉舌：对人民'循循善诱'，给他们指示出应走的道路；对反对派铁面无情，揭露他们的丑恶。""这几句话，对我理解人民广播事业的宗旨和任务，恰似启蒙的教材。我把这几句话铭记在心头。"他说："政治协商会议的消息和停战令，是由我播音的。……在孟启予等同志的热情帮助和鼓励下，我逐字逐句地做了认真准备，怀着高度的责任感走进播音室，用清晰、流利的声音，向全国人民广播了这些消息，把共产党的真心实意和蒋介石的虚情假意公之于天下。"②

李慕琳在《关于延安口语广播电台的情况》的材料中说：她和孟

①② 中国广播电视学会史学研究委员会、北京广播学院新闻传播学院新闻系编选：《延安（陕北）新华广播电台回忆录新编》，中国广播电视出版社 2000 年版，第 143、144 页。

启予一起把不常用的字注音，帮助读音。她回忆当时用记录速度播音的情况时说：“在播音方式方面，分别有普通速度和记录速度，我记得毛同志他们提出，让我在记录速度时要尽力放慢，开始广播时先要讲清楚：延安广播电台，XNCR，还要讲清楚多少千周。”

从孟启予、王恂和李慕琳的回忆中，我们可看到，延安台恢复播音后重视播音业务探讨、播音条件保障和播音队伍建设的状况。

二、《细则》促进新闻播音语言规范的形成

1946 年 6 月，新华社改组，口头广播组扩建为新华社语言广播部，温济泽从《解放日报》副刊部调任新华社语言广播部主任。1946 年 6 月，由温济泽主持制定的《新华总社语言广播部暂行工作细则》（以下简称《细则》）对播音语言规范的形成有重要作用，主要体现在以下几个方面。

1. 明确了语言广播机关的任务，这也是作为党的宣传员、播音员应该明确的：宣传党的政策和主张，报道国内外时局的动向，宣扬我党我军与解放区的事业和功绩，揭发国民党的腐败黑暗统治。与国民党中央广播电台进行宣传斗争。明确了这一总任务，就会找准和把握好播音的总的语言基调。

2. 为落实总任务，新闻类稿件仍是播音的主要内容：“编写语言广播的新闻、通讯、报告、论文等稿件。”这说明新闻播音仍是延安台播音的主要形式。

3. 提出新闻内容分项编写播出，如新闻类为：“A. 新闻（消息）（国内新闻与国际新闻）。B. 记录新闻。C. 综合报道。D. 通讯、特写。E. 时事讲话（国内外时局述讲）。F. 时事评论（包括国内外舆论摘要及延安对时事的评论）。G. 政策讲话（党的政策）。”广播稿编写列项一共 10 项，新闻类报道形式就占了 7 项，占很大比重。同时，新闻类节目分项列出，容易把握播音语言表达的分寸，便于体现出不同类型新闻节目的特色。《细则》中把通讯、特写等新闻类节目形式单列，便于增加此类稿件报道的数量，也能促进新闻播音表达的生动性。

4．对各类稿件的字数专门进行了配备："每天约8 000字，其中记录新闻约占1 200字，新闻2 800字，其他各式各样类稿件占4 000字。"这样规定，在加强新闻类稿件播音的同时，又重点保证了新闻（消息）和记录新闻的播音。这为增强播音员新闻播音语言规范的把控能力创造了条件。

5．在语言方面的具体要求是："要用普通话的口语，句子要短，用字力求念起来一听就懂，并要注意音韵优美与响亮。""要生动、有趣味。"电文中有文言或难懂的字句，应加强必要的通俗的口语翻译。这些要求，突出了广播语体的特点。在语言规范的层面上，既从语言本体的角度提出要求，又从语言交际和广播新闻层面提出要求，既从对传播者语言使用层面提出要求，又从受众接受规律、听觉规律对新闻语言传播规范和需求的层面提出要求，为播音语言规范体系的建立提供了积极帮助。

6．为了防止差错，《细则》提出了"以两人到三人为一组，互相修正校阅"的制度，这为新闻播音准确表达提供了保障。

三、陕北台转战太行中的播音

延安（陕北）台三次战斗转移，考验和锻炼了播音队伍，在对敌的呐喊中，在战斗的呼叫中，在指示的传达中，在捷报的播报中促成大量新闻播音实践，形成人民广播播音的雏形。

1946年11月，周恩来召集会议，研究和安排新华社和延安广播电台在战争中的转移事宜，以便确保广播不中断。1947年3月，国民党军进犯延安。随着战争形势的发展，从1947年3月中旬至1948年5月下旬，延安台四次迁址，三次战斗转移，从子长到太行再到平山，行程2 000多公里，始终坚持播音不中断。

第一次战斗转移是瓦窑堡的好坪沟接替了盐店子的广播，时间是1947年3月。延安新华广播电台改名为陕北新华广播电台。在这里坚持播音的是钱家楣和杨慧琳。播音室设在一个破旧的小庙里，钱家楣称这是我们广播史上最简陋的一间播音室了。钱家楣回忆说："这个小庙分上下两层，下层隔成内外两间，前面一间是播音室，放话筒的桌子有一条腿是断的，那条断桌腿由土坯垫着，连门也没有，只用一块羊皮做门帘……”播音员和其他广播工作者就是在这样的条件下，坚持工作，保证人民广播不中断。

1947 年 3 月 28 日中午，陕北台接到上级的紧急命令，播完当天晚上的节目以后，立即转移。傍晚，通讯员从史家畔把稿件送到好坪沟，同志们一看，是青化砭大捷的消息。这是我军主动撤出延安，诱敌深入，打的第一个大胜仗。“青化砭大捷的口语广播报道在解放区广播史上是一个很有意义的事情。”①播音员们播完这个胜利消息，才连夜坚壁清野，撤出瓦窑堡。

第二次战斗转移是在 1947 年 3 月初，晋察鲁豫解放区接到中央指示，立即着手筹建新的广播电台，以便在必要时接替陕北台的播音。经过紧张的准备工作，陕北台新址与邯郸新华广播电台一起设在太行山麓的沙河村。3 月底，这里接替了陕北新华广播电台的播音。邯郸台同志们克服了许多困难，采取了许多措施，保证播音没有中断。在播音方面他们选择了于韵琴、兰林、胡迦陵、柏立等人。梅益主管语言广播。

在此期间，陕北台的广播得到了党中央的重视和表扬。毛泽东、周恩来、任弼时和陆定一在转战陕北之际，用随军携带的干电池收音机收听陕北台的广播。

7 月中旬，陆定一代表党中央从陕北写信给廖承志，希望建立起一个好的作风来，并且以此影响整个解放区的新闻工作。信中指出：“在新闻工作方面为人民服务的极其负责的态度，就是不马虎、不苟且，拿出精品来。”②为了提高宣传质量，加强宣传效果，总社和陕北台广播的重要新闻和评论，经常用密电发往陕北，经毛泽东、周恩来、陆定一等审订再发回太行，然后才广播出去。跟随中共中央转战陕北的新华总社工作队，根据中央的指示撰写的重要新闻和评论，也都送请毛泽东、周恩来、陆定一等审订后才发往太行。

①② 杨兆麟、赵玉明：《人民大众的号角——延安（陕北）广播史话》（增订本），中国广播电视出版社 2000 年版。

1947年夏天，新华总社和陕北台开展了反“客里空”学习活动，提高了播音员贯彻无产阶级新闻学党性和真实性的自觉性，增强了做好广播工作的责任心。

9月，陕北台播音时间增加了一个小时，每天从18点起播音三个小时。每天播送25分钟新闻，增加了简明新闻，每天至少播送一篇评论。同时正式开办了“对蒋军广播节目”。

10月10日，中国人民解放军总部发表《中国人民解放军宣言》《中国人民解放军口号》，并重新颁布《中国人民解放军三大纪律八项注意》。陕北台播音员在将近10天的时间里，反复播送了这三个重要文件。

1948年元旦起，陕北台播音员用一个星期的时间，连续、反复地播出了毛泽东1947年12月25日在陕北杨家沟召开的中共中央会议上的报告，题目是《目前形势和我们的任务》，报告长达1万字左右。这是一次重要的新闻播音任务。陕北台播音员圆满地完成了这次任务，在新闻播音语言的探索、技巧的运用，语言表达规范系统的建立上又进了一步。

陕北台播送的《目前形势和我们的任务》的广播稿，今天基本上保存下来了。从这份广播稿上，可以看出陕北台对这个文件的宣传有几个特点：

第一，从1948年元旦起，陕北台差不多集中了一个星期的时间，每天几乎全部或大部分的播音时间连续地、反复地播送这一文件。从1月1日到1月5日，每天用记录广播的速度分段播送全文，6日连标点符号一起播送，请抄收的听众校对。那时，陕北台每天播音时间是三个小时，而当时每天播送这个文件的时间，就用了两个多小时。

第二，《目前形势和我们的任务》全文长达一万字左右，陕北台按照这个文件的八个段落，把它分成三个部分来播送，每个部分播完后，放一次音乐，然后再播下一部分。每个段落播完以后，都简要、概括地交代一下，再介绍下一段落的中心内容。如：“上面是第一段。说明中国人民的革命战争，已经达到了一个历史的转折点，人民解放军已经转入了进攻，它将必然走向全国的胜利。下面播送第二段，中心内容是说从蒋介石发动反革命战争的那一天起，我们就说，我们一定能够打败蒋介石，十八个月的战争经验已经充分证明了这个论断。现在全文播送原文……”

第三，在广播稿上还可以看到，陕北台的播音员为了播好这个文件，要求自己不但在内容方面准确无误地播送出去，同时，还要在感情上表达出原著的风格。为此，他（她）们在广播稿上作了种种标记，在不少段落和字句的旁边写上应当用什么语气来播送。如在播送原著开头“中国人民的革命战争，现在已经达到了一个转折点……”时，要求“慢！说理！稳重！沉着大方”。在播送文件的最后十二个字：“曙光就在前面，我们应当努力”时，要求用“快些！稳重！有力！”的口吻。

1948 年 5 月，陕北台随中央转移到河北平山西柏坡，完成第三次战斗转移。

人民广播的播音，迎着人民解放战争的硝烟，伴着人民军队隆隆的炮火声而传遍神州大地；人民广播新闻播音语言表达系统的生成、体系的确立，也正是在延安（陕北）台播音员冒着敌机的轰炸，冲破敌军的围剿传播胜利捷报的播音实践中生发出来的。在一首题为《听延安 XNCR 广播》的诗中有这样的诗句：“……一个女同志用国语报告新闻，她代表中国人民，向全世界讲话，声音是那么清楚，那么洪亮，那么有力，那么动人！……XNCR——你是一个巨人，站在真理的高峰，鼓舞中国人民争取民主和平，吹起语言的喇叭，报告自由幸福的日子即将来临！”[①]这位晋绥军区战士写出了人民解放军对播音员的赞扬，道出了人民广播对他们的鼓舞。同时，也可以看到当时播音员规范的新闻播音语言所带来的感染力：报告新闻是国语（普通话），声音清楚、洪亮、有力、动人。这也正是当时新闻播音语言规范状况的真实生动的写照。

① 见北京广播学院新闻系选编：《中国人民广播回忆录》，广播出版社 1983 年版，第 240、241 页。

四、《总结》《意见》促进播音语言规范雏形的建立

1947年6月新华总社语言广播部的《XNCR陕北阶段工作的简单总结》和《对目前改进语言广播的几点意见》等文件，对新闻播音语言规范的形成具有重要作用。

（一）《XNCR陕北阶段工作的简单总结》促进新闻播音语言规范形成

由温济泽起草，新华总社语言广播部1947年6月10日作出的《XNCR陕北阶段工作的简单总结》（以下简称《总结》），是促进新闻播音语言规范形成的重要文献。

《总结》在“XNCR的简史”部分提到：“三局广播科设播音组（播音员3人）担任播音工作。”包括“新闻、评论、国内外舆论、综合报道、时事讲话、通讯……记录新闻等”新闻类节目，后来增加了广播评论、演讲、人民呼声、蒋俘介绍、代转蒋俘电信、物价报告等节目。此时新闻占有重要比重，新闻类节目形式不断扩大，同时出现了广播评论这一新闻类型的节目。这为新闻播音语言规范系统的生成奠定了基础。

《总结》在“编辑的几点经验”部分中，提出新闻和其报道方式大致分四类，即自卫战争及其有关的消息：大战役详细报道，小战斗综合报道；土地改革及其他有关消息：对土地改革的情形，一般可以一个解放区为单位或一个分区为单位综合报道，对土地改革后人民翻身、工商业繁荣、文教发展、地主有出路等，应着重报道；蒋管区消息、揭露黑暗统治与反映人民运动的消息一般应并重；国际消息，应以与我国直接或间接有关的问题为中心。这对把握新闻播音的语气、态度，掌握好新闻播音语言的分寸，实现新闻播音语言规范都有很重要的帮助。

《总结》提出每天的单播要与重要新闻配合。这有助于播音员在新闻播音中增强对事件和全局的整体驾驭能力。

《总结》中专门提出加强记录新闻的播音，并提出其对语言规范的要求：（1）应比口语新闻更简练，可用通俗文言，但在不多增加字数

的范围内，应尽量用白话文，句子要短，以便抄收。（2）人名地名注释，要用容易听懂的词汇，但不能流于庸俗。对人名注释更要恰当，例如用“眼泪汪汪”注释姓汪的蒋俘，是不符合俘虏政策的。（3）重要评论应摘要做记录新闻。对前方部队有指示性的评论亦应如此，我前方部队普遍有此要求，但我们过去注意不够。这里既提出了对记录新闻播音的语言要求，即简练易懂；又提出了注释语言的把握要分寸恰当。

《总结》对新闻语言规范提出了具体要求。新闻稿件要写得简单明了，一般新闻每条在 200 字左右，单播最好每条在 1 000 字左右。从文字广播稿改写（评论通讯在内），应抓住中心，把次要的内容删去。缩写时绝不能把重要的具体内容改成抽象的话。新闻标题同时作导语用，不要又有标题，又有导语，以免重复。“某地某日电”应取消，因广播者并非该电原文，且新闻界习惯把“某地某日广播”与“某地某日电”区分开来。在名词通用方面也提出了要求，尽量用蒋管区人民通用的名词，如我之苏中是他们所说苏北之一部，故不妨仍用苏北。对一些专有名词要求加以解释，如解放区专有名词等。

《总结》提出，广播评论要短小精悍，一针见血。《总结》要求新闻广播语言要口语化：（1）尽量用简单句，文字广播稿中复杂句要改成两句或两句以上的简单句。句子构造要中国化，倒装句和长句不但不易听懂，而且易把意思听错。（2）用容易听懂而且念出来响亮的词，避免用听起来容易混淆的词。如“指斥”易与“支持”混淆。（3）简语只能适当地用，如“阎军”、“歼敌”等用在某些地方会听不清。（4）避免用单字作词，如“但”、“曾”、“仅”、“虽”等应作“但是”、“曾经”、“仅仅”、“虽然”等。（5）一般听众易懂的成语可以用。

以上各点，对新闻语言规范从词语运用到句式选择，都提出了十分具体、明确的要求，这无疑对新闻播音语言规范有着具体的指导作用，对新闻播音语言规范系统的生成有着重要促进作用。

（二）《对目前改进语言广播的几点意见》对提高新闻播音质量有着切实可行的指导和帮助作用

《对目前改进语言广播的几点意见》（以下简称《意见》）也是新华

总社语言广播部在1947年6月10日发布的。《意见》中提出加强新闻消息类报道时说：随着胜利攻势的发展，我军离后方愈远，就愈感到收听播音之重要（刘伯承、邓小平同志，及六纵队政宣部长等，都曾着重提出）。他们提议，重要评论应摘要作记录新闻，并分播出一些解放区后方的消息。《意见》说：加强记录新闻播音，应恢复白天播音时间，至少播记录新闻1小时；加强新闻类稿件中广播评论的播音，要多写广播评论，重要的较长的评论，必须全文播送者，可在每段前说明其中心意思；说明和原文，最好由两个音调不同的人播；重要评论，“10天军事”及“国际一周”等，均摘要作记录新闻，特别重要的评论，全文作记录新闻。这里已经提到了播音形式，为区分内容，便于收听，可采取两个人轮播的方式。同时，《意见》中还提到了“一问一答”的播音方式：第三单元内增加了“问答”，如时事问答、解放区政策问答等（两个人播，一问一答）。《意见》最后对干部培养方面，提出要有计划地培养广播评论员和播音员。

上述规定，对于促进新闻播音语言规范系统的生成、提高新闻播音质量有着切实可行的指导和帮助作用。

五、东北、华北等解放区电台初始阶段的播音

（一）东北解放区的播音

1945年，中国共产党领导的各路人民军队与苏联红军共同对日作战，8月底歼灭了日本关东军主力，接管了东北境内的15座电台，并陆续改建为人民广播电台。如哈尔滨台、长春台、沈阳台、通化台、本溪台、鞍山台、营口台、安东台、吉林台、大连台、抚顺台、齐齐哈尔台、延吉台、承德台等。从1945年8月到1948年8月，东北解放区的广播事业，在当时错综复杂的政治军事形势下，经历了发展—收缩—再发展的历程，先后创办了16座广播电台，形成了千人广播队伍，其中据不完全统计，播音员达到近300人，许多台还设有播音科（股）。

东北地区播音员具有较好的语言基础和文化基础，一些电台录用播音员时，要通过文化考试，之后还有播音技巧训练，这使其新闻播

音规范系统的建立具有较好基础。原延吉新华广播电台播音员刘竞在《难忘的岁月——延吉新华广播电台工作片断》一文中回忆说："在到延吉新华广播电台前，我在佳木斯东北大学读书。由于党当时需要大批干部投入即将开始的土地改革工作，我与许多同学一起，结束了东北大学的学习生活，回到当时吉林省委所在地的延吉市待命。这时，延吉新华广播电台正需要补充人员，经过播音考试，我与另外一名女同学留在电台做播音工作。"[①]具有较高的文化素质、具有较好的语言基础，经过考试进入播音队伍，这正是当时东北各台播音员走上播音道路的最为普遍的状况。

东北各台开始播音，首先就是新闻性节目的播音。新闻性节目一直是人民广播的主体。新闻是播音员播出的主要内容。通过新闻播音，培养了播音员的新闻素质，增长了他们的业务知识。新闻播音给播音员实现新闻播音语言规范创造了条件，搭建了平台。"东北各人民广播电台都非常重视新闻性节目。每天都有多次新闻节目播出，每天 6 次新闻广播的台比较普遍，长春新华广播电台最多时曾有 11 次新闻节目。"[②]东北各台当时播出的新闻节目，生动多样，有"新闻"、"政令通告"、"国际新闻"、"国内新闻"、"东北新闻"、"地方新闻"、"市内新闻"、"本地新闻"、"时事新闻"、"军事新闻"、"政令传播"、"解放区消息"、"新闻重述"、"简明新闻"、"综合新闻"、"记录新闻"、"通讯"、"解放区通讯"、"时评"、"战评"、"时论介绍"、"口号"等。大连台注意新闻报道客观公正，播发新闻评论时，将"蒋匪军"改为"国民党军"，将"我军"改成"民主联军"或"解放军"，可以直呼蒋介石的名字，却不可用"人民公敌"的字样。

东北各台注意转播延安（陕北）台的节目，播音员注意学习延安（陕北）台播音员的播音。延安（陕北）台规范的新闻播音产生了广泛影响，促进了各地新闻播音语言规范系统雏形的建立。如曾任本溪台

① 见北京广播学院新闻系编选：《中国人民广播回忆录》，广播出版社 1983 年版，第 190 页。

② 黑龙江省广播电视厅、黑龙江广播电视学会、吉林省广播电视厅、吉林广播电视学会、辽宁省广播电视厅、辽宁广播电视学会编：《东北人民广播史》，辽宁人民出版社 1991 年版，第 61、41 页。

播音员的严林在《本溪、安东两台播音生活的回忆》中，专门有一部分是写“向延安播音员学习”的，她说：“在转播延安新华台节目过程中，我不仅仔细聆听播出的内容，还特别注意播音员的吐字发音和声腔语调，有时还用小本本记下来。转播延安台节目，就成了我学习的时间；我自己播读稿件，又是我工作实践的良机。正因为这样，我渐渐能够在播音中掌握抑扬顿挫的规律和较好地表达感情了。”[①]

为保证播音质量，东北各台已开始注重制度建设。“这一时期编辑工作已有了审稿制度和口语化的规定。编辑程序大体形成：选稿、口语加工、口径处理、编定次序、写出提要、送审、交播音员备稿一条龙。人们普遍注意政治性提法与口径的掌握。”[②]这为规范编播程序、把握好宣传口径等新闻播音语言规范要素形成及系统雏形的建立起到保障作用。有些台建立起播音制度。如本溪台严林回忆说：“自己制定了严格的提前备稿制度，凡是看不清弄不明白的字句，都提前打听清楚，尽量努力避免差错。”[③]这一制度保证了播音语言的规范。

东北各台都设有记录新闻播音，播音员在播记录新闻时，使吐字归音得到更有针对性的锻炼，提高了语言规范程度。

在向延安（陕北）台学习的同时，当时东北各台播音员都十分注意苦练语言基本功，在语言规范方面严格要求自己，这是新闻播音语言规范形成的内在因素。延吉台刘竞说：“当时，播音都是直播，一次节目长达二十到三十分钟，要求极为严格。因此要做好播音工作，必须大练基本功。我们首先从学查字典、掌握语言开始，整天学认字，纠正自己不正确的读音，学习陕北台孟启予、齐越等同志的播音。为了口齿流利，我们就大练绕口令，有时还比赛一番，看谁说得快、说得准。一有空就拿稿件或报纸练习，先默读，注意理解稿件内容，有时为了弄懂稿件中的问题，竟展开一番大讨论。如播土改划分成分的稿件时，有些内容我们不懂，通过讨论和老同志的解释，明白了是怎

① 见北京广播学院新闻系编选：《中国人民广播回忆录》（第 4 集），中国广播电视出版社 1995 年版，第 165 页。

② 北京广播学院新闻系编选：《中国人民广播回忆录》，广播出版社 1983 年版，第 57、198 页。

③ 北京广播学院新闻系编选：《中国人民广播回忆录》，广播出版社 1995 年版，第 165 页。

么回事，播时也就心中有数了。理解内容后，还要像正式播音一样朗读，然后互相矫正，指出毛病。电报稿最难播，我们就重点苦练，训练眼快。为了掌握好播音速度，我们掐着表一遍又一遍地练，一遍又一遍地查字数。转播陕北台节目时，注意学习他们的播音速度。”①

（二）华北解放区的播音

华北地区的人民广播以张家口台和邯郸台为代表。

1945 年 8 月 24 日，张家口新华广播电台开始播音。其节目以新闻性节目为主。开始主要是播送张家口市军政机关的布告和命令，以后逐渐增加了国内外要闻和本市新闻等。1946 年 10 月，该台改为晋察冀新华广播电台，办起了新闻、评论、通讯、专论、人民呼声、解放区介绍、每周评论汇编、对华北蒋军广播、记录新闻等。这些新闻节目的播音，锻炼了播音员新闻播音语言能力，为新闻播音语言规范雏形的建立提供了平台。张家口台还担负转播延安台节目的任务，这为该台播音员向延安台播音员学习提供了机会，促进了新闻播音规范雏形的建立。1948 年 5 月，晋察冀新华广播电台并入延安（陕北）新华广播电台，7 月 1 日，两台人员在西柏坡附近的封城村会师，播音力量进一步加强。

邯郸新华广播电台 1946 年 9 月 1 日开始播音，1947 年 3 月初，邯郸台正式组建编辑部。邯郸台以新闻播音为主，对南下人民解放军广播是其重要特色，播音员用记录速度播音，受到欢迎。邯郸台还转播延安台节目。邯郸台挑选播音员，注重语言规范，挑选北平人和有表演基础的人当播音员，以保证语音标准。播音员纪青回忆说，邯郸台领导对播音工作要求是很严格的。重要文献或社论、重要新闻等，播出时都要求一字不错。为了保证不出差错，实现语言规范，提高播音质量，邯郸台播音员认真备稿，并做出提示标记；在播音中运用对象感的技巧，还制定了相互检查、交流经验、举行学习讨论会等制度。邯郸台注重播音经验总结。1947 年 4 月，该台在《邯郸台口播编辑技

① 北京广播学院新闻系编选：《中国人民广播回忆录》，广播出版社 1983 年版，第 57、198 页。

术初步经验》和《邯郸台播音技术的点滴经验》中，提出稿件要注意口语化和简练；在播音方面，提出熟练、稳当、有感情、抑扬顿挫和快慢适当等要求，这两篇文章是总结新闻播音语言规范的重要文献。

1948年元旦起，邯郸台同陕北台播音员用一个星期时间，连续、反复播出了毛主席《目前形势和我们的任务》这篇长达一万字的报告，没有出现差错，圆满完成任务一样，东北各台、华北各台，也播出了这个报告，都圆满地完成了任务。这一播音史上的重要实践，是解放区播音雏形显现的重要标志之一。

综上所述，华北、东北等解放区电台初始阶段的播音是解放区播音雏形的重要组成部分，它们有如下几方面特点：

1. 各台重视播音工作，重视播音队伍建设。当时，许多台都设立了播音科或播音股，播音员人数已达近300人。这是人民广播播音雏形建立的重要基础。

2. 播音员选拔要求有语言和文化基础。播音员有的来自演员剧团，具有表演基础。这为播音语言表达系统的建立打下了良好的基础。

3. 新闻是当时播出节目的主体，尤其是大量记录新闻的播出，锻炼了播音员的语言基本功，这为新闻播音语言规范系统的形成提供了平台。

4. 各台都转播延安（陕北）台的播音，各台播音员都认真学习延安（陕北）台播音语言表达方式、语言样式，促进了解放区播音雏形的建立。

5. 注重业务学习和钻研。从语音、读音的正确规范到坚持遣词造句的口语化原则，从内部技巧的把握到外部技巧的运用，从语言样式的选择到政策分寸的体现等，播音员们都认真研究、反复练习、努力实现，这是提高播音质量的内在动因。

6. 领导重视，加强制度建设，善于总结经验，这是提高播音质量的保障。

7. 尽管条件艰苦，但仍注重播音室隔音布置，以保证声音质量。

8.《目前形势和我们的任务》等重要文献的播出，集中体现了解放区播音质量和水平有很大提高，是解放区时期人民广播播音雏形的代表。

六、邯郸台《口播经验》和《播音经验》细化了播音语言要素

（一）《口播经验》概述

邯郸新华广播电台关于《邯郸台口播编辑技术初步经验》（1947年4月21日）和《邯郸台播音技术的点滴经验》（1947年4月21日）中对播音的总结和提出的要求，细化了播音语言要素，对于解放区播音系统的建立具有重要作用。

《邯郸台口播编辑技术初步经验》（以下简称《口播经验》），从新闻广播语言传播的层面，从听众的角度考虑和处理语言的音、字、词、句；从语言交际的层面，强调语言的口语化等，这都使播音语言表达系统的建立有了明确的规格、标准和要求。

《口播经验》关于“口语化”从五个方面提出了具体要求，在字词方面，明确提出：“不要用不容易听懂的、晦涩的，要用响亮而响声叠韵的”；①提出要“注意同音异义的字与词”②的使用。这两条都是从语音的角度考虑。下面3条是从用词的角度考虑的：“动词、数词可以用在前面，战报中的缴获多少，数目字可以用在后面”，③并提出“少用代名词与转折语”。这些词汇的调整、选择方式，有利于口语交际，有利于听觉分辨，有利于新闻广播。在句子方面提出的要求是，要使用短句子：“句子要短，长句可以拆开来用”；④为了在传播过程中保证意思明确，提出“每句的开头词不怕重复，如‘打倒蒋介石反动派……及美帝国主义……’可以改写成‘打倒……打倒……’”；⑤要求“主语和宾语必须写清楚，如‘活捉多少人’，要写成‘解放军活捉蒋军多少人’”⑥以免引起歧义；反对句子欧化，对翻译稿件的句子要改写清楚。在文法方面，《口播经验》解释说：“文法主要是指内容的结构次序，要顺序，避免倒叙法。句子如‘××说：……’‘××答……’，切勿写成‘……××说。’‘……××答’。这种文艺上的用法，在口播上

①②③④⑤⑥ 见中央人民广播电台研究室、北京广播学院新闻系编：《解放区广播历史资料选编》（1940—1949），中国广播电视出版社1985年版，第281、282页。

不大适宜”，[①]这里，区别了新闻广播语体与文艺语体，指出了广播语体特色。在文言译成口语问题上，《口播经验》中指出：“文言译口语：译法上不能如实死译，要会意地加以改写，特别是成语，不要按字译出，如‘高枕无忧’、‘铤而走险’、‘瓮中捉鳖’等，不能译成‘睡在大枕头上没有忧虑’、‘大瓮子里捉王八’等”，[②]反对机械照字死译，要求把握语意实质。在注解上，要注意感情态度、分寸适当，如敌我双方姓名的解释“要注意适当的身份，敌方姓‘马’，用‘牛马’的‘马’就可以了，我方的就得用‘千里马’、‘马到成功’等的‘马’”；[③]提倡要用大家熟悉的成语注解：“注解最好多用成语，如‘正’可用‘改邪归正’，‘正大光明’”；指出在注解中不要使用庸俗词语，也防止过于风雅的成语，如“风萧萧兮易水寒”。《口播经验》提出稿件内容的生动具体可以促使语意表达的口语化。“如果内容生动具体了，播音时即能更口语化，同时也就可能充满感情了”。说明生动具体的稿件内容，是使播音充满感情、通俗自然表达的基础。

《口播经验》从“内容”、“字句”和“篇幅”三个方面，提出了关于“简练”的要求。在内容方面，要求重点突出：“须突出一个中心，即突出一点、一事，因此，必须在看稿时注意：全篇大意，中心重点，材料取舍，结构次序，宣传效果等各方面，然后修改或改写。如果一稿偶尔有两件事，两个中心，可以分开编写，或者注意内容的次序和对比，编在一个稿件中。事件的发展，有两件事可以顺次序写，事件的正反可以作对比写。”[④]在字句方面，要求一定要简练：“需要去掉不必要的字、词，如‘一、二、三’等，起不了作用的‘的’‘了’‘吗’‘呢’和某些附加语”[⑤]；“新闻的导语或帽子不必用，因有了标题”[⑥]；“地点可以少写几个，其余略去，数目字可以综合起来”[⑦]。在对外播音时，要求“具体的方法、经验、战术须去掉”[⑧]，这一点不光是从字句考虑，更是从保密的角度考虑；“举例要少而精”[⑨]。在篇幅方面，要求“该合并的合并，该分开的分开，两条消息同一件事，可以合成

①②③ 见中央人民广播电台研究室、北京广播学院新闻系编：《解放区广播历史资料选编》（1940—1949），中国广播电视出版社 1985 年版，第 281、282 页。

④⑤⑥⑦⑧⑨ 见中央人民广播电台研究室、北京广播学院新闻系编：《解放区广播历史资料选编》（1940—1949），中国广播电视出版社 1985 年版，第 282、283 页。

一个综合消息，一条消息有两个内容，可以分成两条消息”[1]。在稿件的字数上也提出了要求：“新闻稿件平均二百字左右为最好，必要时五六百字，一般在六百字以上的可以改写成综合报道或通讯。”[2]从字数上规范稿件的长度，以使语句、内容精简；在编排报道方式上，也提出了建议：“一件电稿、稿件，可以摘成消息与单播同时用，如总部公报等，即可摘一消息，再同时播送单播。”[3]

上述《口播经验》，从语言、新闻、广播层面要求明确，从听众接受角度考虑具体；从语音、字词、语句，到篇章结构安排，从语句翻译、注解，到语序先后，从稿件内容选择到具体材料取舍，从稿件字数要求到消息报道方式，从语言表述要生动具体到数字、战术要注意保密，从播音语言要体现态度到宣传政策要把握分寸，《口播经验》的要求，涉及播音语言表达的各个层面。

（二）《播音经验》概述

《邯郸台播音技术的点滴经验》（以下简称《播音经验》），在播音语言表达方面讲得更为直接具体。

《播音经验》在一开头总结播音经验，提出努力方向时，就涉及一系列新闻播音语言规范的指标：“播音技术，在总的要求上，最先提出的是：咬字清楚，口齿流利，抑扬顿挫，充满感情，快慢适当。”这些要求，已具体涉及语言规范的发音与表达的基本层面：语音发声，口腔控制，停连重音、语气节奏、播音速度等。

《播音经验》提出了：熟练、自然、充满感情。这里，除了前面说的发音与表达外，又提出并强调了播音状态、播音情感、播音基调。这也正是播音语言表达的核心要素。

《播音经验》提出以下六点：（1）新闻播音表达样式是“讲”，即报告新闻，而不是念新闻：“播送新闻……是‘讲’而不是‘念’，所以要熟悉稿件，想象内容，从自己的口中‘讲出来’。”这里又提出了，要做到“讲”，即使用报告新闻的语言样式，就要熟悉稿件，

①②③ 见中央人民广播电台研究室、北京广播学院新闻系编：《解放区广播历史资料选编》（1940—1949），中国广播电视出版社1985年版，第282、283页。

即备稿，要想象内容，用现在的播音术语就是“情景再现”，这是语言表达的内部技巧。（2）在语气表达方面，要求做到富于变化，生动鲜明，自然大度，稳健流畅。《播音经验》中具体讲道：“在语气上，主要是有声有色，气魄大，不同身份用不同语气，要求自然（不要做作），流利（切忌生疏、打顿），稳当（不要张皇），沉着（切忌轻浮）。”文中还指出，在念词句上要注意：不能分开或拖长，中间不打螺旋，末两字不要短促、生硬，注意尾音。咬字力求准确、清楚，注意字音与四声。这里对口腔控制、吐字归音、词语声调、语势类型等，从语音发声到词句表达中应注意的主要问题，都提出了非常细致的要求，使新闻播音语音规范在每个细微之处都得到了体现。（3）对新闻中解释词语及记录新闻的播法，提出具体要求：“解释时，介绍放下武器的蒋军军官与记录新闻，共念三遍，前两遍慢，后一遍快，解释要先详后略，稿中未加注释的不必解释，避免临时想，影响速度与不妥当，但必要时可以机动。”这里对语句播报的遍数，各遍所用的速度，词语解释的程度等，都作了具体安排，使此类新闻播音语言表达的规范更具有可操作性。（4）强调了停顿的重要性，对不同情况采用停顿的时间长度做出了规定。《播音经验》中说：“间隙，每句、每段、每件及新闻提要，注意间隙适当，过长了会增加听众疲劳与感觉突然，没有间隙，则会分不开。如果每句半到一拍，则每段一到二拍。每件可有一拍，提要方停一拍。”这里强调了停顿运用和时间把握的规范，并从听众角度考虑，研究听觉心理，这不仅从语音表达层面要求新闻播音语言规范，而且从受众接受层面考虑了新闻播音语言规范。当然，其中的按拍停顿还有待研究。（5）对于播音准备工作，要求了解内容，有时间要多上口试播。（6）为保证播音准确规范，文中还对编稿提出了具体要求：尽量改写；修改尽量顺行；词连写，不要断行；注意每一地名、人名另行（现为写在格子旁空行中）等。以此从每个细节、每个环节来保障播音的规范、准确。

第四节 解放区播音的形成期（解放战争）

一、毛泽东等谈话、指示和重要新闻播音实践推进播音规范系统形成

（一）两篇谈话推进播音规范

1948年3月下旬，中共中央和毛泽东离开陕北东渡黄河，于5月下旬来到河北平山县西柏坡村，陕北台也随新华总社一起由太行迁到平山，发射机房和播音室先设在滹沱河畔的张胡庄，后迁到窟窿峰。在这里播音队伍得到加强，晋察冀台播音员先后并入陕北台播音组。孟启予任组长，丁一岚任副组长。播音员有齐越、钱家楣、李惠一、柏立、秋原、杨洁、柏培思、智世民、郑宁等。

1948年4月2日，毛泽东发表了《对晋绥日报编辑人员的谈话》。10月2日，刘少奇发表了《对华北记者团的谈话》。“这两篇新闻工作的纲领性文献，系统地总结了解放区新闻工作的经验教训，深刻地阐明了党的报刊、通讯社和广播电台宣传工作的基本任务和作用，它们与人民群众的关系，以及新闻宣传的无产阶级风格和特点，新闻工作者的政治修养和业务修养等一系列无产阶级新闻学的基本原理。”[①]这两篇讲话，对播音性质、地位、作用的认识，对播音员修养的加强、素质的提高，播音风格的形成，具有着重要的指导作用。毛泽东说：“要尖锐、泼辣、鲜明……我们必须坚持真理，而真理必须旗帜鲜明。……我们党所进行的一切宣传工作，都应当是生动的，鲜明的，尖锐的，毫不吞吞吐吐。这是我们革命无产阶级应有的战斗风格。”[②]刘少奇在谈话中用“真实”、“全面”、“精彩”六个字概括了对记者写作的要求：“‘精’，就是不拉杂，‘彩’就是漂亮，挂点‘彩’，读起来爱读。……要拣重要的写，重要的就是‘精’的，要做到真实，就算

① 赵玉明主编：《中国广播电视通史》，北京广播学院出版社2004年版，第169～171页。
② 《毛泽东选集》第四卷，人民出版社1991年版，第1322页。

要全面，缺一面就不是真理。”[①]

同广大新闻工作者一样，陕北台及各解放区播音员认真学习毛泽东、刘少奇的上述讲话。毛泽东关于“尖锐、泼辣、鲜明”的指示，刘少奇关于“真实、全面、精彩”的要求，为语言表达注入了灵魂。新闻播音语言规范，在语言本体上，即普通话语音、词汇、语法方面，就是应准确、精练；在语言传播上，就是要鲜明、生动；在对新闻内容的把握上，就是要真实、全面。

（二）播音实践推进播音规范

在平山西柏坡附近，陕北台播音室设在一座狭小的院落里。为了隔音，播音室没有窗户，白天也要点灯。就在这间不惹人注意的小屋里，播音员兢兢业业地工作着，播出一篇又一篇重要稿件。

陕北台在平山阶段是人民解放战争发展到了夺取全国胜利的决定性阶段。从解放战争的各个战场上，捷报不断传来。通讯员每天骑马传送稿件，有时还不能把当天的战报送出去。为了争取广播宣传的时效，陕北台还利用电话传送稿件。编辑部的同志一字一句地念稿，播音员一字一句地抄录，经校对无误后，立即播送出去。陕北台在党中央和毛主席的直接领导下工作，日益成为向国民党军队和国民党统治区进行宣传斗争的有力武器。随着人民解放战争的进展，人民广播事业也在日益发展。邯郸台和晋察冀台先后并入陕北台，编辑、机务和播音员的队伍扩大了，电力加强了，节目和播音时间增加了。

在平山，陕北台的播音员播出了一个个人民解放战争胜利的捷报；他们还对敌讲话，播出了《人民解放军总部向黄维兵团讲话》等一篇篇毛泽东修改和亲自撰写的广播讲话稿，进行了大量重要的新闻播音实践。

温济泽在《毛主席为陕北新华广播电台写的广播稿》一文中回忆说，延安和陕北新华广播电台播出过的毛泽东文稿，据不完全统计，有六七十篇。其中，有些是署名的，有很多没有署毛泽东的名字，是他为中共中央起草的指示和通告，或者以中共中央负责人、中共中央

① 赵玉明主编：《中国广播电视通史》，北京广播学院出版社2004年版，第169～171页。

发言人、中国人民解放军总部发言人、延安（或陕北）权威人士、延安（或陕北）军事观察家等名义发表的谈话和声明，还有为新华社写的社论、时评和新闻等。

江炎在《永远不能忘记——陕北台工作的片段回忆》一文中回顾了为保证播音表达准确、鲜明、生动，陕北台播音组和编辑部同志们所做出的努力。他说，每个同志都是从早到晚夜以继日地投入工作。为了争取尽快把前线传来的振奋人心的捷报向全国广播，负责编战报的同志每天都通宵工作，紧张地编写从各个战场传来的战报，不断摇电话给播音组，一个接一个地传送新收到的战报。江炎说，他们编写出的每篇广播稿都要求达到高质量，要求百分之百的准确，要求鲜明生动，还要求符合广播特点，要写得很通俗和口语化。当时直接领导编辑部的是梅益同志和温济泽同志，每篇广播稿都经过他们认真地审改，凡是不合格的都退回去重写。

综上所述，陕北台当时播出了大量重要新闻稿件，这给形成陕北台播音特色，促进新闻播音规范，提高播音质量提供了平台。毛泽东对新闻广播的重视，对新闻稿件的修改，在把握政策的尺度和分寸，体现语言的准确，对语言精益求精的态度方面，为陕北台广播工作者做出了榜样，促进了陕北台在语言准确规范和政策分寸把握方面的提高。

二、各类文献促进播音理论建设

在新闻播音的理论建设上，梅益、温济泽等广播部门的领导同志在1948年5月至9月与陕北台播音员经常往来书信，对新闻播音给予指导，提出要求。此外，温济泽起草的《从文播稿改写成口播稿的几个原则》（未完成稿）（1948年3、4月间），陕北台的《编辑发稿工作细则》（1948年10月）和《口播清样送审办法》（1948年12月），《新华总社经中央批转关于用语的指示》（1948年12月9日、18日），《新华总社关于在使用统计数字时要学习列宁的精细作风的指示》（1948年12月22日），齐越《十天播音工作个人总结》（1948年5月30日）等文献对播音规范系统的形成起到了重要作用。

(一)往来书信

1948年5月29日，温济泽就如何播出《中共中央关于一九四八年土地改革工作和整党工作的指示》(1948年5月25日)致信五组(即播音组)。温济泽时任新华总社语言广播部即陕北新华广播电台编辑部主任。温济泽在这封信中，反复强调不要播错一个字，而且他对记录新闻的播法，对播长句子的注意事项，对标点符号播音的要求，对男女分播的安排都讲得十分细致、清楚。这对具体落实播音语言表达的准确性、规范性，具有非常具体实际的指导帮助作用。

温济泽在1948年6月5日致孟启予并转五组同志的信中，希望播音员参加编稿，提高写作能力，学习毛泽东严谨认真的工作作风。信中说："过去你们是参加编辑工作的，现在请你们编几篇稿子……希望你们好好学习写作……提高写作能力。"[①]"字，请写正楷。近来我看到主席许多亲笔提示，如'发口头广播'等等，都是一丝不苟，非常认真，写得端端正正(虽然他有一种特殊字体)，这种精神，我们应该学习。"[②]这对于播音员养成严谨认真、一丝不苟的工作作风，对于提高播音员编写能力，在播音时驾驭稿件，实现语言准确、规范的表达都具有重要帮助。

温济泽在1948年6月16日、17日、20日和7月18日致孟启予的信中希望大家能认识播音的重要意义，开展批评，加强规范管理，保障播音不中断，提高新闻播音质量。他希望播音员学习机务知识，一专多能，尤其是对新闻播音用词中应注意的问题提出了要求。这里的规范，已涉及语言应用、新闻传播、政治政策等各个层面。

梅益在1948年6月底或7月初致孟启予并转五组同志的信和1948年9月3日致丁一岚的信中，肯定播音工作的成绩，强调播音员要加强政治学习，要保持严肃认真的工作态度，防止出差错，要加强记录新闻播音，希望播音员应该是全能的，应该一专多能。这些都是保证实现新闻播音语言规范的基础。

①② 赵玉明：《中国现代广播简史》(修订本)，中国广播电视出版社2001年版，第270、272、273、274、275页。

（二）《从文播稿改写成口播稿的几个原则》（未完成稿）

温济泽写的《从文播稿改写成口播稿的几个原则》（未完成稿）中强调了播音语言的规范准确、简明通俗。文中指出："文件及文件性质的东西（包括决定、指示、重要社论、重要政策报告、公报、布告及条例等），如制定全文播送，则必须严格依照文件本身，不得增删改动，不易听懂的句子，可用白话解释一遍，不易听懂的名词，可像记录新闻那样加以解释，但也要愈少愈好。如摘要播送，也是尽可能摘引原文，在口播《老区半老区土改和整党工作的指示》时，有几处增删改动，如在'阶级异己分子'上加'坚持反革命立场的'八字是错误的。中宣部关于此问题的指示，应严格遵照办理。"[①]"一般文稿的改写，也绝不能与原意有丝毫出入，例如，把'今年要解放东北人民'，写成'今年要完全解放东北人民'，是不对的。数字也不应该有出入，'八个多月'不应为了简单写成'八个月'。'两万一千四百三十八'可缩写成'两万一千多'或'两万多'。但不应写成'两万'。'两万九千八百多'可缩成'将近三万'，但绝不能就写成'三万'。要知道口播和文播对同一件事件的宣传报道，在内容上必须一致，不能有任何出入，这是一个原则。"[②]"如发现文播稿有错误或疑问时，应即提到总编室，得到总编室同意，然后才能更改。未得到总编室同意，绝不能擅自更改。"[③]文中强调，改稿的目的是要适合听众需要，使人容易听懂。广播工作者要掌握口播宣传报道方针，要熟悉业务情况和材料。该原则体现了实事求是、求真务实的精神，坚持广播新闻报道语言的规范、精确、简明、通顺。从稿件角度看，该原则在新闻报道语言上的规定，执行了宣传政策，保证了语言的准确；从听众的角度看，该原则对新闻报道语言的要求，突出了通俗易懂，体现了规范的目的。这虽然是为改稿者制定的原则，但对播音员保证新闻播音语言表达的准确规范也有重要指导作用。

（三）《编稿发稿工作细则》和《口播清样送审办法》

陕北台的《编稿发稿工作细则》（1948年10月）和《口播清样送

①②③ 赵玉明：《中国现代广播简史》（修订本），中国广播电视出版社2001年版，第275、276、281页。

审办法》（1948 年 12 月）对新闻稿件的审定、字数要求、记录新闻播音速度以及新闻语言应口语化、简明、易懂等方面都提出了明确的要求。《编稿发稿工作细则》规定：“每条新闻字数力求简短。”[①]“评论、通讯、综合报道等稿件……一般的每篇以 1 000 到 1 500 字为宜。”[②]“临时变动稿件，必须得到发稿人的同意。播音员请示修改稿件时，政治性问题由发稿人决定，技术性问题可由主编或副主编决定。”[③]上述规定强调了新闻口径的严谨和新闻内容的简洁。在新闻语言表达上，《编辑发稿工作细则》规定：“广播稿件的内容不仅要能掌握马克思主义的观点、党的政策、充分的材料，而且应注意口播稿的特殊写作技术，因此，每一单播件写好后，应由一个人念，几个人听，听了提意见再修改。力求写得口语化，意思简明，头绪清楚，一听就懂，并且生动而富有说服力或鼓动的力量。”[④]意思简明，层次清楚，脉络清晰，便于理解，鲜明、生动，具有说服力、鼓动性，这些都是对播音语言表达的基本要求。

《口播清样送审办法》规定了口播稿件清样送审的程序、时间，并规定“新闻稿件是将清样发到播音组，然后把工校负责同志改的地方打电话告诉播音组改正播出”[⑤]。这样可以保证播音质量，以利于新闻播音语言表达的准确、规范。

（四）《新华总社经中央批准关于用语的指示》

1948 年 12 月 9 日、18 日，新华总社经中共中央批准发的《新华总社经中央批准关于用语的指示》（以下简称《指示》）强调了新闻稿件的用语规范，指出：“各地来稿中经常采用许多方言、专门术语、简称、地方性的度量衡，不为全国所熟知的行政划分等等。……这个问题必须彻底解决：凡方言、专门术语，必须代之以流行较广的普通话，或加以注释。凡简称（如地武、支前、优属、政攻、人代会、全总、美帝、土改、妇运、劳模等）必须代以全名……凡地方性的度量衡，必须代以通行的度量衡或与通行的广度相比较；凡地方性的行政划分

①②③④⑤ 赵玉明：《中国现代广播简史》（修订本），中国广播电视出版社 2001 年版，第 270、275、276、281、287 页。

（如三专区、五地委及各个为地图上所没有的新设县）在新闻中应尽量少用，在必须使用时，应照现在规定改以地区所在属名，如陕北三边专署、黑河地方委员……此外我们对以年月日亦常用省写法，例如一九四三年十月八日只写四三年（十八）。又往往习用许多含义不明或用错了的用语，如群众（实际上往往指人民、农民、工人、战士、村民、市民等等）；组织上（应说明何项组织）；领导上（应说明何项领导机关）等。我们的造句文法多不完全，有的缺了主词，有的用错了动词，或形容词，这些毛病都大大加大增加了文字意义不明了的程度。……我们一切发表的文字，必须以最大多数的读者能够完全明了为原则，因此，无论我们编辑，我们的造句文法或我的选词用词，都必须使人人能懂，然后我们所宣传的内容，才有可被人接受的可能性。望此后发稿时切实注意。”[①]这里提出的稿件必须使用普通话，专门术语要统一，简称、缩略词要规范，这些都是保证新闻播音语言准确、简明、规范的基础。

（五）《新华总社在关于使用统计数字时要学习列宁的精细作风的指示》

1948 年 12 月 22 日，《新华总社在关于使用统计数字时要学习列宁的精细作风的指示》中，进一步强调了在新闻报道中用词用语的准确性。该指示在开头列举出新闻用语不规范、不准的问题：“华北十一月二十六日来稿报道阳德铁路全线修复通车，其中有‘在历史上，国民党修路是一天一公里；日本人用机器一天修三至四公里；而人民政府修阳德铁路却创造了一天修四公里又三百米的新纪录’等语。这种缺乏必要说明的比较数字，是意义不明显的。因为既没有国民党与日本人修路是‘修复’还是重新修建，也没有说明三者是否在同样的地形上使用同样多的人力、物力从事修复或修建，又没有说明所谓一天修几里，究竟是最高纪录还是平均成绩。如果不把这些条件交代清楚，

① 中国社会科学院新闻研究所编：《中国共产党新闻工作文件汇编》，新华出版社 1980 年版，第 256、257、260、261 页。

三个比较，便不可理解。”[①]该指示中还列举了具体数字词语使用的不规范现象：“有的是百分数与倍数不分，如把物价降低了百分之五十说成降低了一倍。……有的是超过数与相等数不分。如把工厂数由十家增加至二十家说作‘增加二倍’，实则应说增至二倍，或等于原数加一倍，或原数的两倍。”[②]该指示说：“这种毛病不只是出现于各地报纸，同样也常见于我们的广播中。由于这些毛病的存在，往往影响整篇稿件的采用……或者是中文广播勉强用了……也不会有好结果。因为这些数字说了等于不说，有的说了比不说还坏。读者（听众）不能从它那得到什么，并可能因此发生各种误解，甚至还会因怀疑这种数字而怀疑整篇新闻的真实性。”[③]该指示要求新闻报道的用词用语，尤其是数字的使用，“必须力求其正确无误”，“不是信口雌黄，而是实事求是，郑重其事，对人民负责。”[④]该指示要求新闻工作者要向列宁学习：“列宁夫人在《向列宁学习工作方法》一书中说：‘仔细地检查每一事实，每一数字，是列宁始终采用的方法。当涉及有巨大意义和巨大无比的数字时，他连已公布的数字表的统计也加以检查。’我们必须把列宁的这种严肃、精细的作风贯彻到我们的通讯社和报社工作中来。”[⑤]

该指示中不光讲到了用数字的准确、用词的准确，也讲到了由此而产生的用语及语句的准确，乃至对新闻真实性的影响。这对于规范新闻报道语言具有重要作用。

三、齐越的总结显现播音的评价标准

1948 年 5 月底陕北台播音组开会总结工作，每位播音员都写了十天播音工作总结，其中保存下来的齐越的《十天播音工作个人总结》最具有代表性。它直接从新闻播音实践中来，真实地记录了当时播音实践具体情况，是研究人民广播播音语言的十分重要的文献。

该文在开头说播音较前有进步，这是从准确的角度来审视、评价：

---

①②③④⑤ 中国社会科学院新闻研究所编：《中国共产党新闻工作文件汇编》，新华出版社 1980 年版，第 256、257、260、261 页。

“固定调子基本上已克服。错误、结巴亦较前减少，速度基本适当。”[①]讲播音的缺点与错误时，也是从准确规范的角度来检查、剖析：“（一）个别语句不自然。（二）有一些语句分断过多。（三）某些字的四声不准（地方音）。（四）播通讯放不开，呆板，生硬。（五）大错误有三：中央指示中‘农民’播‘人民’。……《人民公敌蒋介石》的预告中‘中华民族’播‘中国人民’。……呼号‘XNCR’播‘XNMR’。”[②]这里既涉及了语言自身的准确，又涉及了语言传播的规范；既涉及了语音词汇的表达准确，又涉及了语言交际的得体有效。

齐越在总结中强调了要正确认识人民广播和播音工作的性质，树立坚定的理想、信念、强烈的事业心、高度的责任感和使命感，培养严肃、认真、细致的工作作风。

关于广播和播音工作的性质，齐越在总结中说：“这次的教训，使我更深深地认识到我们的广播电台是和一般电台根本不同的，我们的电台是我党的喉舌，是服务于人民革命事业，代表党中央发言的。”[③]这一认识，贯穿了他一生的播音创作。

关于高度的政治责任感、使命感及严谨认真的工作态度方面，齐越在总结中说：“一个播音员应当时时刻刻小心谨慎，认真负责，不容许有丝毫错误发生，即便是一字之错，也是全党和人民的损失，影响我们党的威信，对不起人民的。今后，首先应该时时刻刻坚持认真负责的精神，并将此精神贯穿到播音的每一字，每一句，每一呼号中。”[④]

关于正确把握播音技术，齐越说：“我们的播音技术所要求的自然，是在严肃负责基础上的自然，而非任意放开，随随便便顺口溜的自然，否则，就要发生错误”。[⑤]他强调：“我们的播音，首先要稳重沉着，不出错误，在这样的基础上再做进一步提高。今后为避免发生类似错误，要坚持认真负责的工作态度，并在容易顺口溜播错的一些名字上，在准备稿件时作提醒注意的记号。另外，每个节目前的呼号

①③④⑤ 齐越：《献给祖国的声音》，中国广播电视出版社 1991 年版，第 26、83 页。

② XNCR：根据当时国际有关规定，X 是我国无线电台呼号的第一个字母，NCR 是英文 New China Radio 的字头，意思是新中国的广播。

一定写在稿子前面，看着呼号。”[1]温济泽在批语中对齐越的看法予以肯定，并加以强调说：“‘自然’必须建立在‘沉着稳定’的基础上，片面强调技术‘自然’是有毛病的。”[2]他要求播音员正确运用播音技术，沉着稳重，不出错误，保证准确，这是运用技术的前提和基础。

关于互相协作，全方位对稿件文字的准确性进行把关的问题，齐越在总结中说：“中央指示中‘农民’播‘人民’是稿子上抄错的。未播前曾想到和记录原稿校对一下，但又想，编辑部校对过了，不会有错，结果就出了错。这说明自己全面认真负责精神是非常不够的。如果自己这样想：编辑部人少工作忙，可能出错，出了错就是我党和人民的损失，那么自己就不会不分些时间校对一下。今后应尽量掌握胡必成[3]同志在报告中所指示的精神：‘不但对自己所担任的工作负责，同时对同自己工作有关的其他工作也要负责。’今后在准备稿子时，应多加强对稿子的研究学习，多方面校对（如有条件的话），有问题立即向编辑部提出解决，以便减少播出的错误。”[4]把出了错看成是党和人民的损失，认识到不光对自己工作负责，还要对其他相关工作负责，正是这样高尚的精神境界和团结协作精神，才能保证播音任务圆满完成。

四、陕北台《播音手续》《陕北台播音组关于训练和培养播音员的意见》促进播音制度建设

陕北新华广播电台的《播音手续》（以下简称《手续》）（1948 年 7、8 月）使播音质量和安全播出都得到制度保障。《手续》对台号呼叫的次数，不同情况下报告的方式，开头和结束语，播音室话筒使用的要求，声音质量的保证，尤其是要求播音时依照原稿，不出差错，以及出现差错后的更正程序等方面都给予明文规定。《手续》强调：“播音

①②④ 齐越：《献给祖国的声音》，中国广播电视出版社 1991 年版，第 26、83 页。
③ 胡必成是周恩来在解放战争时期使用过的代名。

时必须严格依照原稿，不得错漏或更改一字。”[①]“如果发现播错，应立即重播，不必说‘更正’，若是记录新闻，应说‘刚才某某某处播错了，应当是某某某，请更正，并请原谅’。若系重大错误，应请示编辑部负责人，正式发表更正。”为保证播音安全和声音质量，《手续》规定：“播音时尽量不要闭开关，严格遵守播音时即开，停止时即关。”“播音时不要移动话筒，并避免发生其他杂音。”[②]这里对播音语言本身的规范和语言传播过程的规范都作出明确规定。

《陕北台播音组关于训练和培养播音员的意见》（1948年10月7日）中指出：“应全盘有计划有步骤有组织地训练一批播音员，尽可能招收一定数量的男女播音员，集中训练，成立训练班，除政治政策等训练科目外，要有播音技术座谈、练习、收听等科目，还需要了解一般浅显的无线电常识及其使用及简单原理。”[③]该意见提出播音员应具备的条件是：“a. 要有一定的政治水平；b. 能操流利国语；c. 相当于初中以上文化程度及文艺修养。”[④]这里明确提出了“能操流利国语”是必备条件，强调了语言规范。同时，该意见规定：“在训练班经过一定步骤的训练，经考试后，分发各台见习后作正式播音员。”[⑤]这对播音员的选拔、培养逐步走向正规化方面起到了重要作用。

五、北平台的播音标志解放区人民广播播音系统形成

1949年1月31日，北平和平解放。齐越、刘涵、吴影、姚琪、康普、刘淮、韩浩等播音员由徐迈带队接管了西长安街的国民党北平广播电台。1949年2月2日上午11时40分，北平新华广播电台以聂耳作曲的《大路歌》为前奏曲开始播音了。从此，人民的声音永远占领了北平上空，人民广播规范庄重、昂扬积极向上的播音响彻北平上空。

1949年3月25日，中共中央由西柏坡迁往北平。同一天，新

①②③④⑤ 中央人民广播电台研究室、北京广播学院新闻系编：《解放区广播历史资料选编》（1940—1949），中国广播电视出版社1985年版，第159、186页。

华总社和陕北新华广播电台也由平山迁到北平。从这一天起，陕北新华广播电台改名为北平新华广播电台，并具有对全国广播的中央台的性质。

1949年，全国已有广播电台49座，市县广播站11座，一个遍布全国的人民广播网初步形成。为加强对广播宣传工作的统一领导，中央广播事业管理处规定，各地方台从6月20日起，每天晚上20点30分到21点30分必须转播北平新华广播电台的新闻、综合报道和评论、国际时事节目。这使得北平新华广播电台的新闻播音语言规范影响到全国各地电台，使各地方台播音员在新闻语言规范方面受益，使普通话在全国听众中推广。

开国大典前夕，北平新华广播电台播音力度加强，播音员播出了一系列重要文献，许多新闻评论稿是毛泽东亲笔写的或修改的。

4月5日，北平新华广播电台播出毛泽东4日发表的《南京政府向何处去》。

由于国民党拒绝在《国内和平协定》上签字，决心顽抗到底，4月21日，我北平新华广播电台播音员以气壮山河之势，反复播送毛泽东、朱德发布的《向全国进军的命令》，要求中国人民解放军全体指战员“奋勇前进、坚决、彻底、干净、全部地消灭中国境内的一切敢于抵抗的国民党反动派，解放全国人民，保卫中国领土主权的独立和完整。”[①]同一天，人民解放军百万雄师分作西、中、东三路，在长达五百余公里的战线上，强渡长江，直指国民党反动派统治中心——南京。千千万万人从收音机里听到了齐越等播音员播出的毛泽东同志亲自撰写的两篇脍炙人口的消息《我三十万大军胜利南渡长江》《人民解放军百万大军横渡长江》。

在大量播出实践的基础上，北平台还加强业务研究，制定了《北平新华广播电台训练播音员的方法》(1949年8月)(以下简称《方法》)。《方法》中提供了选择播音员的标准，其中，不光是强调普通话，而且进一步强调了音质、音色。《方法》指出：“选择播音员标准：一、历

① 齐越、沙林：《情系七彩人生》，经济管理出版社1993年版，第25、87页。

史清白政治可靠者；二、能操流利之普通话者，音色清晰者；三、具有高中的文化程度；四、有一定的政治水平。”[①]《方法》指出，具备上述条件的播音员先作为见习播音员。见习播音员“如有记录新闻可从记录新闻着手”，[②]先播记录新闻。同时对表达技术提出要求：“如怎样准备稿件，如何掌握抑扬顿挫轻重，如何表达语气感情。”[③]这里实际涉及了内外部技巧的表达，从停连、重音、语气、节奏，到情感态度、分寸火候，都体现出对播音语言规范的推动作用。

六、解放区地方台的播音

从 1948 年 7 月到 1949 年 9 月 30 日，全国各解放区地方台相继播音，尤其是东北、华东、西北、华北等解放区广播电台发展迅速，新闻播音数量大为增加，质量得到提高。

（一）东北解放区的广播电台

东北解放区在 1948 年 7 月建立了东北新华广播电台总台，建立了总台领导与管理的体制。之后，东北全区广播电台发展到 15 座。

总台领导与管理体制的建立，进一步加强了播音队伍建设，加强了播音业务的学习，加强了播音员的培训与提高，同时也加强了播音制度的建设。1948 年 7 月 9 日，中共中央东北局作出的《关于统一广播电台的决定》（以下简称《决定》）中要求，设中波专门转播陕北新华广播电台和东北新华广播电台的节目，这为加强播音工作创造了条件，也为东北各广播员学习陕北台和东北总台的播音提供了机会。《决定》要求广播员等要集中训练，进行业务教育，提高业务水平，以适应革命发展的需要。

新闻性节目是东北人民广播的主体。所设新闻节目有“东北新闻”、“本市新闻”、“哈尔滨节目”、“松江新闻”、“嫩江新闻”、“旅大新闻”、“辽西新闻”、“热河新闻”、“地方新闻”、“新闻”、“简明新闻”、“时事

①②③ 中央人民广播电台研究室、北京广播学院新闻系编：《解放区广播历史资料选编》（1940—1949），中国广播电视出版社 1985 年版，第 188、189 页。

新闻”、“国内外新闻”、“评论或报道”、“评论”、“评论通讯”、“评论报道通讯”、“新闻与评论”、“时论介绍”等。东北人民广播新闻节目的大量播出实践，新闻内容的不断变换，新闻联播形式的出现，为播音员增强业务能力提供了平台，增加了锻炼的机会。

为保障播音，东北人民广播进一步建立加强校稿工作和播稿监听制度。东北局宣传部为新闻稿件规定了严格的审查制度。

为保证新闻报道的准确，东北各台要求编辑主要把握三个环节：一是掌握情况，即了解党的政策，了解党的宣传中心，了解实际工作中存在的问题和困难，了解群众的思想，然后有针对性地提出编辑计划，组织节目。二是掌握政策，在选用材料时，看有无违背政策、曲解政策的地方，有无片面性，有无失密的地方。三是文字通俗工作。“各地广播稿大部分取材于报纸或新华社电讯稿，文体多是书面语言，凡不适合口播的语言文字以及老百姓不易听懂的语句都要改写，有的则要整段改写，使之适合口语广播和收听习惯。但属中央文件，按照1948年3月中共中央宣传部关于文件口播的指示，在‘口头广播时应严格依照文件本身，不要改动、删节、增添’”。[①]上述三点在新闻播音口语化及政策分寸把握、语言运用等方面为播音语言规范打下了基础。

东北各台播音员注重业务学习和提高。《东北人民广播史》中说，当时提高播音质量的方法是加强学习。总台播音员们在政治、文化、技术三方面同时提高，解决播音的感情问题，取得了效果。各地分台播音业务往往以说普通话为起点，逐步提高播音艺术水平。提倡以中央台和陕北台为学习榜样，树立刚柔相济、爱憎分明的风格。《东北人民广播史》中写到，东北人民广播的播音，形成了严肃、庄重、大方、明朗型的播音风格，与旧中国、日伪时期的轻柔型的慢声细语的风格形成鲜明对照。

人民广播的播音员要把人民的愿望、正义的呼声、共产党的政策、各地的消息传达给听众。他们的工作岗位处于信息交汇处，既是代言人又是播音者的位置。时代的感染，革命乐观精神的交聚，正义坦诚的心绪，解放进取的信心，内在地决定了播音员的声音阳刚、明朗、

① 黑龙江广播电视厅等编：《东北人民广播史》，辽宁人民出版社1991年版，第158页。

洪亮、大方，没有殖民地威胁造成的卑微，也没有虚伪需要的造作。播音员同人民一样有获得解放的欢欣，有得知捷报的喜悦，这就自然而然地形成了力度、气势、节奏都不同于以往的播音风格。东北电台的杨春荣、罗南，齐齐哈尔台的陈鸿声，通化台的宋玉枫等，都有各自的播音风格。这些人的播音风格都有明显的时代烙印。东北人民广播的播音风格与延安台、陕北台播音风格既一脉相承又相互辉映，为新中国播音风格的形成作出了自己的贡献。

东北各台许多播音员是一专多能。如东北台赵乃禾长于组织工作、培训播音员，又能写诗，又能编撰演广播剧。齐齐哈尔的播音员陶淑琴，不但播音好，还能用钢琴弹奏开始曲。哈尔滨台的林立，集采编播于一身，把节目办出特色。黄奎弟不但能播音，还擅长拉小提琴。一专多能，提高了播音员的素质，锻炼了播音员的语言表达能力。

东北解放区的广播带给我们以下启示：（1）当时重要文献的播出是经常的，播音水平和质量的高低往往体现在重要文献的播出方面。（2）领导重视，各方面积极配合，是高水平高质量完成播音任务的保证。（3）每分钟播音字数已达到 180 字，这个速度比过去的 150 字有所提高。实践证明，这是广播新闻播音较为规范的速度。（4）认真备稿，领会稿件精神实质，吃透稿件观点内容，把握宣传政策分寸，反复标记，熟练掌握每个段落、每句话、每个词、每个字，才能保证不出差错。（5）运用想象联想手段，即情景再现的内部技巧，深入感受，进入稿件内容，才能体现出具体鲜明的态度。（6）外部技巧运用得当，才能抓住重点，予以强调，体现出准确鲜明的语气和态度。（7）全神贯注，一丝不苟，才能排除杂念，把握良好的话筒前的状态，一气呵成。这些正是实现新闻播音语言规范的真实写照。

（二）华东解放区的广播电台

华东解放区的第一座广播电台——华东新华广播电台于 1948 年 9 月 12 月起试播，12 月 20 日起正式播音。华东台作为中共华东局的重要新闻舆论机关之一，新闻性节目是其主体。其基本宣传方针、任务是宣传中国共产党的各项政策、中国人民解放战争的伟大胜利，瓦解敌军，揭露国民党反动派的欺骗性宣传等。华东台试播期间，适逢济南战役，华东台专门开办了对济南的广播，内容有《华东紧急动员令》、前线战报、对济南前线的国民党军劝降广播等。11月，淮海战役打响，华东台又配合开展宣传攻势。华东台正式开播后，开办了对华东战场国民党广播，对华东人民解放军广播，对南京、上海、杭州、福州、台湾等地的广播节目。

当时，华东台设有播音组，播音员有夏之平、邱原、苏珮、言炎。为加强播音语言规范，提高播音质量，华东台播音员坚持政治业务学习，注重向陕北台学习并注意相互帮助。夏之平回忆说，在华东台未开播时，播音组的任务主要是学习，学政治、学业务，为开播做好准备。毛主席的《目前形势和我们的任务》《在晋绥干部会议上的讲话》《对晋绥日报编辑人员的谈话》等许多文章和文件，都是在这一段时间里学习的。

华东台播音员高度的责任感，严肃认真，一丝不苟的工作态度是新闻播音语言规范的重要保证。夏之平说，直播，对播音员来说，是一个很高的要求。事先必须充分准备，熟读播出稿件，临场必须做到镇定自如，不慌不乱，力争一字不错，准确无误地播送出去。

华东台播音员播出了大量新闻。夏之平回忆说，1948年9月16日，即在华东新华广播电台开播后的第四天，济南战役打响了。他们在华东局宣传部领导下，全力以赴地投入了配合济南战役的宣传，加强了对济南市民和蒋军官兵的宣传，并且每天安排了早晨、中午、晚间三次播音。当时播出内容除每日不断播出的战报外，还有《华东紧急动员令》《约法七章》及蒋军96军军长吴化文起义的消息，国民党驻守兖州被俘将领霍守义等人劝驻守济南的国民党高级将领王耀武放下武器、起义投诚的信，济南前线解放军对国民党的讲话等。在这些大量的新闻播音实践中，播音员锻炼了语言表达能力，提高了播音水平。

华东•上海人民广播电台播音组，始建于1949年5月27日上海解放之日。组长夏之平，后由钱乃立继任组长，张之为副组长。组员有南下干部苏珮、黄其、张之、郭冰、林泰五位同志，有原国民党电台五位播音员：施燕声、施岁华、哈丽莲、何凤情、仓凯纳等，后又向社会招聘，使播音组增加至20人左右。联合台的播音员后来也并入华东•上海人民广播电台，成员有张苓、陈淑莲、周亦芳、张达夫、陆进云、龚敏芝、向佩华、顾梅英、钱靖、陈清、吴瑞、曾祖芳、许世芸、钱美菲等 15 位同志，至此播音组共有 33 人。

原杭州新华广播电台播音员陈平在回忆接管杭州台的文章中说，1949 年春天，我新四军浙东游击纵队配合大军南下，取得节节胜利。他们分队接到命令，向余姚城郊挺进。经过一星期学习后，他们被分配到杭州工作，准备接管广播电台。当时浙江台的呼号是“杭州新华广播电台”、后又改为“浙江新华广播电台”。直到 1949 年 10 月 1 日举行开国大典，才改为“浙江人民广播电台”。

在华东解放区先后建立起来的人民广播电台，还有济南特别市新华广播电台和徐州新华广播电台。1948 年 11 月 8 日，济南特别市新华广播电台开始播音。播出内容主要是新闻。主要宣传任务是：为解放战争服务，为安定济南的社会秩序和恢复、发展生产服务。除对本市广播外，还与华东新华广播电台联合开办了“对华东战场人民解放军广播”、“对华东战场国民党军广播”等，还有根据形势发展需要编排的“对淮海战场特别广播”、“对北平天津特别广播”、“对京沪杭特别广播”等。徐州新华广播电台 1949 年 2 月 1 日开始播音，电台创建初期，主要是转播陕北新华广播电台和华东新华广播电台的节目。

（三）西北解放区的广播电台

西北解放区的第一座广播电台——西北新华广播电台于 1948 年 1 月 5 日正式播音。该台主要任务是向西北解放地区和西北的国民党军进行宣传。该台一方面转播陕北台节目，另一方面自编节目，主要内容是：争取陕、甘、宁、绥、川等省市人民，分化瓦解前线的国民党军，为西北人民解放军服务。5 月 20 日西安解放，6 月 1 日，西北台迁至西安继续播音，6 日起改名为西安新华广播电台，7 月 1 日起又改名为西安人民广播电台，但仍面向西北地区广播。根据西北局的指示，宣传重点转向新解放区群众，宣传安定社会秩序、恢复生产等政策、法令。

原西北新华广播电台播音员赵勉的《回忆西北台初期的播音工作》一文，李克昌的《贵在密切合作——对在西安新华广播电台一段工作的回忆》一文都回顾了当时的播音情景，从中可以看到西北台关于新闻播音语言规范的相关内容。如赵勉因为生长在北京，能说普通话而被选为播音员；为了保证声音质量而采取了隔音措施；工作态度认真严谨，以保证播音准确规范；编播之间、技播之间的良好合作等保证和促进了播音的规范标准。李克昌回忆说，为了做到安全播出，保证播出质量，机务人员十分关心播音工作，除了认真试听、按时开机、细心调整音量以外，还注意监听播音，及时向播音员提出播音中存在的问题。因为没有录音设备，播音员有时需要利用增音机试音，或者练习播音，每遇到这种情况，机务人员都是不厌其烦地陪同播音员进行业务学习。播音员经常向机务人员征求意见，以便改进播音工作，对机务工作中的问题，也及时提出。编辑、播音员之间的关系也很密切。为了提高播音质量，增强播音的感染力，编辑和播音员经常在一起备稿，研究一些节目和稿件的播法。

（四）华北解放区的广播电台

1949年1月，继辽沈战役、淮海战役胜利后，平津战役也取得决定性胜利。随着人民解放军胜利的号声，天津、北平相继建立了新华广播电台。

1949年1月15日，天津解放的当天，人民解放军接管了国民党天津广播电台，当晚该台就以天津新华广播电台呼号播音当时播出的内容是中国人民解放军天津市军事管制委员会的第一号通知，中国人民解放军的“三大纪律八项注意”，还有简要新闻等。天津新华广播电台开始播音时，以新闻节目为主，除转播陕北新华广播电台的节目外，主要是播出报纸消息。该台开办了“本市新闻”、“重要文告”节目，之后又增加了“重要新闻”（国内、国际）、“时事评述”、“文献政策”等新闻节目。该台1949年4月从报社分出，成为独立宣传机构。5月18日，天津新华广播电台改名为天津人民广播电台。

原天津新华广播电台负责人鲁荻在《起步前后——回忆1949年进城前后的天津新华广播电台》一文中回忆，当时徐恒、林青、高心一、陈冰担任播音员。播音员每天读稿到深夜，经常请领导、熟识的同学和朋友听他们的试播。他们几乎每篇稿子都要读几十遍，不达到满意的程度不肯罢休。四个播音员全是大学生。他们有舞台表演经验和朗诵的经验。众所周知，广播既不同于舞台，也不同于讲座，而是一门独特的语言艺术，这就要求播音员们有较高的思想和文化素质。为了改变广播中的舞台腔、朗诵腔、讲演腔，改变那些不应有的矫揉造作，在徐恒的领导下，在短暂的时间内就树立起了一种不同于国民党电台和外国电台的播音风格。那时从领导到播音员，对播音质量要求都十分严格，他们为此真是下了一番工夫。这种为开拓人民广播事业的奋发、创新精神，是难能可贵的，值得称颂的。鲁荻在《一大创举——记庆祝平津解放群众大会和游行的实况转播》一文中回忆编委为完成好任务，必须做好的九点工作，从规定和制度方面对播音提出要求。其中第三条是：播音员要抽出时间与记者一同深入群众，做到熟悉队伍，熟悉人物，培养感情，也要做一些采访工作；第八条是：采、编、播及总控制、转播站的负责人要严格审查稿件，不准犯政治错误，要有高度责任心。

天津新华广播电台的播音有以下几个特点：（1）一开始播音，就以新闻节目为主，为新闻播音语言规范形成提供了平台。（2）挑选的播音员都具有良好的语言基础和文化素质，都是大学生，为播音打下了良好的语言文化基础。（3）领导十分重视播音工作，提出要求，建立制度，给予关心和具体指导。（4）播音员刻苦训练，钻研业务，工作认真，一丝不苟，保障播音准确无误。（5）在播音中展开想象、联想，体现鲜明的态度感情。（6）学习陕北台播音，以陕北台播音为榜样，以便使语言表达规范一致。（7）注意借鉴国民党电台和外国电台的华语广播，注意语音规范，丰富语言表达手段，同时又注重培养自己的风格。（8）语速为每分钟平均150个字，符合当时统一的语速规范。

综上所述，陕北新华广播电台从平山到北平阶段，是解放区播音形成的重要阶段。

这一阶段，播音队伍人员增加，力量大大加强。孟启予、丁一岚、钱家楣、齐越等具有代表性的播音员已成为这支队伍的骨干力量。他们大量的播音实践，尤其是大量播出了毛泽东等中央领导同志撰写的新闻稿件和许多重要的消息、社论、评论等，使播音实践的机会大大增加，实践的领域大为扩展，播音水平大为提高。

播音员在播音实践中，提高普通话水平，严格落实规范标准，形成播音语言规范系统。在语言本体层面，从声、韵、调到字、词、句的规范标准的把握；在播音技术层面，从通俗易懂到情感态度的把握；在新闻传播层面，从遵循传播规律，适应听众要求到新闻内容真实、政策分寸的把握都已到位，形成了新闻播音语言规范系统的整体框架。他们在播音实践中认真总结经验，积极探索播音语言规律，认真研究新闻播音语言规范。齐越的《十天播音工作个人总结》，陕北新华广播电台的《播音手续》《陕北台播音组关于训练和培养播音员的意见》《北平新华广播电台训练播音员的方法》等，对播音语言规范都有着直接的阐述、总结概括。

播音条件的改善保证了声音的清晰，提高了声音质量。毛泽东、刘少奇的谈话，廖承志、梅益、温济泽等新华社、广播部门领导的书信、指示及相关管理办法、规定等，促进了播音理论建设。解放区各地方台相继播音，尤其是东北、华东、西北、华北等地的广播，直接推动了播音系统的形成。

思考题

1. 人民广播播音形成的基础是什么？

2. 齐越的《十天播音工作个人总结》在人民广播播音史上的地位和作用是什么？

3. 解放区播音的特点是什么？

4. 邯郸新华广播电台的《口播经验》和《播音经验》对播音基础理论的建设有什么作用？

第十六章　播音主持事业发展概说（中）

内容提要

本章概述了新中国成立至“文化大革命”期间的播音发展历程。分别描写了新中国成立后十七年人民广播播音的重要场景和基本情况，阐述了播音创作基础理论形成和发展的基本概况，概述了电视播音和播音教育的初建情况；概述了十年动乱期间播音创作和播音事业的基本状况。

第五节　新中国成立后十七年的播音

一、第一次全国播音工作会议

1949 年 10 月 1 日新中国成立，当时，全国的广播电台已发展到 40 多座，并具备了一定数量的播音队伍。随着广播事业的蓬勃发展，人民播音也进入了一个生机勃勃的大发展时期。

1949 年 10 月 1 日，丁一岚和齐越登上天安门城楼，现场广播了开国大典的盛况。这是我人民广播首次对全国进行重大政治庆典的实况广播，并由所有的地方电台联播。丁一岚和齐越，站在人民领袖的身边，以无比喜悦和自豪的心情，“连续广播 7 个小时，一点也不觉得累！”[①]丁一岚和齐越望着正在升起的鲜艳的五星红旗，激动地对听众

---

① 齐越谈话录。

说："中华人民共和国的国旗，现在正由毛主席亲手把她升起。参加大会的30多万人都整齐肃立致敬，注视着人民祖国的庄严而美丽的五星红旗徐徐升起。各队带队指挥员行举手礼，在队列中间的干部和战士，以及执行勤务的人员都肃然立正。""国旗已经升到旗杆的顶尖，开始在人民首都的晴空迎风招展。她象征着中国的历史已经走入一个新的时代。我们的国旗——五星红旗将永远飘扬在人民祖国的大地上。"①从这一天起，人民播音事业也揭开了新的一页。

1949年12月5日，北京新华广播电台正式定名为中央人民广播电台。当时又从全国各地电台抽调来一批优秀播音员，并从青年学生中招收了一批新人。广大播音员继承和发扬延安时期的光荣传统，投身到抗美援朝、肃反、镇反、三反五反等运动中。"他们在广播宣传上保持和发扬了无产阶级的战斗风格。在建设新中国，在抗美援朝斗争中，对全国人民起到鼓舞、激励的作用。"②

1950年，齐越任中央人民广播电台播音科科长。后播音科又改为播音组，齐越任组长，成员有费寄平、夏青、李兵、徐恒、葛兰等。"战争年代成长起来的一代播音员，每个人都把播音和党的总任务'打倒蒋介石，解放全中国'联系起来，逐步培养了坚守岗位、临危不惧的革命精神，严肃认真、一丝不苟的工作态度，爱憎分明、生动有力的播音风格，艰苦奋斗、团结战斗的豪情，形成了播音队伍的优良传统。以战争年代的播音员为榜样，把播音工作和实现党的总任务紧密相连，充分认识播音工作的重要性，培养高度的政治责任感和强烈的事业心，是中央台每个播音员走上播音岗位的第一课，也是播音队伍思想政治工作的基本内容。为适应发展的需要，中央台播音时间和播出套数增多，播音组在1952年又吸收了一部分青年学生充实到播音队伍中，其中有林如、王欢、刘炜等。"③

1952年12月2日在北京中央广播事业局召开了第一次全国广播工作会议。在这次会议期间，由中央人民广播电台主持召开了播音工

① 杨兆麟等：《当礼炮鸣响的时候》，宝文堂书店1989年版，第14～15页。
② 杨兆麟等：《中央人民广播电台台史资料汇编》（内部资料），第627页。
③ 杨波：《中央人民广播电台简史》，北京广播学院出版社2000年版，第308～309页。

作座谈会，参加座谈会的有北京台、天津台、甘肃台、上海台的播音组组长，西南台的播音员，中央台和北京台的全体播音员，以及一部分地方台的台长和编辑共 73 人。

这是在新中国成立后新形势下召开的第一次播音工作会议。

这个座谈会讨论了播音工作的性质、任务、作用、重要性，以及对播音员的要求和应学习的内容。座谈会上大家的发言可归为四个方面：

1. 播音的重要性。第一次提出播音是广播节目直接和听众接触的最后环节（当时广播节目全部是直播）。“播音工作的好坏常常严重影响我们广播工作的全部效果，影响到我们广播工作在广大群众中的威信。”并明确指出：“任何轻视播音工作的观点或不重视对播音工作的领导都是错误的。”

2. 对播音员的要求。提出“播音员不是传声筒”，“播音员应是有丰富的政治情感和艺术修养的宣传鼓动家”。“要求每一个播音员都应是人民的喉舌，要使自己的声音真正表现出伟大的中华民族的气魄，他要使自己广播的一言一句都深深地打动人心。”

3. 对播音员的学习提出要从三个方面着手：（1）政治理论和时事政策的学习，要求理论联系实际，提高个人的思想政治水平。（2）联系群众，联系实际。播职工节目的要下工厂，播学生节目的要去学校，与有关听众多联系，播音员要了解群众的生产、学习、生活和思想感情，以便掌握稿件的精神，而不是关在播音室里念稿子（当时很多电台的节目是由相对固定的播音员播出）。（3）业务学习包括练声，录音研究，观摩话剧、电影，排练广播剧或开朗诵会等多种方式。

4. 要求建立严格的工作制度，例如，与编辑的联系制度、试播制度、监听制度等播音员考绩制度。

这次座谈会是播音工作建设的良好开端，它对播音工作的重要性，对播音员的要求，对播音员学习的内容、方法，以及工作制度等都有了明确的规定。这次播音工作会议对各台的播音工作，特别是对播音员的学习起了促进和指导作用。各地电台多数都有业务学习时间，定期或不定期召开全组业务学习会，一起听录音，共同研究业务，切磋技艺，互相学习帮助，以便提高播出质量。与此同时，各台都制定了严格的工作制度，组长随时检查执行情况。其中的监听制度、检查稿件以及与编辑试播制度等，对播音员准备稿件、安全播音和密切与编辑记者合作等方面起到了促进和保证作用。

二、重大宣传报道促进播音事业发展

新中国成立初期，播音员播出大量的生产建设消息，鼓舞了人民群众在党的领导下自力更生，奋发图强，建设新中国的热情。

这一时期，中央台记录新闻节目的播音在广播中做出了贡献。记录新闻播音员通过电波及时地把党和政府的政策、法令、消息提供给各地抄收员，为交通不便地区和边远地区的群众解决了看不到当天报纸的困难，发挥了广播这个现代化传播工具的作用。同时，记录新闻的播音，也成为播音员吐字发音训练和语言表达基本功训练的基本方法之一。

1949 年到 1956 年，是广播事业迅速发展的时期。这一时期节目内容较新中国成立前要广泛得多，形式也更为丰富。播音员在播新闻、评论、通讯的同时，也开始参加录音报道、时事对话、广播大会、剧场实况转播的播音。

这一时期较为重大的宣传报道就是对抗美援朝战争的报道。从朝鲜战争开始，许多播音员都报名参加志愿军，如中央台播音组姚琪、张洛。姚琪在前线对敌广播，张洛与记者进行录音报道。当时，留在电台的播音员提出的口号是：把保家卫国的行动，化作话筒前爱憎分明的激情。据齐越回忆："记得我们备稿室的墙板上经常贴满志愿军寄来的信和纪念品（缴获敌人的'尼龙避弹衣'做的书签，上面有热情的诗句，还有用桦树皮写的信等，我们晚上朗诵他们写的诗作，在广播里播送他们的来信，在报刊发表他们的来信，为的是让更多的人受到教育和鼓舞。"在这样的背景下，中央和全国各地广播电台的播音员满怀激情播出了大量来自朝鲜战场的捷报、书信、消息和通讯，歌颂了中国人民志愿军保家卫国的英勇事迹，对全国人民进行了爱国主义和国际主义教育。魏巍同志写的《谁是最可爱的人》播出以后，反响极大，全国掀起抗美援朝的热潮。人民播音日益深入人心。尤其对那些浴血奋战在朝鲜境内的志愿军战士，广播成了他们了解祖国信息的来源，他们把广播当作祖国的声音，把播音员看成是自己的亲人。这里摘录1953年1月15日发表在《人民日报》上的一位志愿军战士给中央台播音员齐越的一封信的片段：

"……远离祖国的我，是多么想了解祖国的一切啊！你就是经常给我们介绍祖国情况的人。我们当然热爱你。我们这里虽然战斗是频繁的，工作是紧张的，但我们每晚都要挤出时间，翻过一个山冈跑到收音员那里，听听来自祖国的消息。应该休息了，可是我们总是兴奋谈论着祖国的现在，想着祖国的美好的将来。这一切都鼓舞着我勇敢地战斗下去。……"

还有一封给中央台播音员的信是这样写的："我再说一次，你们的声音，代表祖国的声音，的确给我们带来了无穷的鼓舞力量。每当同志们听完广播受到鼓舞并以自己的实际行动回答祖国的时候，我越觉得自己责任的重大和岗位的光荣，在这时候越想念你们！"①

回国的志愿军战士见到播音员，都是满含热泪，像见到久别的亲人。《谁是最可爱的人》等稿件的播音，在志愿军战士、在全国人民心中，留下了难忘的印象。

国民经济经过三年恢复后，大规模的建设时期开始了。祖国蒸蒸日上，捷报频传。播音员播出的《鞍山无缝钢管厂建成》《长春第一汽车厂动工兴建》《跑在时间前面的人——王崇伦》等一系列新闻报道，组成了新时代的颂歌。这些播音，感人至深，催人奋进。

三、播音业务学习深入展开

随着播音事业的发展，这一时期播音业务和理论研究，也逐步深入、系统、正规。

1954年，中央人民广播电台成立了播音员指导委员会，负责播音员的播音、培训和考核，领导播音业务工作。齐越担任艺术指导，成员有夏青、林田、潘捷、李兵等。委员会下设对内播音组，组长徐恒，

① 杨兆麟等：《当礼炮鸣响的时候》，宝文堂书店1989年版。

副组长马尔芳、吴景玉；对外播音组，组长姚琪，副组长费寄平、陆茜。

1954年7月，齐越作为中国广播代表团成员去苏联学习。回国后在中央台传达了苏联播音工作经验，并翻译了苏联播音员撰写的一些文章。当时，中央台播音组在学习借鉴苏联播音经验的同时，开始总结自己的播音经验，经过全体播音员讨论，共写出五篇文章：《播音员和播音工作》（徐恒执笔）、《克服报道新闻的八股腔》（夏青执笔）、《播社论的体会》（李兵执笔）、《把现实中的情景鲜明地再现在听众面前》（张洛执笔）、《播音员和实况广播》（齐越执笔）。这五篇文章是总结全国播音工作经验最早的文章。文章总结了几种主要新闻体裁的播音以及播音组工作管理和培训播音员的方法。在学习和总结中，“全国播音业务学习会”召开了。

“全国播音业务学习会”是1955年3月由中央广播事业局地播处在北京主持召开的。这是继第一次全国广播工作会之后召开的又一次全国性的播音会议。这次会议受到中央广播事业局领导的重视和关怀。局长梅益、副局长温济泽，广播处处长左荧都到会讲了话。会上齐越介绍了苏联播音经验，代表们当场试播并讨论。此外，还请了在北京的一些专家、学者、著名演员做专题报告。其中中央实验歌剧院导演牧虹讲了台词课和如何练声，诗人徐迟和北京人民艺术剧院演员苏民讲了诗朗诵，中国科学院语言研究所研究员吴晓铃讲了语音学，北京电影演员剧团导演吴天介绍了斯坦尼斯拉夫斯基体系和演员的修养问题，著名耳鼻喉医生徐荫祥、著名歌唱家张权、著名京剧演员郝寿臣等讲了嗓音锻炼和保护方法等。这次会议是一个内容十分丰富的业务学习会。大家不仅学到了许多业务方面的知识，更重要的是，认识了播音的重要性，巩固了专业思想，加深了对工作的认识。这次会议不仅出席的代表收获很大，而且对以后全国播音工作也产生了积极的影响。

这次大会是一次学习和研究的大会。其主要成绩在于：（1）播音员们对播音工作的重要性，包括性质、地位、作用，有了明确的认识，从而清除了新中国成立初期轻视播音工作的错误认识，使播音员可以安心工作，稳定了专业思想，为以后播音队伍的建设打下了思想基础。五六十年代成长起来的播音员，绝大多数都有较强的事业心和严肃认真的工作态度，这是与对播音工作的正确认识分不开的。（2）在业务上是一次大学习、大提高。与会代表们学习了苏联播音工作经验和许多专家学者的报告，这种博采众长的方法丰富了播音的表达方法，对以后播音的业务学习，起到了一定的指导作用。（3）促进了各地播音组和播音员总结播音经验，为以后的播音理论建设积累了资料。

会议结束后，各地代表都对会议精神进行了传达，播音员的业务学习迅速开展起来。以中央台为例，当时请了北大教授林焘讲汉语语音知识，请中央戏剧学院教师讲发声课，请电影演员讲表演技巧。组内也结合稿件开展业务研究讨论会。各地电台也都根据自己的实际，开展各式各样的学习活动。

这一时期，播音员的工作和生活也得到了中央领导同志的关怀和重视。50年代，每年的国庆节、五一节，播音员在天安门城楼广播庆祝大会实况，周总理经常去检查工作，十分关心播音员的工作和生活。播音员播音有时来不及吃午饭，他就让服务员给送去点心。

在三年经济困难时期，周总理亲自批准给中央台、国际台播音员生活上的特殊照顾。

1959年，吴玉章同志参观广播大楼，和中央台播音员亲切见面，他说："播音工作是个重要的工作，把党的文件的精神，通过语言正确、生动地传达出去，会起很大的作用。"他勉励播音员要努力工作，努力学习马克思列宁主义，提高政治思想水平，要锻炼语言艺术技巧，爱护嗓子，注意休息。他还非常关心地询问过去陕北台老播音员的情况，嘱咐老播音员注意培养新生力量。

在党组织的培养和领导的关怀下，许多播音员在自己的岗位上做出了优异的成绩，受到听众称赞，也受到党和国家的表彰。一些播音员被授予"社会主义建设积极分子"、"三八红旗手"、"先进工作者"的光荣称号，有的还被选为中共党代表、全国人大代表、全国政协委员、全国青联委员、全国记协理事等。

从1955年第一次全国播音业务学习会到1965年的十年是播音业

务大提高，播音队伍成长的十年。虽受“左”倾路线干扰，几经曲折，还是取得了很大的成绩。在这一时期各地播音部门都有严格健全的工作制度，有各种形式的业务学习，在这种形势下，播音质量有了明显提高。

为适应广播事业的发展，60年代初，周恩来总理指示，在北京高中应届毕业生中，选拔德才兼备者，经培训充实广播第一线。按照周总理的指示，中央台播音组在北京一些学校考察挑选了30多名学生，经当时的北京广播学院培训，于1961年2月分配到中央台和地方台做播音工作。中央台接受了铁城、丁然、金锋、雅坤、赵培、红云、钟瑞、徐曼等18名播音员，这些人后来都成为中央台的播音业务骨干。

在队伍建设方面，中央台和各地方台都培养出了不少受听众欢迎的播音员。例如中央台的齐越、夏青、潘捷、费寄平、林田、林如、葛兰、王欢，北京台的刘露、恒山，上海台的陈醇，天津台的关山等都在听众中有一定影响。其中除齐越来自解放区，其他均为50年代初培养出来的播音员。60年代初又有一批年轻的播音员脱颖而出，如方明、铁城、雅坤、徐曼、虹云、赵培、曹山等。

四、梅益、齐越等为播音理论建设作出贡献

（一）梅益谈播音

这一时期老播音员日趋成熟，他们不仅努力学习，钻研业务，而且把他们自己积累的宝贵经验传给年轻一代。广播局和中央台领导都很重视播音工作，关心播音员生活。梅益（时任中央广播事业局局长）1961年1月、2月和11月三次与中央台播音组谈话和写信谈播音工作问题，对播音的个性、播音风格多样化等问题提出了具体的指示。同年9月，梅益与江苏台同志座谈时，对江苏台播音的改革给予了肯定。

这一时期的理论研究也取得了很大进展，尤其是梅益关于播音工作的谈话和同播音员的通信，为播音理论的建设奠定了基础。梅益论播音贯穿于他的许多文章、谈话和指示及相关文件中，其主要见解和观点较为集中地反映在下列篇目中：《播音风格多样化——同中央台播音组同志的谈话》（1961年1月26日）、《播音员应成为党的出色的

鼓动员》《给中央台播音组的复信》（1961 年 2 月 14 日）、《研究怎样取得最好的播音效果》（1961 年 11 月 19 日）、《如何播送大文章和文件——和播音部同志的谈话》（1963 年 7 月 31 日）、《为进一步提高广播、电视宣传的质量而奋斗——宣传业务整改提纲（草案）》（1964 年 3 月 10 日）、《给齐越同志的信》（1965 年 12 月 4 日）等，文章涉及播音的性质、地位、作用、风格、技巧、队伍建设等。

在论述播音工作性质和地位作用时，梅益认为播音不是纯传播、纯艺术，他指出，播音工作和党的其他宣传工作一样，是向广大人民进行宣传教育的。播音工作是编辑部节目播出的最后一道工作，它体现了编辑部为制作一个节目所付出的全部劳动，又代表电台和听众直接接触，对宣传质量的影响很大。一个播音员虽然不能把坏文章播成好文章，但可以把好文章播得支离破碎，也可以给好文章锦上添花，使它具有更大的感染力。因此，我们对播音工作必须有十分严格的要求，同时又必须尊重和关心播音员的劳动，为他们提供必要的条件。

梅益最早提出播音是创造性劳动的观点。他指出，在目前情况下要让一部分播音员对稿件的处理有较大的自由，也就是说，要让他们有较宽阔的活动范围，以进一步发挥他们的创造性。他说，播音是一种语言艺术，它是个人的创造性劳动，但同时受到稿件的制约，在这一点上，播音员很像舞台上的演员。高标准的播音工作要求播音员通过朗读，把稿件的意义和感情恰如其分地重现出来。要做到这一点，播音员不但要充分掌握稿件的含义，而且要有和稿件精神完全吻合的感情，使对立的双方达到充分的一致，直到完全融合的境界。

梅益还论述了作为一名合格的播音员所应具备的三个条件。他说，做好播音工作，首先要有一定的政治觉悟和较好的思想修养，还要有一定的文化水平，再加上必要的技巧。好的思想修养是做好播音工作的重要条件。一个人的行动是受他的思想指导的，政治觉悟很重要，这是立场问题。梅益在谈到播音创作感情问题时说，感情不能造作。别人和我们谈话的时候，我们能感到他的感情是真实的还是虚假的。感情从哪里来的呢？显然是与我们的立场分不开的，因此要在平日不断提高自己的政策思想水平。做不到这一点就肯定不能使我们的播音发挥有利的宣传鼓动作用。其次，做一个播音员要具备一定的文化水平。播音员需要知道的东西很多。在播音前首先要了解稿件的内容，了解得越充分，就越能掌握稿件，就越能发挥自己的感情，就会使播音获得很好的效果。播音员应该有广泛的知识，知识掌握越多、越广泛，播音就越有成就，像金字塔一样，基础越大，塔就越高。做好播音工作的第三个条件是业务能力问题。这里包括发音、语言标准和播音技巧的问题，这些都需要锻炼。梅益反对播音中的公式化和模仿，强调播音要有个性。他认为，模仿是看不起自己，过低估计自己的表现力。它限制了播音员的创造性活动，把一个播音员变成了一个留声机。因此，我们播音要有个性。

梅益还认为播音员应有自己的播音风格，播音风格应多样化。他说，人们不同的要求和爱好，也对播音员提出了不同的要求。播音员不能老是一个腔腔，必须根据不同的题材采取不同的播法。梅益提出，要脱离单纯念稿，开辟一条无稿播音的路。他说，现在播音员都离不开稿子，好像电车离不开轨道那样。如果一个演员拿着稿子上台演戏那是不能感动人的。在我们的广播里，有一部分稿件是和日常谈话不一样的，必须照着稿子读，像政治性很强的八届九中全会公告等文件。但是有些节目就不一定非要照着稿子一个字一个字地去念，不论什么节目都是一步也离不开稿子，会把播音引导到一条绝路上去。如果所有的稿子都是一个字也不能改动，播音员则只能成为一部念字的机器，束缚了他们的创造性，贬低了他们的劳动。一切都绝对化是荒谬的。有些稿子应该是一个字一个标点也不能动，动了就错误；有些容许作适当的改动，使它更有利于内容和感情的表达，否则就削弱宣传效果。

梅益认为，端正播音工作态度，是做好播音工作最基本的保证，要下决心做好播音工作。听广播的人实在太多，它的影响很大。正如打仗一样，在火线上，大家都要聚精会神，瞄准敌人，如果有几个战士东张西望，三心二意，对整个战斗都会有不好的影响。如果我们能够精神饱满、全神贯注、充满信心地播音，就会收到好的效果。这不只是声音问题，更是政治感情、态度问题。

（二）齐越谈播音

除了梅益外，“齐越的文章和讲话，特别是1962年在上海电台播音组座谈会上的发言，成为播音理论的奠基工作。”[①]齐越在讲话中说，新闻形式多种多样，每条都应播得不同，在内容、思想感情等方面都不同，因此播音员在处理和表达上也应该不同。其实播音员播的大量稿件都是新闻稿件，它最及时、最直接地向广大听众进行宣传，是非常尖锐的宣传武器。我们应共同研究怎样播好这方面稿件，要用党的政策、观点，深入细致地具体分析这类稿件，掌握其精神实质，用恰如其分的语气去表达。不同形式、不同内容的新闻和评论，要有不同的处理，语气、节奏、速度都应不同。播音员在播新闻时，最大的本领就是能马上从这条消息转到那条消息。

齐越说，有人播得很活，但过火了；有人播得太呆板、硬邦邦、平平淡淡的，太温了。做到不火不温、恰到好处、真实感人，是很不容易的。表达和内容密切融合，用恰如其分的表达方法去传达稿件的精神实质，产生感人的思想和力量，是困难的。但是播音创造，就是要走这条路，而不是走捷径。

齐越还谈及了播音工作的三个环节：播前、播出、播后。播前准备稿件，是三个环节的中心，也是播得好坏、能否达到高质量的关键。在准备稿件方面，不能从个人名利得失出发。如果只能把自己感兴趣或者自己认为“重要”的稿件播好，就没有完成一个播音员的任务。播音员的任务是要全力以赴播好所有的稿件，哪怕是一句话、一个头尾、一段预告、一条广告。准备播前稿件应当从稿件的内容出发，从假设“我是一个听众”出发，让听众听得懂稿件的主要精神和内容。

齐越强调，在准备稿件的过程中编播合作非常重要，播音员在备稿时就要和编辑很好地合作，听听他们的意见，了解一下采编的经过，为什么要写这篇稿件，这样对理解稿件很有帮助。同样，编辑写这篇稿件，没有在播前帮助播音员准备，只是写完一发就不管了，那是没有完成写稿的最后一道工序。如果仅仅是外在地提醒播音员应该这儿

① 张颂：《播音语言通论》，北京广播学院出版社1994年版，第28页。

播得抒情些，那儿播得激昂些，对播音的帮助是不大的，有时甚至会妨碍播音员的创造。

播音工作的第二个环节是播出。不论直接在话筒前播出，还是录音播出，都要注意力高度集中，集中到传达稿件思想感情，传达稿件的内容上。这就需要排除一切杂念。要明确自己表达是为了什么，讲这些话的目的何在。其实，这项工作在准备稿件的过程中就应该完成。齐越认为，语言技巧只是帮助传达稿件内容和精神实质的方法，而不是目的。当然，能够自如地运用语言技巧，是需要日常勤学苦练，需要基本功训练的。

第三个环节是播后。播完以后应虚心地听取各方面的意见。有两种情况应当避免：一种情况是完全听不进意见，拒人于千里之外，总以为自己的好，一点缺点也没有；另一种情况是不加分析地把全部意见接受下来，这样，再播音时，就无所适从，让意见缠住了自己。正确的态度应该是既要虚心地听取各方面意见，又要对这些意见做具体分析，独立思考，抓住主要问题，看清主要缺点，然后逐个解决。

在“播前、播出、播后”三个环节中，播音员要不断严格要求自己，注意改造自己的思想，热爱党的事业，热爱集体，做个毫无自私自利之心的人。这样才能在播音中不断取得进步，达到更高的标准，体现更好的风格。

齐越还谈到了播音创作的三个出发点：（1）从文章的内容和形式出发，从当前斗争形势和人民群众的思想实际出发，掌握文章的精神和实质，激发起强烈的播讲愿望，把文章的词句变成自己想说的话。（2）从又红又专的人民播音员，也就是党的宣传员的身份出发，在逻辑分析的基础上给文章以符合党的标准和分寸的评价，这样就会产生具有高度思想性的创作态度。（3）从播音员的具体条件出发，即从自己的嗓子、语言表达技巧出发，结合文章内容和形式确定播讲方式，不要机械模仿他人。

这三个基本出发点中，前两个是内容、是目的，后一个是形式、是手段。表达手段是为传达文章内容和形式服务的，所以后者是从属于前者的。我们的播音创作应该是内容和形式的统一，也就是掌握文章的精神实质，注重党的宣传员的应有的态度和语言艺术技巧的统一。

齐越认为，播音员要分析和掌握稿件的三要素：是什么，为什么，对谁讲。这三个要素的中心环节，是解决“为什么”。了解“是什么”，考虑“对谁讲”，是为了使语言的目的更明确，更能使对象接受，从而解决“为什么”。没有掌握“是什么、为什么、对谁讲”这三个要素，没有以这三要素作基础，就去考虑怎样播，是找不到恰到好处的表达方法的，也就不能很好地传达文章的精神实质。

齐越还提出，播音技巧的三张王牌是重音、停顿（即民间说唱中的气口）、语气。这三张王牌的核心是语气。掌握重音和停顿是为了解决语气的问题。找到重音，也就抓住了句子的实质。但重音只是帮助传达语气，而不能单纯去点重音。关于停顿，要按照文章的逻辑，掌握逻辑停歇，根据文章思想感情的发展，掌握心理停歇，那样气口才会适当，语气才能确切，意思才能完整。最后是语气问题。语气的外在表现形式是强、弱、轻、重、抑、扬、顿、挫等。要正确地掌握语气，就需要细致地分析稿件的内容、目的性和时间、地点、思想感情，也就是说要找到稿件背后的内在的东西，找到它的潜台词（内在语）。这样，处理稿件表达方法时，要轻要重也就有了目的性。这三张王牌是一个统一的整体，不能割裂，不能孤立。

齐越又谈了业务学习方面的问题。一方面业务学习要发扬民主，让大家充分发表意见，大胆探讨，不要轻而易举作结论；另一方面，一切通过实验，不要光坐在那儿辩论。只有通过实验，才能解决实际问题。播音业务跟其他工作一样，总是由实践得出认识，再以认识指导实践，这是个反复的过程。所以培养新播音员，实践很重要。

在全国优秀广播节目听评会上，齐越指出，播音员和稿件之间的矛盾是主要矛盾，这一论述奠定了中国播音学理论框架的基础。齐越说，“在播音员的工作中，存在着许多矛盾，其中最根本的矛盾是播音员和稿件之间的矛盾。播音员播的稿件不是他自己写的，而工作要求他在极短时间内掌握稿件的内容和形式，变成自己要说的话。播音员坐在话筒前播读稿件的时候，是看不见听众的，而他表达稿件的手段、跟听众交流的手段仅仅是自己的有声语言，这种特殊情况给播音员的工作带来很大的困难。我们的广播稿件深刻地、生动地反映着当前的现实，紧密地同实际工作和听众思想相联系。我们播音员要正确理解、深入掌握并准确传达这样的稿件内容不是轻而易举的事。我们的政治水平、政策水平、文化水平、思想感情、语言能力，往往跟稿件的内容和形式有一定的距离，这一距离也就是播音员和稿件之间的矛盾，它实质上反映出我们各方面的水平还跟不上前进的伟大时代的要求，我们只有跟上这个要求，才能更好地完成播音工作任务。我们播音员通常有句专业术语叫做‘进入稿件’，所谓‘进入稿件’就是说播音员要尊重稿件，从具体稿件的内容和形式出发，正确、深刻、全面地理解稿件的精神实质，力求使自己的思想感情和稿件的思想感情相接近、相一致，同时找到符合稿件要求的语言表达方法，恰如其分地传达出稿件的思想内容。”

齐越还谈到了播音和表演的关系，指出播音不同于演戏。他说，播音员是以党的宣传员身份播音的，他在传达稿件中人物的话的时候不应当改变转述者本人（播音员）应有的态度。播音员是用自己对人物的正确的态度，用富于表情的语调，突出强调或适当夸张人物性格或行动的最重要的一面，即使播文艺性稿件的时候，也不能简单地醉心于扮演人物，而要讲述（或者说描绘）人物。实践证明，如果用扮演的手法处理稿件中的个别人物会使听众的印象支离破碎，不能很好地接受全篇稿件的思想和理解主要情节。播音员要善于掌握稿件的基调，从稿件的内在思想出发，找到贴切的、符合稿件内容和风格的表现形式，只有符合稿件内在要求的、恰如其分的表现手段才能有效地传达稿件的精神实质。齐越的这些论述，涉及播音工作的性质、任务、特征，涉及播音创作的基本规律和方法，涉及播音创作的基本原则和要求，涉及播音创作的个性和风格，涉及播音员的素质和修养，涉及对姊妹艺术的借鉴等播音创作的各个方面，为播音理论建设奠定了重要基石。

1966年2月7日，齐越播出了穆青等人写的长篇通讯《县委书记的榜样——焦裕禄》，在全国引起强烈反响。齐越富有真情实感的播音创作，鼓舞和激励了广大听众，这是他在通讯播音创作中的一个高峰，也是人民广播播音史上的一座丰碑。在这个时期，新闻、通讯、评论等主要文体的播音创作，都涌现出一批优秀的代表作品，把人民广播播音创作推向了一个高峰，为播音理论的建设打下了良好的基础。

五、电视台的建立和电视播音的初级形式

1958年5月，我国第一家电视台——北京电视台开始试播。最早没有专职播音员，由中央台和北京台播音员代播，不出图像。以后从中央台播音部调来沈力，才有了正式的专职电视播音员。沈力成为我国第一位电视播音员。60年代，赵忠祥被选到电视台，成为我国第一位电视男播音员。

“图片报道”是我国电视新闻的最初形态。1958年5月15日，在北京电视台荧屏上第一次出现“图片报道”，内容是介绍我国制造的小轿车，题为《“东风牌”小轿车》，节目长度约4分钟。“图片报道”的稿源，有的来自新华社，有的是电视台记者自拍的，播出时由解说员解说图片内容。

电视新闻的另一种形式是“简明新闻”。这是一种口语形态的消息类节目，始于1958年11月2日，稿件由中央人民广播电台新闻部提供。这种新闻节目安排在晚间电视节目结束前播出，由沈力在演播室出图像直播，每次约5分钟。这种直播口语形态的新闻节目稿源有保障，制作播出程序也相对简单。

电视新闻的主要形式是电视新闻片。记者写好解说词后，由播音员在演播室直播，并有配乐，有时还有效果声。这种新闻每条约二三分钟，每次播出三四条，总长十多分钟。由于设备条件的限制，电视新闻片不定期播出，每星期约播出两三次。当时的电视新闻片类似中央新闻纪录电影制片厂的“新闻简报”。

继北京电视台之后，许多省、市也纷纷建立电视台。1958年10月，上海电视台成立，同年12月，哈尔滨电视台开始播出。之后，天津、广东、吉林、陕西、辽宁、山西、江苏、浙江、安徽、山东、湖北、四川、云南等地也相继建立电视台。一批播音员走上电视播音岗

位，他们大多来自广播电台。

六、播音教育的初建

新中国成立以后，随着广播电视事业的发展，广播电视系统迫切需要相关技术人才和编辑干部。为了提高业务水平，开展专业教育显得尤为重要。最初的广播电视专业教育是从训练班开始的。1954年3月，中央广播局开办广播技术人员训练班，开始培养中级广播技术人才。

1956年5月28日，刘少奇代表中共中央听取中央广播局工作汇报时，建议创办培养广播干部的高等学校。1958年9月2日，中央广播局在原有的广播技术人员训练班的基础上，创办了北京广播专科学校。1959年9月，经国务院批准，北京广播专科学校扩建为北京广播学院。建院初设立新闻系、无线电系和外语系。北京广播学院是我国第一所培养广播电视专门人才的高等学校。它以培养本科生为主，同时培养专科生。北京广播学院的建立和发展，标志着我国广播电视高等教育进入了一个新的阶段。学院1960年开始开办播音专业训练班，铁城、虹云、雅坤、徐曼、李娟、钟瑞、祁芃等都出自该班，他们后来成为中央人民广播电台和中央电视台的播音业务骨干和北京广播学院的播音专业骨干教师。从1963年开始，学院正式开办两年制播音专业大专班。从此，我国有了培养播音人才的正规高等学校。

第六节　十年动乱期间的播音

从1966年5月开始的长达十年之久的“文化大革命”是中华民族的一场浩劫。正如中共中央《关于建国以来党的若干历史问题的决议》指出的：“历史已经判明，‘文化大革命’是一场由领导者错误发动，被反革命集团利用，给党、国家和各族人民带来严重灾难的内乱。”在这场内乱中，广播电视事业和播音工作都遭受挫折，主要表现在：

1. 新中国成立初期建立起来的播音队伍被打散了。许多老播音员和新中国成立后成长起来的新一代优秀播音员，被扣以“反动权威”、“黑五类”、“修正主义苗子”等帽子，受到批判，调离播音岗位。

例如，中央人民广播电台齐越、夏青先后被列为批斗审查对象，播音队伍受到破坏。齐越回忆说，“十年动乱开始，我这个曾在毛主席、周总理身边工作的普通人员一下变成了‘危险人物’、‘不安全因素’。于是，每逢‘五一’节或国庆节，就被押赴房山农场强制劳动。干三两个月后，再被押解回京，随传随到，听候批斗。”“文革”初期各地方台都撤销自办节目，全天转播中央台节目，有些地方台的播音员全部下放劳动。

2. 播音理论和业务建设遭破坏。在极“左”路线影响下，早先建立起的播音理论和积累的播音经验，统统被污蔑为修正主义黑货。由政治代替一切，所有播音理论学习、播音业务培训、播音语言基本训练都被迫停止、中断。

3. 优良传统被抛弃，播音风格遭扭曲。在极“左”路线的冲击下，播音方面的许多优良传统被抛弃，“高、平、空、冷、僵、远”的大喊大叫充斥广播。

4. 播音创作活动形式单一，创作依据基本上是报纸的内容，内容单调，播音表达语言样式是宣读报纸，许多播音员机械模仿中央台的播音，显得生硬呆板，语言表达缺乏创造力。

5. 否定选拔播音员的科学方法和培训方法，北京广播学院被迫停办，播音专业停止招生。

虽然这一时期“左”的路线干扰使播音队伍、理论、教学都遭到严重破坏，但还应看到，在周总理的关怀下，齐越等一些老播音员在“文革”后期被解放出来。齐越回忆说：“1971 年‘五一’节刚过，突然勒令我立即回城。我心想：这准是有紧急的批斗会等待我的‘光临’。可是，出乎意外，这次回来却令我回部门接受审查处理。我正在闷闷不解，一位好心的同志在路上小心告诉我：‘你能回来，是总理关心、过问了……’总理是怎样过问的呢？直到粉碎‘四人帮’后，我才得知：早在 1969 年 10 月 19 日夜，周总理在人民大会堂主持研究战备工作时，就问到‘延安时期那几位播音员的声音，现在想起来还很亲切，不知道他们现在都到哪里去了。孟启予、齐越现在哪里？’周总理还深情地说：‘我们不能忘记他们。’”[①]1971年后，齐越、夏青等先后恢复了工作。在广大播音工作者的努力下，从基层选拔了一批播音员，填补了当时人员的空缺，使播音工作能延续下来。一些老播音员和播音教育工作者，在受到批判时，仍顶着压力，暗自钻研播音业务，为后来播音理论的研究积累了材料。

这一时期，有线广播得到了发展，一大批年轻同志走上了各级播音岗位，并开始探索广播语言的特点，制作播出了如录音通讯、录音报道等具有广播特色的节目。期间，有线电视也开始试播，电视台有所增加，电视播音员也不断增加。他们不但锻炼口播新闻，而且在专题片配音方面也不断探索。期间，我国乒乓球运动得到发展，带动了体育转播、体育解说的开展。

1976年1月8日，方明播出了周恩来逝世的消息。同年9月9日，夏青播出了毛泽东逝世的消息，即《告全党全军全国各族人民书》。他们出色的语言表达和对感情分寸的把握，是这一时期优秀播音创作的体现。

1976年7月1日，北京电视台第一次试播“全国电视新闻联播”，播出时间为10～15分钟。这是只有外景片，没有播音间的口播，为“新闻联播”的前身。

1974年北京广播学院恢复办学，播音专业恢复招生，连续招收了74、75、76届工农兵学员，他们当中有许多人都成为中央台和地方台的业务骨干。同时，齐越调入北京广播学院担任教授，是我国播音专业第一位教授。期间，学校还从中央台和地方台调入一批有经验的播音员担任播音教师，师资队伍得到加强。至此，我国播音高等教育和理论研究有了新的发展。

思考题

1. 新中国成立后第一次播音工作会议讨论了哪些问题？
2. 梅益和齐越在播音创作方面各有哪些重要的论述？
3. 十年动乱给播音带来了哪些影响？

---

① 齐越：《献给祖国的声音》，中国广播电视出版社1991年版，第9页。

第十七章　播音主持事业发展概说（下）

内容提要

本章分别论述了拨乱反正时期（1976年至1981年）、改革发展时期（1981年至1992年）、快速发展时期（1992年至2000年）的播音主持和新世纪（2000年至今）的播音主持及其基本成就、基本经验和发展规律。

第七节　拨乱反正时期的播音主持

一、“文革”结束后播音事业初步恢复

1976年10月，“四人帮”被粉碎，结束了“文化大革命”十年动乱，人民广播播音事业初步恢复。尤其是十一届三中全会的召开，为播音事业的发展开启了新的航程。

1976年10月到1978年十一届三中全会之前，这一时期的广播主要播出内容是：拨乱反正、揭批“四人帮”的相关报道，缅怀老一辈无产阶级革命家的相关报道，有播音员参加的演唱会和朗诵会的现场报道，学习理论、开展实践是检验真理唯一标准的讨论的报道，电影戏曲录音剪辑等文艺节目，以及学科学、用科学等知识性节目等。

1976年10月14日，中央人民广播电台的播音员和北京电视台（中央电视台前身）的播音员成功地播出了粉碎“四人帮”的消息，之后又成功地播出了为“天安门事件”（“四五”运动）平反的消息。这期间，

中央人民广播电台、北京电视台及各地方电台、电视台陆续开办了学习节目，夏青等中央台著名播音员成功地播出了学理论、讲原理的节目，后中央电视台又成功地播出了关于真理标准讨论的讲座。一些省市电台、电视台举办的学习讲座节目，如安徽电视台的“理论和实践”节目、上海台关于真理标准问题等节目的播出，在社会上引起了热烈反响，同时播音队伍的业务水平也在大量学习类节目的播出中得到了提高。

这一时期齐越播出的长篇纪实作品《大地的儿子——周恩来的故事》《在彭总身边》《巍巍昆仑》等缅怀和歌颂老一辈无产阶级革命家的作品在吉林台、北京台和中央台播出后，在社会上引起强烈反响。齐越饱满的激情、生动的语言表达感染了无数听众，给人们留下了深刻印象。节目播出后，大量听众来信像雪片一样飞来，鼓舞了包括齐越在内的广播电视工作者。在缅怀毛泽东、周恩来、刘少奇、朱德等老一辈无产阶级革命家的诗歌朗诵会上，齐越、夏青、葛兰等满怀深情的朗诵感染了许多观众。尤其是在1977年1月，周恩来逝世一周年之际举行的纪念周总理的诗歌朗诵会上，齐越满怀激情的朗诵使现场许多观众热泪盈眶，掌声经久不息。

1978年3月，全国科学大会召开，中央台播音员播出了郭沫若写的《科学的春天》一文，感染了成千上万的听众，给人们留下了深刻的印象。这一期间，学科学、用科学、大讲科学知识的节目在中央台和地方台纷纷开办。播音员在这些节目的播出中，语言越来越亲切自然。尤其是电影和戏剧录音剪辑等文艺节目的播出使播音员的语言表现力得到恢复、锻炼和提高。这一期间，曹山、虹云、方明等人的文艺电影戏剧解说给人们留下了深刻的印象。

这一时期，中央台林如播出陶铸的女儿陶斯亮以第一人称写的长篇通讯《一封终于发出的信——给我的爸爸陶铸》。全文11 000字，林如一气呵成，播得感人肺腑、催人泪下，成为这一时期的最优秀的代表作品之一。这期间，方明、葛兰播出的为“天安门事件”平反的消息，王欢、常亮播出的“年产三千万吨钢”的消息，方明播出的通讯“生活的目标”等，都给人们留下了深刻的印象。

1978 年元旦，“新闻联播”正式创办。创办之初是以直播形式播出，播出时间是每晚 19:00 到 19:20，赵忠祥、李娟、刘佳、邢质斌等先后担任这一时期的播音员。

1978 年 5 月 1 日，北京电视台改名为中央电视台。之后，西安、哈尔滨、成都、太原、武汉、兰州、长春等电视台先后改成以省的名称命名的电视台。1979 年 5 月 16 日，北京市级电视台即北京电视台开播，电视播音员不断增加。

二、十一届三中全会后播音事业的发展

1978 年 12 月，党的十一届三中全会以后，广播事业迎来了新发展。第十次全国广播工作会议指出：广播电视新闻事业的播出，最后是由播音员来完成的。播音员是有好传统的，但有些过去适用的播音腔要改革，除发布政令、宣读重要报告、播送重要政治性文章语调必须庄重外，一般来说，播音员要像知心朋友一样与听众朋友谈话，播音速度要根据时代的节奏加以调整。

根据会议的精神，中央台播音部提出，要从稿件内容的需要出发，注重内容和形式的完美统一，加强情、声、气的结合，提高表达技术和技巧。在一些生产建设稿件中，尝试突破报告新闻的模式，改用播讲的方法，播音中体现出热情、亲切、自然的风格。

在播音理论建设、播音业务指导方面，1979 年，齐越发表了《播音创作漫谈之二》。他通过深入基层调查研究，了解基层广播站的播音现状，发现一些基层的播音员存在某些问题，有的人播音不入心，不动情，有播音腔，有的人是盲目模仿中央台的播音。他针对这种情况提出了“根基要深”、“没有捷径可走”、“模仿不是创造”的观点。关于“根基要深”，他写到，在话筒前要满怀激情地宣传先进人物的事迹，同时，在生产生活中严格要求自己，学先进、赶先进。播先进人物的事迹，首先自己要学先进的思想作风，要心口如一，言行一致，不能说的是“一朵花”，做的是“豆腐渣”。他说，播音员在话筒前向千万人播出真理之声，自己可是追求真理的革命者？每天都在教育别人，自己可曾先受教育？宣传别人做到的，自己做到没有？我们要学到老，

改造到老，做一个彻底的革命者。关于“没有捷径可走”，他写到，对于具体稿件，要反复深入地进行具体分析，找到确切的表达方法，播出符合党的政策分寸的态度感情，这是要花大力气的。这里没有捷径或窍门。熟能生巧，这个“巧”来自于长期勤奋的学习和实践，来自于艰苦的创造性劳动。没有主观上的努力，光想省气力、走捷径，这种所谓“熟”是不能生“巧”的，必然走向相反的效果——“油”。关于“模仿不是创造”，他说，播音员在话筒前播出稿件，进行宣传鼓动，唯一的工具就是有声语言，播音没有其他辅助手段，只能通过语言打动人，加强锻炼自己的嗓子，善于运用语言技巧，才能自如地表达思想感情。醉心于模仿别人的嗓音，形成一种人为的固定腔调，创造性就会被一条无形的锁链束缚住，这样下去，就会成为一种习惯势力，再想摆脱它，是十分困难的。模仿不是创造，满足模仿，意味着表现手法的贫乏，模仿得再好，也不过是像某某人的声音而已。在话筒前播音的目的，在于通过声音、语句表达稿件的内容和思想感情。

这一时期，播音工作者们翻译了国外的播音论著，如《朗诵艺术》《苏联功勋播音员》等，出版了《播音创作漫谈》一、二、三集。

1980 年 11 月 20 日，中华人民共和国最高人民法院特别法庭开庭，审判林彪、江青反革命集团。在中华人民共和国的历史上，进行如此重大的公开审判和实况报道，还是第一次。齐越、潘捷等参加了审判林彪、江青反革命集团公审会，担任宣读证词的播音工作。他们的播音准确坚定、稳健庄重、正气凛然，受到了场内外观众的好评，中央电视台转播了现场实况。

1980 年 7 月 12 日，中央电视台播出了“观察与思考”，是我国经电视机构正式批准的首次冠以主持人身份的节目。节目由播音员出身的时任记者的庞啸担任主持，屏幕上正式打出了主持人这一称谓。第一期节目是谈“北京居民为什么吃菜难”的问题。当时“观察与思考”节目播出时间不固定，主持人也不固定，除了庞啸以外，还有其他记者出镜主持，因此这只是对主持人节目的一种有益的探索和尝试。之前，中央电视台“为您服务”节目在 1979 年 8 月 12 日播出，但当时也尚无固定的主持人。

1977年全国恢复高考制度。北京广播学院播音专业开始招收本科生，尤其是在77级、78级、79级、80级四届学生当中，许多人都成为中央台、地方台和播音教育领域的业务骨干，如汪良、张宏民、罗京、李瑞英、贾际、马黎等；在播音教学领域成为业务骨干的有姚喜双、鲁景超、罗莉、卢静、唐朝、陈晓鸥等。1979年北京广播学院成立研究生科，播音专业研究生教育开始起步。

第八节　改革发展时期的播音主持

这一时期，国家广播电视部的成立、第十一次全国广播电视工作会议的召开开创了我国广播电视事业发展的新局面，也为播音主持的发展创造了良好的条件。第十一次全国广播电视工作会议上提出的大胆创新，百花齐放，四级办广播电视，混合覆盖，以新闻改革为突破口，加大新闻播出的信息量，提高播音的时效性等方针政策，为播音主持的发展营造了良好的政策环境。

广播电视宣传以新闻改革为突破口，在实践中，传统的新闻名牌栏目也有很大改进。如中央人民广播电台的“新闻和报纸摘要”节目，和各地人民广播电台联播，后改为全国联播节目，所报新闻的信息量明显增加，时效性明显增强，播音的语速和节奏也明显加快，体现出改革气息。播音员除方明、铁城、丁然、赵培等新闻播音业务骨干外，也涌现出了黎江、雷阳、于方等一批新秀。这一时期，中央电视台的“新闻联播”也有了重大改进。中央电视台把原来的“国际新闻”节目并入“新闻联播”，使“新闻联播”成为包括国内和国际新闻，既有形象报道又有口播新闻的较为充实的、完整的新闻节目。节目时长由20分钟增加到30分钟，其中口播新闻也尽可能配上照片、地图、影片、幻灯、字母等形象资料。同时，“新闻联播”开始播报中央气象台发布的天气预报。这一时期的电视播音员，除了李娟、刘佳、赵忠祥、邢质斌之外，又增加了薛飞、杜宪、张宏民、卢静、罗京、李瑞英、李修平、王宁等，贺红梅、肖晓琳、敬一丹、徐晓梅、张正、杨柳、计渝等也都先后参加过“新闻联播”的播音工作。

随着全党和全国的工作重点转移到经济建设上来，经济报道在广播电视宣传中的地位日益凸显。在广播领域，一些经济频道和经济台应运而生。它们继承人民广播优良传统，借鉴海外广播好的做法，普遍采取了由珠江经济台率先实行的大板块、主持人直播、听众参与的传播方式。1984 年底，中央电视台也成立了经济部，次年元旦，一个专门进行经济宣传的专题节目——“经济生活”在荧屏上出现。该节目的播出，受到党和国家领导人的充分肯定。后中央电视台又推出了“综合经济信息”节目，敬一丹、赵赫等成为当时经济节目主持的骨干。后来以敬一丹名字命名的经济类节目“一丹话题”，受到广大电视观众的欢迎。

1981 年 8 月，第二次播音经验交流会在北京召开，着重讨论了新闻播音特点和当前新闻播音存在的主要问题。会议提出播音工作必须根据改革需要，勇于创新，探索新的播音方法。大会提出“大胆创新、百花齐放”的口号。会后，全国各地播音员贯彻会议精神，认真学习和实践，在播音业务和理论建设方面都取得了可喜的成绩。针对新闻节目播音存在的主要问题、新闻播音的特点和要求，会议提出了坚持传统、勇于创新的口号。会议还要求播音员在稿件内容上下工夫，打破播读腔，使语言口语化、生活化，克服以教育者自居的思想，满腔热情为听众服务。会议指出，新时期任务不同，播出内容不同，宣传对象不同，必须探索新的广播形式、新的播讲方法，进行恰如其分的语言表达，声情并茂，娓娓动听，使播音风格多样化，百花齐放。

1982 年 3 月，在中央人民广播电台播音部新闻播音业务会上，台长左漠野指出，我们的新闻播音“缺乏中兴时期的活力”。他提出“清新、活泼、流畅”的要求，认为播音要加快节奏。

中央台播音部贯彻全国播音经验交流会的精神和左漠野台长提出的要求，进行了一系列试验。1982 年第四季度，播音部举办了“重要新闻和文件学习班”，以党的十二大开幕消息为例，进行解剖麻雀似的业务学习，着重帮助青年播音员提高业务水平，以便在以后的重大事件宣读中，可以不断增添新的播音力量。

1981 年元旦，中央人民广播电台由徐曼主持的“空中之友”节目播出，该节目是对台湾广播，这标志着主持人节目形式正式出现。之后，1981年4月，李一平、李东也以主持人的身份在广东电台开办“大众信箱”节目，受到听众的欢迎。同时，四川、江苏、浙江、黑龙江等省级电台和一些市级电台也相继开办了主持人节目。1981年7月至11月，中央电视台开办了一个临时性的节目“北京中学生智力竞赛”，由赵忠祥担任节目主持人。1983年1月1日，中央电视台推出经过改版的“为您服务”节目，沈力成为中国电视史上第一位固定的电视节目主持人。主持人节目的出现，使人耳目一新，为广播电视宣传和传播带来了活力。除了徐曼、沈力等中央级媒体的主持人外，北京电台“生活顾问”节目的主持人张玉兆，浙江电台“文艺之友”节目的主持人海娟，四川电台“农村信箱”的节目主持人李民等，都成了听众熟悉的好朋友。主持人节目的推开，是广播电视发挥自身媒体特色，“走自己的路”的重要成果，也是播音主持领域改革和拓宽业务的一个重要突破。

这一时期，广播电视的专题节目和专栏节目也迅速开办起来。中央人民广播电台虹云、傅成励等主持的“午间半小时”等综合类谈话节目和雅坤、贾际等主持的“今晚八点半”等杂志性文艺类节目，都受到广大听众的喜爱。这一时期电视专题节目改革的一个主要特点就是涌现出一大批社教类大型电视系列片，如中央电视台1983年8月开始播出的25集专题片“话说长江”和1986年7月播出的32集专题片“话说运河”都是由虹云和陈铎主持的，他们大方儒雅的主持风格，得到了广大电视观众的喜爱。1987年7、8月间播出的12集电视专题节目“让历史告诉未来”由方明和林如担任解说，他们深厚的语言功底、内在大气的解说风格同样受到广大电视观众的好评，这也是这一时期大型电视专题片解说的重要代表作之一。

这一时期，央视的“卫生与健康”、“科技时代”、“文化生活”、“祖国各地”、“世界各地”、“动物世界”、“七巧板”等节目也深受广大电视观众的喜爱。尤其是“动物世界”，1981年12月创办，由赵忠祥担任解说，他独具特色的解说风格给广大电视观众留下了深刻印象。当时的“七巧板”栏目备受小朋友们的青睐，1984年走上主持岗位的鞠萍成功地主持了这一节目，“鞠萍姐姐”这一称号在当时家喻户晓。这一时期，宋世雄等体育解说员也成功地完成了一场又一场国内和国际重大赛事的解说。

这一时期，综艺类节目也有很大发展，尤其是央视春节联欢晚会的开办，后来成为全国电视观众大年三十晚上必不可少的“年夜饭”。最初，晚会由赵忠祥、卢静等人主持，后来赵忠祥、倪萍成为这一时期家喻户晓的春晚节目主持人。之后，又出现了由姜昆和杨澜主持的“正大综艺”节目。

这一时期，播音队伍建设、管理和人才培养的力度也大大加强。《中华人民共和国宪法（1982年12月4日第五届全国人大五次会议通过）》第十九条第五款规定：“国家推广全国通用的普通话。”国家语委、广播电影电视部在《颁发〈关于广播、电影、电视正确使用语言文字的若干规定〉的通知》（国语字〔1987〕第10号）中指出：“广播、电影、电视使用语言文字是否合乎规范，不仅关系到宣传的实际效果，而且对社会的语言文字应用也会产生重大的影响……播音员……都应是语言文字规范化的宣传者和实践者，积极为广大听众和观众起示范作用。”该通知指出，当前广播、电影、电视在使用语言文字方面确实还存在一些问题，如一些播音员的普通话不够标准等。该通知说，为了进一步使语言文字的应用符合规范化标准化的要求，特制订《关于广播、电影、电视正确使用语言文字的若干规定》。该规定第一条指出：“广播、电影、电视使用语言文字应做到规范化，对全社会起积极的示范作用。”第五条指出：“广播、电影、电视使用普通话要合乎规范，应当避免读音差错。普通话异读词的读音以《普通话异读词审音表》（1985年12月修订本）为准。”第七条指出：“各广播电台（站）、电视台……应采取各种有效措施，使有关工作人员在正确使用语言文字方面，提高思想认识，增强业务素质。”

1986年5月经国务院批准，《播音专业职务评审条例（草案）》开始实行，播音专业技术职务分别为：播音指导、主任播音员、一级播音员、二级播音员。中央人民广播电台作为首批实行单位，草拟了《播音系列职称实施细则》和《播音员岗位责任制》。1988年，中央台播音部先后制定《新闻播音规则》《专题播音规则》等。

在播音教育方面，1984年，北京广播学院在原有播音专业的基础上成立了播音系，建立了播音发声、播音基础、文体播音等教研室。齐越、徐恒等从1981年起开始培养研究生。齐越开设了播音基础理论方向，培养了娄玉舟、敬一丹、付程、姚喜双共四名研究生；徐恒开设了播音发声方向，培养了陈京生一名研究生。这一时期培养的本科生中，许多人后来也成为中央和地方广播电视战线上的骨干。1986年，浙江广播电视专科学校成立，后也开设了播音专业。这一时期，播音员主持人大赛活动陆续开始，这也成为中央台和地方台选拔播音员的一个渠道，如中央电视台如意杯第一届主持人大赛产生了像鞠萍、张泽群这样的优秀选手，他们都成为中央电视台的播音主持业务骨干。

这一时期，一批播音专业论著先后问世。北京广播学院张颂发表了《研究播音理论是一项紧迫的任务》一文，提出了播音理论研究的框架，促进了播音理论研究工作的开展。之后的十余年中，有一大批播音论著问世，比如《朗读学》《播音创作基础》（张颂著），《播音文体业务理论》（毕征主编），《播音导论》（李越著），《寄语青年播音员》《献给祖国的声音》（齐越著），《播音风格探》（姚喜双著），《论播音艺术》（张颂、乔实著），《小说播讲艺术》（汪良著），《播音·朗诵·演播》（石雨著），《语言表达艺术》（姚喜双、罗奕著），《语言发声原理语言发声练习》（李钢、陈京生著）。这些论著源于播音实践和教学一线，其问世有力地支撑了教学和科研，指导和促进了播音主持一线实践。

1987年，中国广播电视学会（后更名为中国广播电视协会）播音学研究委员会正式成立，与此同时，主持人节目研究委员会也成立了，由赵忠祥担任会长，白谦诚任理事长。研究会在播音主持理论研究和队伍建设方面作出了巨大贡献。播音学研究委员会由齐越任名誉会长，夏青任会长，张颂、铁城、陈醇、关山等任副会长，创办了《播音界》为学会会刊。委员会成立之际，同时举办了庆祝齐越播音40周年学术研讨会。两个研究委员会的成立，对播音主持学术研究和队伍建设起到了推动作用。

第九节 快速发展时期的播音主持

1992年1、2月间，邓小平视察南方，发表了一系列重要讲话，进一步解放了人们的思想，推动了我国经济体制改革快速发展。期间，我国广播电视事业发展的步伐也大大加快。据新华社1995年12月5日报道，我国广播电视受众人口和电视机、收录机、收音机拥有量均居世界前列。全国已形成了比较完整的广播电视节目传送网和覆盖网。广播电视传输技术的突破、卫星电视的覆盖、有线电视的普及、接收质量的提高为广播电视播音主持的迅速发展提供了良好条件。

1992年后，中央和地方广播电台在继续抓好新闻改革、提高舆论引导水平的基础上，进一步合理配置广播资源，大力调整节目的结构和布局，全面提高了广播节目播音主持的质量。如中央人民广播电台在开办了“午间半小时”、“今晚八点半”的基础上，又一次性推出了6个大型综合板块节目：“经济生活”、“科技·知识·生活”、“439播音室”、“海外乐坛”、“法制园地”和“对农村广播”。其主持风格呈现出百花齐放的局面，受到广大听众的欢迎。1994年6月18日，中央台又开办了第七套节目“华夏之声”。这期间，上海台开办了“市民与社会”节目，这是上海地区第一个谈话类直播节目，主持人架起了节目与市民、市民与政府之间交流与沟通的空中桥梁。北京台开办了“人生热线”节目，主持人通过热线电话开展咨询服务。这些节目和栏目都受到了广大听众的欢迎。

这期间，中央和地方电视台为了进一步扩大信息量，提高实效性，对新闻节目进行了深入改革。中央电视台在1993年初制定了新的发展战略，提出要把中央电视台建成同中国大国地位相称的具有世界领先水平的电视台的奋斗目标。为此，中央电视台对新闻节目进行了大幅度、深层次改革。1993年3月1日起，第一套节目中新闻的播出次数由原来的4次增加到12次，而且大部分都是直播。1992年至1995年，中央电视台增加了5个频道。1993年5月1日，中央电视台推出综合杂志性节目“东方时空”和新闻评论性节目“焦点访谈”，在电视界和社会上引起强烈反响，成为推动电视改革向纵深发展的新模式。地方电视台也纷纷办起了新闻评论性节目或栏目，如辽宁电视台的“社会面面观”，上海东方电视台的“东方直播室”，山东电视台的“关注”，河北电视台的“焦点透视”，北京电视台的“今日访谈”等，这些节目都有较高收视率，受到政府重视和观众的欢迎。

“东方时空”和“焦点访谈”节目，造就了一批记者型的著名主持人，如敬一丹、水均益、白岩松、柏杨；“实话实说”等谈话类节目造就了崔永元等一批谈话型节目主持人；“新闻联播”播音员进一步固定下来，邢质斌、罗京、李瑞英、张宏民、李修平、王宁等担当主播，形成了“新闻联播”庄重大气的播音风格。这一时期，“春晚”等综艺类节目规模扩大，影响力也越来越大，除赵忠祥、倪萍外，周涛、张正、朱军等的加盟使“春晚”主持人队伍不断壮大。

1994年，国家语委、国家教委、广播电影电视部联合发文，决定开展普通话水平测试，播音员和主持人都要参加测试，持证上岗。普通话水平测试分为三级六等，播音员、主持人要求达到一级，省以上电台、电视台的播音员主持人要求达到一级甲等。通知发出后，李瑞英、倪萍等一批著名播音员、主持人带头参加测试，在执行语言规范方面作出了榜样。

1994年，根据中央人民广播电台台长和上海人民广播电台台长的特别约定，为了加强两台宣传业务的联系与合作，安排了一次特别节目。中央台播音部派出丁然，上海台派出田静，共同承担播出任务。此次特别节目利用中央台第一套节目的频率和上海台早新闻的频率同时播出，内容有：开始语、两地天气预报、节目提要、国内新闻、上海新闻、环球信息（当日国际快讯）等。经过两台有关部门的充分准备，1994年11月28日7时至8时顺利播出。这是新时期中央台为加强和地方台合作的一个重要活动，也是两台新闻播音业务的一次非常有益的交流。丁然播音端庄大方，田静播音热情流畅，使这一节目显现出清新的气息。

1995年，中央台播音部先后派出6名业务骨干：雷阳、常亮、于芳、金锋、丁然、曾凯分别到辽宁台、青岛台、湖北台调查研究，学习了解这些台的播音员、主持人的工作经验以及播音工作的运行机制等。

1996年9月，广播电影电视部召开全国广播影视语言工作会议。此前，中央台播音部组织离退休老干部和主任播音员以上职称的人员召开座谈会，就中央台播音工作、语言标准化、规范化的情况，队伍建设、业务发展等取得的成绩和存在的问题进行总结，建议成立广播电影电视部各级语言文字管理机构；播音员、主持人上岗要建立规章制度，从政治观点、思想品质、文化水平、知识面的广度、声音语言思维敏捷程度、应变能力等各方面进行审查考核；加强在岗的播音员、主持人的培训；除了通俗化、口语化、规范化之外，还需要多种语言表达形式；所有上岗主持节目的人员，都应根据《普通话测试条例》进行测试。

1997年5月，中宣部决定设立中国播音和主持作品奖作为政府奖。铁城在中央台“阅读与欣赏”节目中播的《高俅发迹》、方明播的悼念邓小平的通讯《在大海中永生》获首届一等奖，黎江、丁然在1997年6月30日“香港回归之夜”播出的“全国新闻联播”、于芳播的通讯《一个劳动者的追求》获二等奖。

这一阶段，对播音员和节目主持人语言的管理和语言规范的要求进一步加强。广播电影电视部制定的《广播电视岗位规定》（1992年）包括播音员、主持人的岗位规范，规定其岗位素质包括政治素质、知识素质和能力素质，其中能力素质包括语言文字能力。各岗位对语言能力的要求是：播音指导，“有较高写作水平和语言文字表达能力，能撰写较高水平的业务论文或专著；播音风格在听众和专业人员中有广泛影响；能演说、讲学。”主任播音员，“口头表达能力强，播音风格在听众和专业人员中有较大影响；能讲学，有较好的文字表达能力。”中级播音员，“有一定的口语表达能力，文字通顺，能写出有一定水平的业务研究的心得体会或论文。”初级播音员，“口头和文字表达能力良好；口语无语病，文字顺畅。”电视播音指导，“能够承担重大的播音任务，具有纯洁祖国语言、规范播音员读音的能力；有较高的文字能力，能够讲授播音业务课，并写出较高水平的播音业务论文；在播音中创造有个性的播音风格。”电视播音员，“具有一定的文字表达能力，口语流畅，无语病；五官端正，仪表大方。”电视节目主持人，“有良好的口头表达能力，掌握祖国语言准确的含义和读音，主持节目吐字清晰、发音准确，播讲亲切自然，流畅生动；撰写的节目串连词贴切生动，有感染力。”

1997年3月，广播电影电视部和国家语委联合下发了《关于建立广播电影电视系统普通话水平测试工作领导小组和测试站的通知》。该通知要求：“播音、主持、影视演员岗位的从业人员必须参加普通话水平测试并达到国家规定的标准。”该通知要求各省、自治区、直辖市广播影视厅（局）成立普通话水平测试领导小组并尽快建立普通话水平测试站，并对如何建站做出具体规定，以落实对播音员、节目主持人的普通话水平测试工作。1997年12月，广播电影电视部人事司颁布的《关于进一步做好播音员主持人持证上岗工作的几点意见》第四条规定：“今后新进播音员、主持人，普通话必须经测试达标。三年内经测试仍不能达标的原播音员、主持人也将离岗。”国务院颁布的《广播电视管理条例》（1997年8月11日国务院令第228号发布）第三十六条规定：“广播电台、电视台应当使用规范的语言文字。广播电台、电视台应当推广全国通用的普通话。”这些行政法规的出台，促进了播音主持语言的规范和播音主持质量的提高。

1996年，北京广播学院建立了播音主持学院，张颂任院长；1998年姚喜双任院长。播音主持学院的建立，促进了播音主持教育事业的发展。2000年，播音主持学院成功地申办了包括中国播音学方向在内的语言学及应用语言学博士点，至此，学院已具有培养本科、硕士和博士生的能力。学院在办学中，还创办了齐越朗诵艺术节，相关专业的同学们在朗诵实践中锻炼了播音主持的实践能力。

这一阶段出版的播音主持方面的著作有：《献给祖国的声音》（齐越著），《播音语言通论——危机与对策》（张颂著），《播音学概论》（姚喜双著），《播音心理学》（祁芃著），《语言发声基础》（王璐、白龙著），《文艺作品演播》（罗莉著），《节目主持人语言艺术》（吴郁著），《电视播音与主持》（陈京生著），《播音主持艺术》（一、二、三集，姚喜双、于根元主编)。尤其是《中国播音学》(张颂主编)的问世,标志着播音学的研究进入了一个新阶段。

这一时期,中央电视台举办了"金士明杯第二届电视节目主持人大赛",王志等主持人脱颖而出;中国广播电视协会还评选了播音主持作品奖和优秀播音主持人奖;主持人节目研究会还开办了金话筒奖,一批优秀的播音员、主持人以及播音作品获奖,对全国播音主持水平的提高有一定作用。

这一时期,播音学研究委员会先后由夏青任会长、后任名誉会长,铁城、方明曾分别担任会长,张颂、姚喜双曾先后担任常务副会长。研究会挂靠北京广播学院播音主持学院,为组织联络全国播音界的同仁开展学术交流、组织评奖评优做了大量工作,取得了明显成效。

第十节　新世纪的播音主持

进入新世纪,广播电视在技术、业态、功能、体制模式等方面都发生了重大变化。数字化时代的到来,新媒体的产生,广播电视卫星频道的全天候,有线电视的全覆盖,传统媒体和新媒体的交叉融合,广播电视节目的精品化、栏目的专业化、频道的品牌化,都使得播音主持迈向了一个新的历史起点。

这一时期,频道由专业化到资源的进一步整合,使得播音员和节目主持人适应播出的能力进一步增强。与此同时,一批优秀的栏目也脱颖而出,如中央电视台的"新闻调查"、"面对面"、"对话"、"高端访问"、"人生"、"我们"、"艺术人生"、"幸运52"、"开心辞典"等。一批优秀的主持人也纷纷涌现,如张泉灵、杨春、王志、朱军、董卿、王小丫、陈伟鸿、王利芬等。"新闻联播"又先后增加了康辉、海霞、郭志坚、李梓萌、郎永淳、欧阳夏丹等新生力量,体现了时代的气息。

2008年,中央人民广播电台和中央电视台成功地转播了在北京举办的第28届奥运会和残奥会开、闭幕式的盛况。罗京、周涛、孙正平等人的解说,给人们留下了深刻印象。2009年,中央人民广播电台和中央电视台成功地转播了新中国成立 60 周年在天安门广场阅兵的盛况，李瑞英、康辉的解说是新世纪重大实况转播的优秀代表作品之一。

这一时期，新闻评论主持和国际频道的播音主持也取得了明显进展，新闻评论类节目如白岩松和董倩主持的“新闻 1+1”，杨禹的即时连线点评，受到电视观众的好评。在国际频道播音方面，徐俐、叶迎春、王世林、鲁健等开创了一代新风，受到了相关专家和领导的肯定。

进入新世纪，网络主持也逐步兴起。传统主持方式是一点对多点，网络主持是多点对多点。网络主持具有很强的交互性、随机性和生活化的特点。随着时代的发展，网络主持的分类也越来越明显，其中，声频和视频主持越来越接近于传统媒体的广播电视主持。中央电视台建立了中国网络电视台，成为传统媒体和网络等新媒体融合的典范。一批传统媒体的播音员和主持人也走向了网络主持。

2001 年 1 月 1 日，国家颁布实施了《国家通用语言文字法》，使播音语言规范有了法律的保障。中央人民广播电台、中国国际广播电台、中央电视台（以下简称中央三台）按照《国家通用语言文字法》的规定和广电总局的要求，分别制定出实施条例，从而加强了播音员、主持人语言规范化的要求和对持证上岗的管理。如中央人民广播电台的《播音员、主持人管理暂行规定》，中央电视台的《关于进一步加强播音员、主持人管理的通知》《中央电视台播音员、主持人出镜管理办法》《中央电视台播音员、主持人资格认定及待遇审批办法》《关于播音主持人员严格依据程序出镜报批的通知》《关于持证上岗的播音员、主持人换证考核的安排意见》《关于播音员、主持人持证上岗的安排意见》等。2003 年 5 月，教育部语言文字应用管理司印发了《普通话水平测试工作评估指导标准》和《普通话水平测试规程》。10 月，教育部、国家语委又印发了新修订的《普通话水平测试大纲》。2000 年 2 月，教育部语用司印发的《一类城市语言文字工作评估标准（试行）实施细则》明确规定了对播音员、主持人使用普通话情况和测试达标持证上岗情况的评价标准。国家广电总局 2001 年 3 月向全国广电系统印发了《关于检查播音员、主持人上岗制度落实情况的通知》，重申要严格加强管理，对不合格人员要坚决调离播音、主持岗位，以确保节目质量和良好的宣传形象。国家广电总局 2005 年颁布了《中国广播电视播音员主持人职业道德准则》，对播音员主持人的语言使用规范作出明确规定。这些法规条例和相关规定的颁布施行，促进了播音与主持语言的规范化和播音主持科学、健康的发展。2011年，国家语委成立了国家审音委员会，姚喜双担任秘书长，方明、李瑞英任委员。

进入新世纪以来，播音主持教育也得到了快速发展，除中国传媒大学（原北京广播学院）播音主持学院开设播音主持艺术方向和中国播音学方向硕士和博士点外，中国社会科学院研究生院也开设了包括播音主持方向在内的媒体语言学硕士点、博士点和博士后工作站。浙江传媒学院、中国传媒大学南广学院等也相继建立了播音主持学院。全国有播音专业的高校已达400多所。至此，播音主持专业从专科、本科、双学位、硕士研究生、博士研究生到博士后各级各类的人才培养已齐全，形成高层次人才培养体系。这一时期的著作主要有：《播音导论教程》（姚喜双著），《忆齐越》（杨沙林著），《方明谈播音》（姚喜双、郎小平编著），《话筒前的人生——著名播音艺术家林如的播音生涯》（姚喜双、苏海珍著），《网络时代的播音主持》（宋新民著），《中国解放区新闻播音语言规范》（姚喜双著），《即兴口语表达》（鲁景超著），《节目主持》（吴洪林著），《主持艺术》（吴洪林著）等。

进入新世纪，播音和主持两个研究会合并，成立了中国广播电视协会播音主持委员会，会长先后由刘习良、李丹兼任，理事长先后由铁城、方明担任，秘书长由李瑞英担任。学会在促进播音主持领域的学术交流和金话筒奖评奖方面做了大量卓有成效的工作。21世纪以来，中央电视台又举办了四届电视节目主持人大赛，分别是荣事达杯第三届中央电视台节目主持人大赛、夏新杯第四届中央电视台节目主持人大赛、白象杯第五届中央电视台节目主持人大赛、艾诗缇杯第六届中央电视台节目主持人大赛。通过大赛，一批优秀的主持人脱颖而出，如撒贝宁、刘芳菲、沈冰、王端端、王筱磊、胡蝶、王宁、顾国宁、徐卓阳等。

在由中国广播电视协会主办的纪念改革开放30周年广播电视播音主持研讨会上，以及在由中国传媒大学主办的纪念人民广播播音主持70周年研讨会上，姚喜双发表了《播音主持科学发展研究——谈人民广播播音主持的基本成就、基本经验和发展趋势》。文中指出：人民广播70年的历史包括改革开放30年的历史，播音主持的基本成就可以用一句话来概括，就是中国特色社会主义播音主持理论与实践体系的初步确立。总结播音创作的基本经验，用一句话来概括，就是要正确认识播音主持事业发展和播音主持创作活动的基本矛盾，准确把握其基本规律。这里首先要把握事业发展规律，及时主动适应、满足需求。这个需求包括党、政府和人民群众对播音主持的需求，包括中国特色社会主义建设的伟大实践对播音主持事业的需求，也包括播音主持事业和播音主持活动内在矛盾的需求。这一基本经验还告诉我们，要把握播音主持创作活动的规律，就要始终坚持正确的创作道路和创作原则。要正确认识播音主持的性质与特征，要处理好继承借鉴与发展创新的关系，做到两个方面的有机统一，要坚持理论创新与实践创新，要继承人民广播播音的优良传统和中华民族优秀文化传统，借鉴国外或别人的播音主持样式和方法，要消化吸收，为我所用。要把握广播电视新闻传播规律，真正做到自觉贴近服务，坚持导向意识，要做好宣传与传播的有机统一，像夏青说的要做到“小总理意识”与“服务员身份”的有机统一。新世纪新阶段，我们只有认真总结过去的成就和基本经验，科学地判断未来的发展趋势，才能更好地掌握播音主持发展的规律，把播音主持事业推向前进。

思考题

1. 拨乱反正时期，第十次全国广播工作会议和齐越对播音创作和播音员提出了哪些要求？

2. 改革发展时期，第二次全国播音经验交流会上都探讨了哪些问题？此时期在播音事业的发展上都取得了哪些成就？

3. 快速发展时期，颁布了哪些播音员队伍建设和语言管理方面的相关规定？

4. 如何认识播音主持的科学发展？

第十八章　播音主持事业的继承与创新

内容提要

本章论述了播音主持继承借鉴与发展创新的必然性、主要内容和方法，分析了影响未来播音主持创作的主要因素，探讨了未来播音主持的发展趋向。

第一节　继承与借鉴

一、继承借鉴的必然性

继承与借鉴是事物自身发展运动的必然。任何事物的发展运动都不可能从零开始，它是事物整个发展过程中的一部分或一个阶段，它的发展以事物前一个阶段的运动和发展为依托，是事物前一个阶段发展运动的继承。事物的发展有其延续性和承继性，任何事物的发展和运动都不是孤立进行的，是事物间相互作用的结果，事物间发展运动的规律有其联系性和共通性。继承和借鉴是事物发展运动规律的必然要求。

艺术发展规律也是如此。“每个时代都形成了与前代、后代不尽相同的自己时代的艺术。但是各个时代的艺术又不是孤立存在、互不相干的，它们之间有着千丝万缕的联系。前代的艺术，总是给后代的艺术以巨大影响；后代艺术又总是要继承前代艺术的成果。这就是艺术发展历史的继承性。由于这种历史继承性的存在，艺术的发展就有了自己的传统。”[①]“艺术发展为什么会有这种历史继承性呢？这是由艺术本身的性质决定了的。我们知道，艺术是人们对现实世界的一种认识结果（这种认识是一种特殊形式的认识），而人们对现实世界的认识是需要不断积累、不断深化才能完成的。每一时代的艺术是对当时现实的一种认识，它是在前代认识的基础上完成的，并为后代打下了继续认识的基础，还有待于后代不断地将这一认识加以深化。这种对生活认识的不断积累、深化，在艺术发展过程中，则表现为对遗产的继承。每一时代的艺术遗产，实际上是作为当时艺术家对现实进行审美认识的结果而留给后代的，而后代艺术家们则在这一认识结果的基础上继续进行深化。……艺术要求人们把对生活的认识用艺术的形式表现出来。这种对表现生活的形式的认识，也是需要不断地积累和深化才能逐步完成的。”“艺术发展的历史继承性是艺术发展的一条重要规律”，艺术之间的相互借鉴，“各民族艺术在相互交流、相互影响的情况下不断向前发展，这也是一条规律”。“各民族的艺术都或多或少地受到其他民族艺术的影响。一个民族的艺术要向前发展，还要借鉴其他民族艺术中的好的东西。”[②]

播音主持，作为一门语言艺术，既具有上述艺术规律所规定的承继性和借鉴性，又具有语言本身的承继性。播音主持艺术很年轻，其自身的成长和发展需要利用艺术规律的相通性，借鉴其他艺术及有关方面的优秀成果。播音主持作为一种语言文化现象，“在民族文化中，语言巨大的认识价值、应用价值、保留价值、哲学价值、艺术价值、美学价值，是无与伦比的”[③]，需要植根于民族文化的土壤，需要汲取语言艺术的精华。

播音主持继承借鉴的必然性，不光有外部条件的作用，更是播音主持自身矛盾运动的结果。播音主持，虽然历史不是很长，但已经具有了自己的优秀传统、宝贵经验、鲜明的风格；播音主持艺术同其他艺术之间的相互联系、相互作用也越来越明显地表现出来。播音主持

①② 戴碧湘等：《艺术概论》，文化艺术出版社1983年版，第252、256、257、258页。
③ 张颂：《播音语言通论》，北京广播学院出版社1994年版，第201页。

创作自身的矛盾运动使其对继承和借鉴需求更为强烈，所以播音主持的继承借鉴是播音主持发展创新的必然，是播音主持自身矛盾运动的结果。

二、继承与借鉴的主要内容

播音主持继承与借鉴的内容应是多层次、多方面的。继承的内容包括优秀的传统和宝贵的经验，而优秀的传统又可分为：民族文化传统、汉语语言传统、人民广播传统、播音理论传统、播音创作传统等。借鉴的内容也是多方面的，可以有姊妹艺术的借鉴，其他语言表现手段的借鉴，不同学科之间的借鉴，不同民族和国外文化艺术及广播电视播音主持艺术的借鉴，创作个体之间的相互学习与借鉴等。

（一）要继承的内容

首先是优秀的传统。传统，在现代意义上，“是指历史沿传来的、具有一定特色的文化、思想、道德、风俗、心态、艺术、制度等，是一个外延最宽、反映客观事物最具一般规定性的概念。从民族学的意义上看，世界各个民族各有其传统。……这是一个复杂的整体，这种复杂性，表示着传统作为一种社会存在，具有多方面、多层次的复杂内容和关系网络”[①]。

播音主持创作的手段是语言。“语言是文化的一部分，要研究语言的传统，不能不在文化传统的大背景下进行。文化，是人类在历史发展过程中创造的物质财富和精神财富的总和，一般专指精神财富。应包括各种文物，各种典章文献，各种基于社会心理的文学、艺术，各种教育和科学。……我们认识文化的传统，认识中国文化的传统，主要是认识我们民族的心态，进而了解我们的语言传统，并给予批判的继承。……我们民族的文化心态，特别重视‘仁’，在自我修身养性中，加强道德观念；在讲求温柔敦厚的同时，强化群体意识；在不断融合西方文化的过程中，加强内省整体经验。……再说语言传统。我们民

① 张颂：《播音语言通论》，北京广播学院出版社1994年版，第22、23页。

族的语言传统，十分强调‘乐而不淫，哀而不伤’，外柔内刚，神摄意合，‘不以规矩，不能成方圆’，削尽冗繁，辞约义丰，意象组合，生动可感。”①

我们人民广播的传统可以简括为：“在中国共产党的领导下，宣传马克思列宁主义、毛泽东思想，宣传党和政府的政策和法令，站在党性的立场上，积极反映一切为广大人民群众所关心的重大问题，准确、生动、及时、多方面地报道、介绍人民的生产、生活情况，祖国的各项成就，以及国际时事、动态，语言通俗、简短，有趣味和具有吸引力，以各类节目，多种形式为全中国人民和全世界人民服务，并采取各种办法收集广大听众和观众的意见，尽量满足他们日益增长的需要。全体从业人员坚持党性原则，严格职业道德规范，发扬‘延安精神’，提高新闻工作者的素质，加强思想、文化、业务基本功，努力提高节目质量和传播质量。”②

随着广播电视事业的发展，播音理论也经历了由萌芽、草创到形成的阶段。播音理论的传统可以概括为：“一、广播电视播音员是党和政府的喉舌，广大人民群众的知心朋友，是以有声语言为主要手段在话筒前（包括摄像机镜头前）工作的新闻工作者。二、播音是一项创造性劳动，节目（或栏目）是播音创作的‘舞台’，需要高度的创作觉悟、正确的创作道路、严肃的创作态度、饱满的创作热情、高超的表达技巧。三、播音语言不完全等同于日常谈话，它具有规范性、庄重性、鼓动性、时代感、分寸感、亲切感的特点。在播音创作中，通过有稿播音锦上添花，无稿播音出口成章，达到以事醒人、以情感人、以理服人的效果。四、播音创作中，要遵循播音表达规律，以有声语言的多种样式表现丰富多彩、千变万化的语言内容，尽可能完美地符合稿件和节目（栏目）的体裁风格，满足受众的认识、审美需要。五、人民广播（包括电视）的播音风格是：爱憎分明、刚柔相济、严谨生动、亲切朴实。爱憎分明，是指有声语言中要负载着丰富的思想感情，要鲜明地揭示出语言内容和精神实质。爱和憎应该是包含着不同色彩、

①② 张颂：《播音语言通论》，北京广播学院出版社 1994 年版，第 22、23、26 页。

不同级差的感情变化。任何节目，任何稿件，任何有声语言都存在着一定事理的是非，一定心态的褒贬。对先进的、正义的、美好的东西，对共产主义的最高理想，对全国人民的共同理想，对高尚的道德、情操、纪律，一定要满腔热情地去支持，去赞扬；对落后的、不义的、丑恶的东西，一定要旗帜鲜明地去反对、去批判，是非清楚，褒贬得当。刚柔相济，既是指气质上的刚正与柔情的结合，又是指声音上的高、强、快与低、弱、慢的对比变化。刚，包括气魄宏大、气势磅礴，也包括刚劲有力、尖锐泼辣，并非全是金刚怒目；柔，包括徐缓舒展、温和恬静，也包括细腻婉约、绮丽旖旎，不应是低声下气，故作媚态。严谨生动，体现了逻辑思维与形象思维在播音创作中相辅相成的紧密关系。严，就要有清晰的稿件脉络和目的贯穿线，就要有准确的逻辑感受，就要把握语言内容所包含的情理的内部联系。要言之有物，言之成理，句句表达都在情理之中。生动，就要有真切的形象感受，抓住形象动作线，把握语言内容的情理的个性特征，以一当十，触类旁通，技巧运用都在意料之外。这里，内容的完整性、目的的鲜明性、技巧的多样性、声音的丰富性，相互依存。严谨并非刻板，生动亦非做作。亲切朴实，主要指平易近人，真情实感。亲切，不应是为了取悦听众而矫揉造作、虚声嗲气，那样最终听众也不会感到亲切。亲切，应是平等、亲近、真挚、恰切。朴实，就是不要去粉饰、勿做作、有真意、无干扰。……六、播音创作是一种个体劳动，但只有在群体中、集中群体智慧，才可能体现个体价值，发挥出个体的聪明才智。”①

播音创作传统可以简括为：“一、坚定的党性和党的政策的立场，爱憎分明的饱满的感情和特有的新闻敏感；二、和人民群众息息相通，热爱他们，关注他们，急他们所急，想他们所想，努力融入播音创作中；经常深入生活，学习社会；三、苦练基本功，努力提高政治思想、科学文化、编播业务的水平；四、严肃认真、一丝不苟、兢兢业业、精益求精，发挥主动性、创造性，保证播出的高效率和高质量；

① 张颂：《播音语言通论》，北京广播学院出版社 1994 年版，第 29、30 页。

五、团结协作，艰苦奋斗。”[①]除此之外，在播音创作中，还有交流的传统，包括创作主体与受众之间的相互沟通、反馈，创作主体之间的相互交流，等等。

其次是宝贵的经验。老一代广播电视工作者给我们留下了许多宝贵的经验，是我们的一笔巨大财富。

著名播音艺术家齐越强烈的事业心，高度的使命感、责任感，在播音创作中所体现出来的爱憎分明的真挚感情，整体开放的创作心态，行云流水的审美追求，用生命播音的精神境界等，在传统、经验、理论、实践等各个层面都是需要我们继承的重要内容。

在谈到对事业的热爱时，齐越对青年朋友说：“小小话筒千钧重。它载负着党的重托，人民的信任。……党的教育策励着我，人民的胜利鼓舞着我，严格紧张的工作锤炼着我，促使我坚守自己的岗位。每次话筒前播音，我总感到幸福，一种说不出的内心幸福。”[②]“有人说，‘播音员嘛，不过是读别人写的稿子，是个传声筒而已。’……是的，我是个播音员。世界上有各种各样的播音员，我是中国人民的播音员，中国共产党的播音员，我以此引为自豪。……是的，我读的是别人写的稿子。解放战争年代，我播读过毛主席、周副主席、朱总司令等撰写或修改的广播稿和捷报；建国后，我读的也大量是别人写的稿子，自己写的不过是有限的几篇。这些稿件内容反映的是我国人民在党的领导下走社会主义道路、建设祖国、保卫祖国的英雄业绩，我为此感到自豪。……是的，我是个传声筒。我传的是中国人民战胜艰难险阻、走向胜利的声音；我传的是人民和党政治上和谐一致的声音；我传的是中国共产党堂堂正正的真理之声。做这样的传声筒，我感到无比幸福和自豪！……我的命运和中国人民、中国共产党、中华人民共和国的命运紧密地联系在一起，这就是我引以自豪的原因。如果我的一生能从头开始，让我重新选择职业的话，我还要选择做中国人民的播音员，做中国共产党的传声筒。”[③]“青年朋友们！珍惜这个岗位吧！热

① 张颂：《播音语言通论》，北京广播学院出版社1994年版，第26、27页。
②③ 齐越：《献给祖国的声音》，中国广播电视出版社1991年版，第79、182、183页。

爱这项事业吧！我相信，你们也会感到在话筒前工作是无比幸福的。永远保持这种幸福感，它将赋予你的播音以饱满的激情。”①

在播音创作方面，齐越认为，播音员首先是党的新闻工作者，然后才是语言艺术工作者。他主张播音员要坚持播音创作中的党性原则，想党所想，急党所急；既要学习宣传党的方针政策，又要身体力行。宣传别人做到的，自己也要努力去做，宣传要别人不做的，自己也坚决不做；心口如一，言行一致，不能说的是“一朵花”，做的是“豆腐渣”。作为党的宣传员，要深入生活，拜人民为师，不断改造思想，增强无产阶级感情，要爱人民所爱，憎人民所憎，和人民群众同呼吸、共命运。

在播音工作的属性上，齐越还认为，播音是一项创造性劳动。播音员将别人写的稿子变成自己想要说的话，把文字作品转变为有声语言，不是照字读音的简单过程，而是比较复杂的再创作过程。这个过程就是：深入理解—具体感受—形之于声—通过话筒—及于听众。这就是说，播音员要具备理解感受稿件的能力、有声语言的表达能力、话筒前工作的能力、联系听众了解听众的能力。这些技能的获得，需要付出艰苦的劳动，需要长期的认真实践和学习，这是播音再创作的基础。在日常工作中，节目稿件多种多样，各有各的特点。内容不同，形式、风格不同，对象不同，要求播音员形之于声的表现方式也有所不同。这就要从稿件出发，对具体稿件进行反复具体的分析，才能找到切合稿件内容和形式的表现方法。播音的创造性就在这里。没有分析，就没有区别，也就没有理解、没有创造。播音员对稿件的分析理解要在所限定的短时间内进行，是一种紧张的思维活动，需要动脑筋、用气力。

齐越的播音创作原则是：“我是党的新闻工作者，要站在党性和党的政策立场，从稿件的内容和形式出发，联系当前形势和人民群众的思想实际，对于具体稿件作具体分析；从对稿件的深刻理解和真实感受中把握主题思想，明确宣传目的，引发态度感情，贯穿全篇播音。

① 齐越：《献给祖国的声音》，中国广播电视出版社 1991 年版，第 79 页。

同时，十分贴切地运用有声语言技巧表情达意，和听众进行感情交流，力求情、意、声的精神实质，达到预期的宣传目的。”[①]齐越在论述他的创作原则时指出，党性和党的政策的立场，统率播音创作的全过程。从稿件的内容和形式看，就是既要分析稿件的思想内容，又要研究稿件的体裁、风格和表现形式。情、意、声和谐统一，就要在达意的基础上表情，从表情中明意，达到情真意切，情意浑然一体。准确、鲜明、生动这三者中，准确是第一位的。在播音创作中，在处理播音员与稿件的关系上，齐越认为，稿件是播音创作的依据。他指出：播音工作和作品的改编或翻译、影视片的配音或解说等劳动一样，都属于再创作范畴。在创作过程中都要忠实于原作，受主客观条件的制约，有一定的局限性。这种局限性是和创造性相对而言的，正因为存在着局限性，才需要发挥创造性；没有局限性，也就无所谓创造性。从播音员与稿件的关系来看，稿件质量是第一位的。而一篇好稿子，一个好节目，能否取得应有的宣传效果，往往要看播音员的创造性发挥得如何。播音员可能为稿件锦上添花，播得引人入胜；也可能将稿件播得支离破碎，听来索然无味。齐越说，他是以稿件为师的。一般来说，播音员和稿件是有差距的，抱着向稿件学习的态度，可以缩小差距，深入稿件。播真人真事的稿子，不采用戏剧化的渲染、夸张的手法，以免破坏统一的基调，削弱真实感人的力量。每次播音都要全神贯注，忠于稿件，力求准确无误、高质量地播出。

齐越认为，生活是创作的源泉。一个播音员如果没有对生活的独特体验和感受，缺少对现实生活的真情实感，只简单地把文字变为声音，无论如何也不可能把稿件的精神实质、人物内心世界揭示出来。“当我的心和人民的心息息相通，和时代的脉搏一起跳动时，我的播音才有生命力；脱离人民群众的生活实践，我的播音就会变成无本之木，无源之水。”[②]

齐越认为，听众是良师益友。“播音员和听众的关系是什么呢？

①② 齐越：《献给祖国的声音》，中国广播电视出版社 1991 年版，第 82、86、87 页。

我是这样认识的：听众是我的宣传对象、服务对象，也是我的良师益友。我在播音中稍有懈怠或失误，他们立刻来信提醒我，给予热情的关怀或严肃的批评；我在播音中略有进步，他们又立即来信鼓励。在他们的帮助下，我不断明确和解决思想、业务中的问题，坚定事业心，增强责任感。……听众来信是送上门来的老师。凡是听众寄给我的信，我都认真阅读，一一复信。只要有机会就登门拜访，当面求教。”①

齐越认为，编辑记者是不可缺少的合作者。一次广播节目的产生和播出，是编辑、记者、播音员、录音员、调度员、机务员等共同劳动的成果。“我们播音员每天播出大量的各种各样的稿件，对每篇稿子都无师自通几乎是不可能的。在工作中我常告诫自己：不懂不要装懂，不懂就向编辑、记者和周围的同志虚心求教。尤其是播本台记者采写的稿子或录音报道，如果我没有随记者出去采访，在备稿时一定要请他谈谈采访心得和感受。通过间接体验，领会作者的创作意图。在录稿之前，我要听一听音响素材，搞清楚文字和音响的衔接，以求和谐一致。如果时间允许的话，还要给编辑、记者当面试播，请他们提意见。至于录音中随时得到录音员和监听编辑的帮助就更不用说了。在长期的播音实践中，我深深体会到编辑、记者、录音员等同志是我的老师，是工作中离不开的战友，是我的第一轮听众。没有他们的帮助与合作，播音创作是很难获得成功的。……青年朋友们，编播之间互知甘苦，彼此尊重，相互帮助，密切合作，是人民广播事业的好传统。进城以前，由于战争条件的限制，编辑部和播音组分隔两地，最远时相距几十里。但编播之间联系密切，播音员对稿件的意见，编辑对播音的意见，除随时互通电话告知外，每天还由送稿的通讯员传递信件。过去，编播之间山水相隔，联系尚且如此密切；现在，近在咫尺应该比那时候更密切合作才是。”②

齐越认为，爱憎分明的感情是他播音创作的核心。1949年，党中央通报表扬陕北台：播音感情充沛，语调爱憎分明，生动有力。毛主

①② 齐越：《献给祖国的声音》，中国广播电视出版社1991年版，第87～89页。

席夸奖陕北台的播音员说：骂起敌人义正词严，讲到我们的胜利很能鼓舞人心。真是爱憎分明。这样的播音员要多培养几个。“有人说：‘现在不是战争年代，新闻播音还有什么爱憎分明？’请问，难道只在战争年代敌我对峙时才有爱憎感情的表达吗？不，新闻不能没有阶级性。即使将来全世界消灭了阶级和战争，但只要社会上还存在着真善美和假恶丑的对立，还存在着正确和错误的斗争，就有是非，就有爱憎，这是不以人的意识为转移的。”①“是非分明，敌我分明，爱憎分明，刚柔相济。我认为，这是构成人民广播播音风格的主要因素，核心是爱憎分明。丢掉了它，播音就失去了战斗力和生命力。我在播音创作中力求围绕‘爱憎分明’这个核心进行。爱憎分明的感情，一是要真，二是要准。真，就是感情要真实。播音中只有动真情，才能引起听众的感情共鸣。……准，就是感情的表达要准确、掌握分寸。播音中爱憎分明的感情，是播音员的无产阶级党性在创作中的具体体现。它是由稿件内容和宣传对象引发出来的，受主题思想、宣传目的支配，受党的政策制约。感情的表达要恰如其分，符合党的政策原则，符合党的新闻工作者的身份，不能以个人的好恶代替党的政策。这种分寸感，对于播音创作的成败至关重要。”②

如何引发和调动感情？齐越认为，想象联想是引发感情的手段。“有的青年朋友来信问：播音中怎样引发感情？我的经验是：运用想象、联想作为手段来引发感情。想象……是人人都具有的一种心理能力。……在播音创作中，我运用想象、联想引发感情的程序是：在对稿件内容和宣传对象分析理解的基础上，沿着主题思想指引的方向，展开想象、联想去体验作者和作品中人物的思想感情，并设身处地为听众着想，从而产生内心的真实感受，引发出对稿件的积极态度，加深对稿件和对听众的理解，深化感情。而思想感情的深化，又可以使想象、联想更加活跃，形象更加鲜明，传达给听众的愿望更加迫切。没有想象联想在思维中展现，就不可能唤起相应的态度、感情。而没有鲜明的态度、真挚的感情，播音是不可能感动和说服听众的。”“……

①② 齐越：《献给祖国的声音》，中国广播电视出版社 1991 年版，第 51、90、91 页。

在播音创作中，想象和联想常常结合在一起运用，互相补充，互相渗透，相辅相成。想象和联想是在人的劳动实践和社会实践活动中产生的。一个人的想象、联想的活动能力，和他的思想境界、文化教养、生活经验等密切有关。发展和丰富想象力，并非单纯的技巧锻炼。……不刻苦学习，不深入生活……想象、联想必然贫乏。只有那些热爱生活、热爱人民，并善于从生活和人民中积累情绪记忆的，才可能获得丰富的想象力。”[①]

齐越说，播音有三戒。一戒自我表现。我们的广播电台和资本主义国家的广播电台有根本不同。资本主义国家的广播电台属于这个集团或那个财团，是为资本家服务的工具；我们的广播电台是党领导的，是党的工具，为人民服务的工具。我们播音员在党的培育下所掌握的全部技能都是为宣传党的政策，为人民服务的。在话筒前，切忌卖弄声音，炫耀技巧，追求自我表现，自我欣赏，这是和社会主义思想格格不入的。二戒随心所欲。做好播音工作，就要懂得它的性质、任务，搞清楚播音员和稿件、和听众、和其他有关方面的联系，掌握播音创作规律。自作聪明，随心所欲，凭主观随意性去播音，想不用力气就获得成功是不可能的，那只会受到客观规律的惩罚。三戒千篇一律。“在播音中不论什么样的节目，什么类型的稿件，都用一种固定不变的腔调，形成千篇一律、千人一腔，其原因是多方面的。我认为最主要的是在播音界流行多年至今仍有人追求的机械模仿造成的。人的嗓音各有差异，就像人的面目一样，每个人各不相同。播音员善于发挥自己嗓音的优势，善于运用自己的语言，才能自如地表达稿件的思想感情。醉心于模仿别人的嗓音，形成一种人为的固定腔调，就像一条无形的锁链束缚播音员的创作个性。模仿不能代替创造。模仿得再好，也不过是‘像某某的声音’。播音要发展，借鉴是必不可少的。借鉴不是模仿，而是要经过取长补短，消化吸收，溶化在自己的创作中，并在实践中掌握它，发展它。青年朋友，这是实践，认识，再实践，再

① 齐越：《献给祖国的声音》，中国广播电视出版社 1991 年版，第 91～93 页。

认识的过程，需要付出艰苦的创造性劳动，捷径是没有的。”[①]齐越希望青年播音员要继承党的优良传统和作风，发扬延安精神，“延安精神就是党的优良传统和作风。概括地说，就是坚定正确的政治方向，艰苦奋斗的工作作风”[②]，勤奋学习，努力实践，争取成为党和人民需要的名播音员。名播音员越多，对党的广播事业的发展越有利。“成为名播音员，不是终点，是新的起点；是党向我们提出更高的标准，更严的要求；要求我们努力做出更大的成绩，不断攀登播音艺术的高峰。……播音员修养的加强是没有尽头的，播音水平的提高是没有止境的。不要沉湎于一次的成功，也不要因一次的失败而灰心。播好一篇稿子或一个节目并不太难，难的是数十年如一日不断进取，精益求精，永远将高质量的精神产品奉献听众。如果你一时有些成绩，则贵在有自知之明；如果你处于逆境，则贵在坚忍不拔。满足现状，就意味着停滞或倒退。发扬延安精神，献身四化；勤学苦练，成为名家；锐意进取，力戒骄傲；善于创新，情声并茂。这就是我对青年播音员的希望和祝愿。”[③]

著名播音艺术家夏青说，播音员要力求做到两个“三”。第一个“三”，是指狭义备稿，即拿到稿件后，先粗看一遍，有一个总体的了解；再细看一遍，仔细深入地分析稿件内部各段落层次和句子之间的相互关系；最后再粗看一遍，有一个整体把握，以至第二遍细分析后不至于“陷”进去。第二个“三”，是广义备稿，也是修养问题，即读万卷书，行万里路，交一万个朋友。这实际上是培养学识，增加胆识，增长见识，是培养读书研究、调查实践、社会活动能力。齐越、夏青的宝贵经验，不光是他们个人的，也是老一辈广播电视工作者共同实践的总结，是集体智慧的结晶。

（二）借鉴的内容

播音主持可借鉴的内容应该是多层次、多方面的。

播音主持是语言艺术，可以直接借鉴各门各类语言艺术。可以借鉴话剧、电影、曲艺、歌唱等各类语言声乐艺术的吐字发声、气息、

---

①②③ 齐越：《献给祖国的声音》，中国广播电视出版社1991年版，第93～96页。

共鸣、情感体验、语言的表达技巧等。播音员、主持人还可以通过演讲、朗诵锻炼来提高语言表达能力。齐越一直主张播音员应经常和演员同台朗诵，学习和借鉴他们的经验。齐越说："播音员和演员同台朗诵，效果很好，我很支持这种方式。把播音和朗诵结合起来，这是我的一贯主张。播音员经常面对观众朗诵，可以锻炼语言功力，有助于播音业务的提高。……有些同志长期突不破播音腔，开了几次朗诵会，一下子就突破了。……通过参加朗诵会，我感到，我们播音员的语言功力在有些方面不如演员，声音送得不够远，声音的力度和弹性都比较弱。当然演员也有不尽如人意的地方，有的分寸不贴，表达过分夸张，使人感到不够真实。所以，播音和朗诵应该互相交融，播音员和演员要交朋友，互相学习，取长补短。50年代，我交了许多演员朋友，我们经常请董行佶、于是之、蓝天野等到电台来，我们也去他们那里。……朗诵和播音，在同群众的交流方式上有不同之处。朗诵是面对观众进行交流，播音是坐在播音室里，看不见听众。但也有相同之处，那就是无论是坐在屋子里，还是面对观众，都要和你的听（观）众进行思想感情上的交流，都要动真心、动真情。这一点是相通的，也是根本的。"①

艺术在表达思想感情方面与播音主持有许多共通之处。播音主持还可以借鉴音乐、绘画、舞蹈、电影、戏剧、雕塑等各种艺术表现手段，如主次的把握、节奏的变化、感情的表达、接受的规律等，丰富自身的表现手法。

广播电视内部各行当之间也可以相互借鉴。如电视摄影中镜头表现手段的运用，已被借鉴到播音内部技巧、"情景再现"的场景想象之中，如想象是近景、远景、中景还是特写等，这些都可以直接作用于语气的变化。

播音主持创作个体之间、群体之间都可以相互学习和借鉴。比如，著名播音员虹云说，她学习了齐越的激情，学习了林如的含蓄，促进了她业务水平的提高。各台播音员之间的相互交流学习，电台、电视

① 齐越：《献给祖国的声音》，中国广播电视出版社1991年版，第60、61页。

台之间的相互交流学习，不同播音主持语种之间的相互借鉴，都有助于播音主持水平的提高。

还可以借鉴国外有用的经验。20世纪50年代，为了学习苏联的经验，齐越随中国广播代表团访苏，之后费寄平、林如等一批播音员赴苏工作，翻译出版了介绍苏联播音朗诵经验的书籍，研究借鉴了“斯坦尼理论”和苏联播音经验中有用的东西，促进了我国播音业务研究。改革开放后，随着国际交往的增多，我国越来越注重研究借鉴其他国家和地区播音主持业务方面有用的东西，比如语言传播规律、访谈节目主持、受众接受心理等。

三、继承和借鉴的正确方法

毛泽东同志指出：“我们决不可拒绝继承和借鉴古人和外国人，哪怕是封建阶级和资产阶级的东西。但是继承和借鉴决不可以变成替代自己的创造，这是决不能替代的。文学艺术中对于古人和外国人的毫无批判的硬搬和模仿，乃是最没有出息的最害人的文学教条主义和艺术教条主义。”[①]播音的继承和借鉴的正确方法也应是如此。播音的继承和借鉴既要看到矛盾的普遍性，又要看到矛盾的特殊性；既要学习别人的经验方法，更要为我所用，立足自身。继承借鉴的方法，应是科学的、分析的，而不是盲目的；应是全面的，而不是片面的；应是系统的，而不是孤立的；应是本质的，而不是表层的；应是发展的，而不是僵死的；应是创造的，而不是模仿的；应是连续的，而不是中断的。

继承首先应该是发现、是分析，就是分析播音主持这一矛盾运动中那些合规律的大大小小的系统、要素以及促使这些系统要素合规律运行的机制。继承是为了发展，把那些合乎规律、带有本质意义、在未来发展中富有生命力的东西继承下来。

继承应该是系统的。比如，我们继承优良传统，优良传统是一个

① 毛泽东：《在延安文艺座谈会上的讲话》，《毛泽东选集》第三卷，人民出版社1991年版，第860页。

系统，它包括优秀的民族文化传统、语言传统、广播电视传统、播音创作传统等各个方面、各个层次。我们不可能只是孤立地去看某一个层次、某一个方面，必须整体、综合考虑，才能准确认识和把握。比如我们分析和继承播音创作传统，不可能不涉及我们的语言文化传统、政治工作传统等。播音继承的系统性的含义还在于，不光要看到和把握各个要素、各个层次、各个方面，还要把握好它们之间的相互联系以及结构方式，把握它们合规律运行时的机制。我们继承优良的传统，一方面要把优良传统的各个方面、各个层面都关照到，另一方面还要把握它们之间的相互联系、相互作用，以及相互联系的方式、相互作用的程度、所占比例的大小、运行最佳时的机制。比如，我们强调政治传统时，不能孤立地、片面地强调，还应该落实在播音主持实践中，党性应该体现在播音主持创作中；在强调落实语言传统时，也必须要有政治传统保障，才能将其真正落实于我们的播音主持创作中。这才是真正的继承。

继承应该是发展的。继承本身不是目的，目的是为了发展，所以在继承时要把那些经过实践反复检验的富于生机和活力的系统和要素，以及调控这些系统和要素的良好的运行机制继承下来，因为它们合乎规律，最具生命力。同时，也要善于寻找和发现它们在新形势下的最佳态势，为它们创造良好的运行条件，使其生机活力有效地焕发出来。比如，通过与受众交流征得反馈意见，改进播音主持工作，是经过实践反复检验的提高播音主持质量良好的方式，也是播音主持创作中优良的传统之一。只要播音主持创作这一矛盾运动存在，与受众的交流就存在，征得受众反馈的工作就要进行，所以这一传统是富有生命力的，应该很好地继承。同时，还须为其运行创造新的条件，比如，与受众交流获得反馈的方式，过去是通过受众来信、深入生活、登门拜访等方式，现在可以采用更多的现代化的联系手段，建立更为有效的机制。继承的发展性还体现在对过去已存在的、但长期以来未引起人们重视的好的要素、系统或机制及其萌芽的新的发现、挖掘和发展。比如，主持形式的萌芽——播音员参与采编工作，在我国并不是 80 年代才开始，而是从人民广播诞生那天起，就已经有其萌芽存在了。夏青说，最初办“新闻和报纸摘要”节目，就是齐越带大家一起采访、编辑、播音，那时我们就采编播合一了。只是后来节目量大了，人员多了，分工也就越来越细了。这种播音员、主持人参与采编播全过程的传统、经验应该发现挖掘，在发展中继承。

由于事物发展有时不可能是直线的，会有曲折和反复，播音主持继承有时也具有曲折性和反复性。比如，延安陕北时期优良的播音传统，在20世纪50年代和60年代初，被我们的播音工作者很好地继承了下来。而到了十年动乱期间，其优良传统又遭到了破坏。改革开放以后，这一传统又得到了恢复、继承和发扬。

借鉴应该是本质的。事物的种类是多样的，事物的规律是相通的；艺术的形式是多样的，艺术的本质是相通的。正是这种共通性的规律，使播音借鉴成为必要和可能。无论是时间艺术，如音乐等，还是空间艺术，如绘画、雕塑等；无论是专门艺术，如戏剧台词，还是综合艺术，如电影表演；无论是传统艺术，如京剧，还是现代艺术，其核心和本质，都是感情的传达，感情是其艺术符号结构的动力。借鉴，就是抓住其生发调动和传达感情的方式和手段。

借鉴应该比较、鉴别，为我所用。齐越指出：“吸收借鉴，要以我为主，为我所用。要了解自己的性格、形象特征。……了解人民的思想感情，民族的审美心理。……要勇于实践，勤于实践，善于实践，取人之长，补己之短，有所创新，有所突破，付出辛勤的汗水和艰苦的劳动，才能独辟蹊径，获得成功。”[①]事物虽然有矛盾的普遍性，也有矛盾的特殊性；艺术有共通性，也有其独特性，失去了自身的特点，就失去了生命。在借鉴中要为我所用，就要善于比较、鉴别。

比较鉴别，要分清层次和主次。有些艺术门类的借鉴可以更直接一些，比如相关的语言艺术；有些可以间接一些，比如其他各类艺术。有些侧重于表现形式，有些偏重于情感的引发，有些侧重于用气发声，有些偏重于语言表达。

比较鉴别，要有批判扬弃，要加以改造。借鉴的东西是否适用于自

① 齐越：《献给祖国的声音》，中国广播电视出版社1991年版，第64页。

己，要认真分析，要有批判扬弃（这里所说的批判，其核心就是扬弃），有些要加以改造，才能适用。比如，传统的评书、单弦演员吐字发音很见功力，在进行播音发声训练时可以借鉴。但不能照搬照抄，必须有批判和扬弃，加以改造后才能适用。其发音咬字虽见功力、有力度，但缺乏播音所要求的自然度，完全像评书、单弦演员那样发音，很难适应新闻播音语言清晰明快、流畅自然的要求。所以，在学习借鉴时，既学习它吐字归音到家、有力度的一面，又要抛弃它过于夸张、缺乏自然的一面。

学习国外的表演理论、播音主持经验，要为我所用，适合我国的国情，适合我们民族的风格和本人的特点。学习借鉴斯坦尼的“内心体验”，应该注意到表现手段的加强。学习国外的播音主持经验，也应加以分析比较，批判扬弃。在学习借鉴方面，中央人民广播电台著名播音员林如学习借鉴的方法给我们以很好的启示。林如之所以能形成自己的风格，是她在向别人学习时，学人之长、学人之本，批判扬弃，大胆创新，独辟蹊径，自己走路。林如 1952 年从事播音工作。经过两年的记录新闻播音实践后，1954 年到莫斯科广播电台华语部播音。当时在苏联工作的中央人民广播电台著名播音员费寄平帮助她学习播音业务，她同时也听苏联播音员托别士的课。托别士主张：“播读稿件要朴实，要善于运用口语的表达方式，对所讲事物要有视像，和听众要有感情上的交流。”[①]“播读稿件的语气愈朴素、愈柔和、愈像说而不像念就愈好。”[②]林如借鉴其口语的表达方法，但并没有停留于此，她学习其经验中本质的东西，即交流、视像和谐统一。苏联的东西并非都好，林如在学习中不断地加以扬弃改造。比如为电影、戏剧或舞剧解说，苏联播音员主张“旁白”，要求客观，不要掺入自己的情感，以免干扰电影、戏剧、舞剧的主要内容。林如认为，其中“旁”可以借鉴，即把握解说者身份的分寸，不喧宾夺主。但“白”（指客观、不用感情）不可取。因为纯客观的解说，会使解说语言和电影、戏剧或舞剧的感情游离，语言给人以无精打采之感。所以不能“白”，解说者感

① [苏]托别士：《创造性地学习、工作》，林如译，见《播音业务参考资料·二》，第 55 页。
② 齐越：《献给祖国的声音》，中国广播电视出版社 1991 年版，第 64 页。

情表达必须和影片或戏剧、舞剧当时的感情、内容、情节和谐一致，这样才能达到最佳效果。林如向费寄平学习播音业务，“费寄平的播音含蓄、深沉，感情往深里走”[①]，林如也喜欢含蓄、深沉的语言表达方式，但两个人的嗓音条件不同，费寄平的声音浑厚低沉，林如则是“小嗓门儿”，声音柔润甜美。林如向费寄平学习，没有从声音形式上模仿，而是学习其语言表达的根本，即“感情往深里走”。在声音上，她保持自己的嗓音本色，所以，林如含蓄的风格中能体现出清淡甜美的色彩。50年代末林如回国后，其文艺播音取得了成绩，讲述性、抒情性的稿件和节目的播音也能很好地胜任。但政治性强的稿件的播音成为她的一个难题。在这种情况下，她借鉴别人的经验，结合自己的特点进行探索，也取得了突破。政治性文章要播得大度、有分量和气势，一般较适合浑厚有力量的男声表达。林如既是女声，又是“小嗓门儿”，但她能够正确地分析自己的业务条件，扬长补短，另辟蹊径。她首先抓住体现“大度”的核心是政治气质问题，努力增强政治修养，提高政策水平。而在语言表达的用声上，仍保持“小嗓门儿”、小音量和女性在语言表达中柔和的特点。她采取“把字的颗粒灌满，唇舌运动幅度和力度加大”的办法，利用话筒放大后，其小音量、“小嗓门儿”同样能够播出政治文章所要求的分量和大度的气势，并又具有女声表达的特点。齐越的播音充满激情，林如说她向齐越学习播音主要是学习他的真实和调动感情的手段，而在传情手段上又结合自己的特点，从而形成了她淡中传情的风格特点。从林如成功的经验中我们可以看到，学习、借鉴必须要结合自身特点，有所创新，才能成功。

第二节　发展与创新

一、发展与创新的必然性

事物由于自身的矛盾运动以及外部条件的作用，总是在不断地发

① 林如同作者谈话录。

展变化。这是发展和创新的根本动因。艺术创作也是这样。“艺术的生命在于创造。如果在艺术领域中没有创新，没有发展，而是死抱住旧的东西不放，陈陈相因，艺术就失去了存在的价值。”①虽然“艺术发展中的继承借鉴是十分重要的，但继承和借鉴都是手段而不是目的，其目的是为了艺术的发展。因此，就应该在批判地继承借鉴的基础上不断地革新创造；没有革新创造，就谈不到艺术的发展”②。“当然，在艺术发展的过程中，批判地继承借鉴和革新创造是密切地联系在一起的，二者缺一不可。继承借鉴是革新创造的基础和前提，而革新和创造，又正是对遗产的最好的继承。”③

播音主持艺术也是如此。播音主持创作自身的矛盾运动以及它所处的外部条件的不断发展变化，使其在继承借鉴基础上的发展创新成为必然的规律。一部播音主持史，虽然还不长，但它已经反映出了在继承借鉴的基础上不断发展创新的轨迹。

继承和借鉴是发展创新的基础，而正是发展创新，才使继承和借鉴变为现实。比如，在播音创作中关于稿件准备的问题，五六十年代，老一代播音员在实践过程中摸索总结了“播音四要素”，即：是什么，为什么，对谁播，怎样播。这对把握备稿规律，提高播音创作水平起到了很重要的作用。随着事业的发展，认识的深化，现在又在此基础上提出了更为科学的“备稿六步”，即拿到一篇文字稿件后，具体分六步准备：划分层次、提炼主题、联系背景、找出目的、分清主次、把握基调。这六步是在四要素基础上发展起来的，而正是这种发展，才使四要素核心内容的继承变为今天还在起作用的现实。

播音主持的发展创新，一方面是由播音主持创作内部自身各要素的发展变化决定的，另一方面是由外部条件的发展变化所决定。

外部条件的变化是指，由于时代的发展，当前世界、科技、经济、政治、文化都在不断进步，发生着日新月异的变化。这些变化也必然反映到播音主持创作中来，促使播音主持创作发展创新。

①②③ 戴碧湘等：《艺术概论》，文化艺术出版社 1983 年版，第 271～273 页。

内部要素的变化包括创作主体职能的增强，创作依据形式的多样，创作环境不断地变化，创作手段不断地加强等，这些都从播音主持创作内部运动方面推进了播音主持的发展和创新。所以说，播音主持的发展创新具有其客观必然性。

二、发展与创新的含义

播音主持的发展与创新，应该是积极培育、推动播音主持创作矛盾运动中那些合乎规律、代表未来、符合时代要求、富于生机和活力的因素，并为其提供和选择向前运动的新形式、新角度、新手段、新方法。

播音主持的发展创新体现在播音主持事业的各个领域和播音主持创作的各个方面。它们既有内容的发展，又有形式的创新；既有理论的发展，又有实践的创新。它具体体现在稿件的准备、内容的感受、情感的调动、声音的运用、语言的表达、节目的把握、副语言的运用，体现在创作方法、创作手段、创作环境、创作主体、创作依据、创作对象等各个方面，体现在队伍建设、体制建制、运行机制、人才培养、专业设置等各个方面。

三、发展与创新的正确方法

“要想在艺术上有所革新、有所创造，就需要艺术家有胆有识，既要敢于打破前人的框框，敢于标新立异，同时又要有知识，有眼光，善于把前人积累的知识‘拿来’，烂熟于心，变成自己的营养。凭空创造，无异于沙上建塔，根本没有基础，结果只能是一无所获。”①这里所说的有胆有识，就是说既要敢于创新，又要善于创新，关键是要掌握发展创新的正确方法。

播音主持的发展和创新不能从零开始，应该在继承的基础上进行，应该保持自身的性质。比如，在播音主持创作中稿件准备方面，现在的“备稿六步”，正是继承了过去“播音四要素”，是在“播音四要素”

① 戴碧湘等：《艺术概论》，文化艺术出版社1983年版，第273页。

的基础上发展起来的，离开了“播音四要素”，就不会有“备稿六步”。创新也是这样，创新应该注意保持事物自身的特点，保持其自身的质的规定。比如，电视专题片解说，可以在以第三人称解说的情况下，创造出以第一人称身份的解说，这样可以根据内容的需要，挖掘多种语言表达样式。但这种创新变化，应保持其专题片新闻语言的真实性，不能创新成演员第一人称的配音（除非专门为片中人物配音），如果是那样，就改变了专题片的新闻性了。

播音主持的发展与创新必须具备一定的专业知识储备和扎实的语言基本功。发展和创新应该在一定的基础上进行，自身必须具备一定的条件。一个气息还不通畅，科学的发声方法还没有掌握，普通话语音还不准确的人要想在普通话播音主持的语言表达样式上创新是难以实现的。

播音主持的发展与创新应有科学态度，应该遵守其创作规律和创作原则。播音主持创作有其自身的规定性，语言表达和副语言体现也有自身的规律性。发展和创新并不等于盲目求异，而是寻找把握这些规律的新角度、新手段、新方法，其目的是为了更好地运用这些规律，而不是抛开这些规律。

播音主持创作规律的认识和把握过程，是一个长期艰苦的过程，一个由实践到认识、由认识到实践，经过多次反复才能够完成的过程，有时也是一个曲折反复的过程。所以播音主持的发展与创新要付出艰辛探索、艰苦劳动、反复实践才能够完成。立志发展创新者，必须要有吃苦的思想准备。

播音主持发展创新，必须不断地寻找播音主持矛盾运动中富有生命力的要素，不断地为这些要素的生成创造新的天地。这创造有两方面含义，一个是开辟，另一个是挖掘。比如语言的把握，由于现代科技的发展，传播工具的进步，语言与机器的结合更为紧密，应该不断寻求、开辟新的表达方式。由于网络等新媒体的发展，网络播音主持的兴起，传统媒体与新媒体的融合，新的表达样式必然需要开拓，同时也需要挖掘语言的多种性能：为适合机器识别和传送，挖掘语言规范性的要求；为增强不可被机器代替的功能，进一步挖掘和培育语言传情和审美的功能，使其更为完美。新生要素不断地、无限地增长，决定了播音发展和创新永无止境。

发展和创新，还要注意符合我国国情，结合自身的条件，适应我们民族的审美心理。

第三节　未来发展趋向

播音主持，随着时代的发展而发展。这种发展一方面是因外部条件的不断改变而带来的变化，另一方面是播音主持自身的矛盾运动引起的。展望未来，也应该从上述两方面着眼。纵观播音主持发展的历史，联系其他事物发展的规律，对播音主持的未来可以有这样一个基本估价：变与不变，变中有不变，不变中有变；未来的播音主持，是变与不变各要素、系统、运行机制的统一。具体来讲，就是播音主持创作的外部条件不断变化，播音主持创作内部要素不断优化，就这一点来讲是“变”；尽管外部条件和内部要素都在不同程度地发生着变化，但是播音主持创作矛盾运动的基本性质没有变，从这一点来说是“不变”。我们未来的工作，就是要主动适应变化的条件，科学地把握矛盾的性质和基本规律，优化各个系统、要素、机制，使“变”与“不变”有机地统一。

一、影响未来播音主持创作的主要因素

播音主持创作跨入了21世纪，进入了新的历史时期。影响未来播音主持创作的主要因素，一个是外部条件的变化，另一个是内部要素的优化。

时代的发展，科技的进步，经济、政治、文化、艺术、思想观念上的变革，信息社会的形成，知识经济的发展……这些一方面形成了促使播音主持创作发生变化的外部条件，另一方面也为播音主持表达提供了无限鲜活丰富的内容，促进了播音主持创作自身条件的变化和内容的更新，播音主持创作自身各要素也在不断地优化。当然这种优化的实现，最终还是播音主持创作内部动因在起作用。

具体讲，科技进步落实在传播上，带来传播工具的更新、传播条件的改善、传播方式的变革。就播音主持创作的环境、工具来看，单一线性传送变为多媒体传送，模拟技术变为数字技术，录音调音台变为音频工作站，实景录像棚变为数字化仿真演播馆，等等。现代社会的发展，使得信息数量增大，传播频率加快，直播节目增多，传播集团化，节目中心制；信息来源丰富，受众更加主动，这一切都影响着未来播音主持创作的样态。

二、播音创作的发展趋向

研究播音创作的发展趋向，既要紧紧抓住其基本矛盾运动规律和由此产生出的基本特征，又要全方位、多角度地阐述其表现形态。

1. 时代特征与中国特色的统一。21世纪所呈现出来的信息社会、知识经济、科技发展、全球一体的现代化的时代特征，要与建设中国特色社会主义现代化和建设具有中国特色的广播电视事业有机统一。这是播音主持创作所应有的总的、大的发展趋势。

2. “传与受”始终贯穿播音主持创作的昨天、今天和明天，贯穿于播音主持创作的始终。“传与受”是播音主持创作的基本矛盾。抓住了这一矛盾运动规律，就抓住了播音主持创作生存和发展的规律。现代社会，“传与受”在媒体安家。它用播音主持创作解释自己，它不会因为媒体的更迭而消亡，也不会因播音主持字面名称的变化而消失。

3. 播音员、主持人部分脱离媒体，有相对的独立性。媒体的增多，竞争的激烈，产业化的管理，市场化的运作，传播的集团化，节目中心制，使得一些非新闻类播音员、主持人，如娱乐、综艺、少儿、专题、体育、科技等播音员、主持人首先脱离某个媒体，伴随节目独立走向市场，以便服务于更多的媒体。

4. 播音员、主持人职业化程度加强。传播技术越是现代化，越要求规范化，管理越是产业化，越要求规范化，运作越是市场化，越要求规范化。规范化，决定了播音员、主持人的职业化。规范化程度越高，其职业化要求也就越高。只有高水平的职业化，才能在未来的现代化、产业化、市场化中具有适应力、竞争力和生命力。

5．播音员、主持人管理的专业化、制度化程度提高。由于媒体和社会对播音员、主持人要求的职业化、专业化程度提高，由于市场机制需要一个相同的管理标准，给人平等竞争上岗的机会和权利，因此国家主管部门设立了或委托专门委员会对播音员、主持人进行专业宏观管理，制定相关规范条例，依法依规管理。

6．中央、省、市电台、电视台等，无论大台、小台，无论多媒体、单媒体，所有播音员、主持人同站在一个起跑线上。由于传播信号上星、入网，面向全球播出，因此收看省台播音主持节目已不仅仅是某省的观众，而是全球范围的观众，这要求各级电台、电视台的播音员、主持人都要具有国家意识和大局意识，都应具备对内对外传播的素质和能力。

7．在一段时间内，播音员、主持人的更换会更为频繁，而媒体对人员需求的增长速度会放慢。这一方面是企业化管理和市场化运作，要求每个人的工作都要满负荷，激烈的竞争也要求播音主持人员一专多能；另一方面，媒体对人员的选择将会更准确、更成熟，更符合宣传和传播的需要。

8．播音员、主持人的素质会更高，适应力会更强，种类会更多，个性会更鲜明。这是因为：（1）电台、电视台、网络等电子媒介相互融合，使得播音员不光能出声在电台主持，也能上镜在电视台主持，同时也能动手在网上主持。（2）节目分化越来越细，主持种类越来越多。（3）由广播到窄播又到交互式传播。21世纪，不光是信息的世纪，更是美学的世纪，这就要求播音员、主持人既传播信息，也要多出精品。

9．播音主持创作的属性呈多质性，播音主持学科的知识构成呈复合型。其创作既有再造性，也有创造性，是再造和创造的统一。创造和再造，有时是交互进行，有时是同时展开。

10．播音主持创作的观念将更为开放，创作状态更为主动，创作手段更为丰富，语言表达更加多样（读、播、报、讲、谈、说、诵等），副语言应用范围更广，创作分类的划分更细。

11．创作主体的知识面加宽，技术含量增多，素质能力增强。创作主体具有多种功能，以播为主，采访编辑兼做；以栏目和节目为单元，广播电视网络兼播。对创作主体的能力方面的要求更多。时代的发展，外部条件的变化，使得创作主体（播音员、主持人）要具有政治辨别力、敏锐观察力、现场反应力、转换应变力、快速记忆力、信息采集力、语言表达力、艺术审美力、技术操作力、策划创新力、节目制作力、市场竞争力、媒体适应力、心理承受力、整体驾驭力、综合协调力。这样才能把握播音主持艺术创作的基本矛盾运动。

在上述新的变化中，创作主体的创作主导地位没有变，依然是播音主持创作矛盾运动的主要方面；创作主体作为党的宣传员、新闻工作者的身份没有变；创作主体运用规范化语言及副语言进行传播的手段没有变，尽管有数字机器参与，那只不过是语言的帮手、辅助而已，不能代替创作主体自身语言的传达；播音主持工作的性质也没有变，播音主持的创造性在新的条件、新的形势下将更加充分地显示和发挥出来。

12．播音主持创作依据，如稿件、音乐、画面、音响等要素，都在发生着不同层次的变化，如稿件形式的多样化、立体化，稿件有形和无形的弹性化，音乐、音响的电脑化、仿真化，画面图像的多维化、立体化等。但是各种创作素材的地位没有变。

13．在新的时期，受众的素质日益提高，审美能力增强。传播方式的多样性，多媒体、网络等由广播到窄播到交互式传播的形式，使受众分类更细，其接受和反馈更为便利，呈现出较强的主动性和选择性。但是受众的接收规律没有变，依然是物理—生理—心理的运动过程；民族审美心理没有变；受者的地位也不因其主动性增强而改变。

三、继往开来，迎接挑战

在新世纪、新时期、新阶段，我们已经看到了未来播音主持的样态特征，如前面所概括的“变与不变的统一”。那些“变的因素”，给我们提出了挑战，同时又给我们提供了机遇和新的领域；那些“不变的因素”，为我们积累了经验，同时也给我们提出了在新形势下如何运用这些经验的新问题。可见，面向未来，迎面而来的挑战是多方面的，是客观存在、不依我们的主观愿望为转移的。我们要勇敢地迎接挑战，在不断解决新的课题中发展和前进。

在播音主持创作中，创作主体是矛盾的主要方面，这里的挑战主要是针对创作主体而言。迎接挑战，就是要求创作主体能够做到适应、优化和统一，即主动适应外部条件的变化，优化内部要素的构成，使“变”与“不变”的因素在播音主持创作中有机地统一起来，使播音主持创作在新的天地里获得更大发展。

政治、经济、科技、文化促进了传媒的发展和变革，播音主持创作主体应进一步提高自身的政治文化素质，不断更新观念，扩充现代知识结构，增强掌握和运用现代传媒手段和工具的能力，提高语言功力和语言表达水平。播音主持创作越是与机器结合，越要求语言的准确规范，越要提高运用变化了的创作素材的能力，进一步树立为受众服务的意识，满足受众更多的信息需求和更高、更丰富的审美追求。科技的发展、传媒的进步，把广播和电视、中央台和地方台的播音员、主持人都推到了同一条起跑线上，这对广大播音主持创作者来说是一个很好的机遇，一大批真正高水平的创作者必将应运而生。他们以栏目和节目为单元，以播音主持为主业，既能播音，也会主持；既能广播播音，又会电视播音，也能做网络主持；既能采访，也能编辑，从而成为高素质的播音主持工作的创作者，有声语言的传播者。

在未来发展中，在不断变化的条件下，受众对有声语言的传播始终会有需求，播音主持创作的基本矛盾运动仍然存在。播音主持创作主体通过自身素质的提高，创作要素的优化，“变”与“不变”因素的有机统一，必将使播音主持创作进入更加广阔的天地。

思考题

1. 论述播音主持继承与创新的关系。
2. 根据播音主持发展规律，展望未来播音主持发展趋向。

主要参考文献

[1]《当代中国的广播电视》编辑部选编：《广播电视史料选辑之一：中国广播电视大事记（1923—1985）》，北京广播学院出版社 1987 年版。

[2]《当代中国的广播电视》编辑部选编：《广播电视史料选辑之二：中国的广播电台》，北京广播学院出版社 1987 年版。

[3]《当代中国的广播电视》编辑部选编：《广播电视史料选辑之三：中国的广播节目》，北京广播学院出版社 1987 年版。

[4]《当代中国的广播电视》编辑部选编：《广播电视史料选辑之四：中国的有线广播》，北京广播学院出版社 1987 年版。

[5]《胡乔木传》编写组编：《胡乔木谈语言文字》，人民出版社 1999 年版。

[6]《胡乔木传》编写组编：《胡乔木谈新闻出版》，人民出版社 1999 年版。

[7]《马克思恩格斯全集》第 3 卷，人民出版社 1960 年版。

[8]《毛泽东新闻工作文选》，新华出版社 1983 年版。

[9]《中国人民广播事业暨中央人民广播电台 60 周年》（画册），2000 年印制。

[10] [美]埃德加·斯诺《西行漫记》，生活·读书·新知三联书店 1979 年版。

[11] 艾知生、刘习良主编：《中国改革开放辉煌成就十四年广播电视卷》，中国经济出版社 1993 年版。

[12] 艾知生：《广播影视工作谈》，中国广播电视出版社 1997 年版。

[13] 北京广播学院新闻系编：《中国报刊广播文集》（1—6），1980 年版。

[14] 北京广播学院新闻系编选：《中国人民广播回忆录》（第 3 集），中国广播电视出版社 1990 年版。

[15] 北京广播学院新闻系编选：《中国人民广播回忆录》（第 4 集），中国广

播电视出版社 1995 年版。

[16] 北京广播学院新闻系编选：《中国人民广播回忆录》（续集），中国广播电视出版社 1986 年版。

[17] 北京广播学院新闻系编选：《中国人民广播回忆录》，广播出版社 1983 年版。

[18] 北京广播学院学报编辑部编：《播音创作漫谈》（1）、（2）、（3）。

[19]《推广普通话文件汇编》，文字改革出版社 1985 年版。

[20]《语言文字规范手册》，语文出版社 1998 年版。

[21] 蔡莲红、周同春、陶建华主编：《新世纪的现代语音学》，清华大学出版社 2001 年版。

[22] 陈京生：《电视播音与主持》，北京广播学院出版社 2000 年版。

[23] 陈章太、戴昭铭、佟乐泉、周洪波编：《世纪之交的中国应用语言学研究》，华语教学出版社 1999 年版。

[24] 陈章太：《语言规划研究》，商务印书馆 2005 年版。

[25] [日]池上嘉彦：《符号学入门》，张晓云译，国际文化出版公司 1985 年版。

[26] 戴碧湘等：《艺术概论》，文化艺术出版社 1983 年版。

[27] 戴昭铭：《汉语研究的新思维》，黑龙江人民出版社 2000 年版。

[28] 戴昭铭：《规范语言学探索》，上海三联书店 1998 年版。

[29] 邓力群：《中华人民共和国国史百科全书》，中国大百科全书出版社 1999 年版。

[30] 方汉奇主编：《中国新闻事业通史》第二、三卷，中国人民大学出版社 1996 年版。

[31] 费锦昌主编：《中国语文现代化百年记事》，语文出版社 1997 年版。

[32] [苏]符·阿克肖诺夫：《朗诵艺术》，齐越、崔玉陵译，广播出版社 1984 年版。

[33] 高名凯：《高名凯语言学论文集》，商务印书馆 1990 年版。

[34] 高名凯、石安石主编：《语言学概论》，中华书局 1979 年版。

[35] 广播电视部《当代中国的广播电视》编辑部编：《梅益谈广播电视》，中国广播电视出版社 1987 年版。

[36] 广播电影电视部办公厅（法规司）编：《广播电影电视法规规章汇编》（1988—1993），中国方正出版社 1995 年版。

[37] 广播电影电视部政策研究室编：《半个世纪的历程——纪念中国人民广播事业五十周年》（画册），1990 年印制。

[38] 广播电影电视部政策研究室编：《广播电影电视法规、规章汇编》，中国广播电视出版社 1988 年版。

[39] 广播事业局编印：《苏联广播工作经验》，1955 年版。

[40]《广播电视岗位规定》，中国广播电视出版社 1992 年版。

[41] 郭镇之：《中国电视史》，中国人民大学出版社 1991 年版。

[42] 国家广电总局办公厅：《广播影视重要文件汇编》（1993—1994 年）、（1995 年）、（1996 年）、（1997 年）、（1998 年）、（1999 年）、（2000 年），2000 年 6 月、2001 年 6 月编印。

[43] 国家语委语用所编：《语言文字应用研究论文集》，语文出版社 1995 年版。

[44] 国民党政府行政院新闻局：《广播事业》，1947 年版。

[45] 国民党中央广播事业管理处编印：《广播通讯》，1943 年 4 月—1944 年 4 月。

[46] 国民党中央广播事业管理处编印：《广播周报》，1934 年 9 月—1948 年 12 月。

[47] 国民党中央广播无线电台：《中央广播无线电台年刊》，1929 年。

[48] [美]海德：《广播电视播音概论》，《现代传播》，1982 年第 3 期。

[49] 黑龙江省广播电视厅、黑龙江广播电视学会、吉林省广播电视厅、吉林广播电视学会、辽宁省广播电视厅、辽宁广播电视学会编：《东北人民广播史（1945—1949）》，辽宁人民出版社 1991 年版。

[50] 黄匡宇：《电视新闻语言学》，中国广播电视出版社 2000 年版。

[51] [英]简·爱切生：《语言的变化：进步还是退化》，徐家祯译，语文出版社 1997 年版。

[52] [法]金尼阁：《西儒耳目资》（上）、（下），文字改革出版社 1957 年版。

[53] 黎锦熙：《汉语规范化论丛》，文字改革出版社 1963 年版。

[54] 黎锦熙：《国语运动史纲》，商务印书馆 1934 年版。

[55] 李建国：《汉语规范史略》，语文出版社 2000 年版。

[56] 李行健主编：《现代汉语规范词典》，外语教学与研究出版社 2004 年版。

[57] 李宇明、萧国政、赵世举、冯雪锋编：《言语与言语学研究》，崇文书局 2005 年版。

[58] 李宇明：《中国语言规划论》，东北师范大学出版社 2005 年版。

[59] 李元授、白丁：《新闻语言学》，新华出版社 2001 年版。

[60] 林兴仁：《实用广播语体学》，中国广播电视出版社 1989 年版。

[61] 凌远征：《现代汉语缩略语》，语文出版社 2000 年版。

[62] 刘焕辉：《言语交际学》，江西教育出版社 1986 年版。

[63] 刘兴策：《语言规范精要》，华中师范大学出版社 1999 年版。

[64] 吕冀平主编：《当代我国语言文字的规范化问题》，上海教育出版社 2000 年版。

[65] 倪海曙：《清末汉语拼音运动编年史》，上海人民出版社 1959 年版。

[66] 倪海曙：《中国拼音文字概论》，时代书报出版社 1948 年版。

[67] 倪海曙：《中国拼音文字运动史简编》，时代书报出版社 1948 年版。

[68] 普通话审音委员会编：《普通话异读词三次审音总表初稿》，文字改革出版社 1963 年版。

[69] 齐越、沙林：《情系七彩人生》，经济管理出版社 1993 年版。

[70] 齐越奖励基金办公室编：《永不消逝的声音》，北京广播学院出版社 1997 年版。

[71] 齐越：《献给祖国的声音》，中国广播电视出版社 1991 年版。

[72] 国语研究会编：《〈国语月刊〉汉字改革号》，文字改革出版社 1957 年版。

[73] 曲彦斌：《副语言习俗》，辽宁大学出版社 1988 年版。

[74] 全国人大教科文卫委员会教育室、教育部语言文字应用管理司编：《中华人民共和国国家通用语言文字法学习读本》，语文出版社 2001 年版。

[75] 全国文字改革会议秘书处编：《第一次全国文字改革会议文件汇编》，文字改革出版社 1957 年版。

[76] 全国文字改革会议秘书处编：《现代汉语规范问题学术会议文件汇编》，科学出版社 1956 年版。

[77] 上海市档案馆、北京广播学院、上海市广播电视局合编：《旧中国的上海广播事业》，档案出版社、中国广播电视出版社 1985 年版。

[78] 施春宏：《语言在交际中规范》，中国经济出版社 2005 年版。

[79] 施旗：《广播电视语言》，中国广播电视出版社 1998 年版。

[80] 苏培成主编：《信息网络时代的汉语拼音》，语文出版社 2003 年版。

[81] 苏培成主编：《语文现代化论丛》第 4 辑，语文出版社 2000 年版。

[82] 苏培成主编：《语文现代化论丛》第 5 辑，语文出版社 2003 年版。

[83] 苏培成、尹斌庸编选：《现代汉字规范化问题》，语文出版社 1995 年版。

[84] 苏祖国主编：《无线电问答汇刊》（半月刊），上海亚美无线电公司编印 1932 年版。

[85] 谭细心：《广播电视语言分析》，中国物资出版社 1990 年版。

[86] 唐作藩：《普通话语音史话》，语文出版社 2000 年版。

[87] 王建华主编：《21 世纪语言文字应用规范论析》，浙江教育出版社 2000 年版。

[88] 王均主编：《当代中国的文字改革》，当代中国出版社 1995 年版。

[89] 王均主编：《语文现代化论丛》第 1 辑，语文出版社 1995 年版。

[90] 王均主编：《语文现代化论丛》第 2 辑，语文出版社 1996 年版。

[91] 王均主编：《语文现代化论丛》第 3 辑，语文出版社 1997 年版。

[92] 吴为章：《广播电视话语研究选集》，北京广播学院出版社 1997 年版。

[93] 吴玉章：《文字改革文集》，中国人民大学出版社 1978 年版。

[94] 夏征农主编：《辞海》，上海辞书出版社 1999 年版。

[95] 徐光春主编：《中华人民共和国广播电视简史》，中国广播电视出版社 2003 年版。

[96] 徐培汀：《20 世纪中国新闻学与传播学新闻史学史卷》，复旦大学出版社 2001 年版。

[97] 许嘉璐：《未成集——论新时期语言文字工作》，语文出版社 2000 年版。

[98] 许嘉璐：《未了集——许嘉璐讲演录》，贵州人民出版社 2002 年版。

[99] 阎玉主编：《中国广播电视学》，中国广播电视出版社 1990 年版。

[100] 杨波主编：《全中国都在倾听——中央人民广播电台的故事》，中国广播电视出版社 2000 年版。

[101] 杨波主编：《中央人民广播电台简史》，北京广播学院出版社 2000 年版。

[102] 杨春华、星华编译：《列宁论报刊与新闻写作》，新华出版社 1983 年版。

[103] 杨沙林编：《齐越生平和播音业务活动简编（1922—1993）》（征求意见稿），2002 年。

[104] 杨兆麟、曹仁义主编：《广播新闻学文集》，中国广播电视出版社 1987 年版。

[105] 杨兆麟、赵玉明：《人民大众的号角——延安（陕北）广播史话》（增订本），中国广播电视出版社 2000 年版。

[106] 杨兆麟等：《当礼炮鸣响的时候》，宝文堂书店 1989 年版。

[107] 姚喜双、郭龙生主编：《媒体与语言——来自专家与明星的声音》，经济科学出版社 2002 年版。

[108] 姚喜双、郭龙生主编：《媒体语言大家谈》，经济科学出版社 2004 年版。

[109] 姚喜双、郎小平编：《方明谈播音》，中国广播电视出版社 2000 年版。

[110] 姚喜双、于根元主编：《播音主持艺术》第 1 集，北京广播学院出版社 1999 年版。

[111] 姚喜双、于根元主编：《播音主持艺术》第 2 集，北京广播学院出版社 2000 年版。

[112] 姚喜双、于根元主编：《播音主持艺术》第 3 集，北京广播学院出版社 2001 年版。

[113] 叶昭垲、李尚智、赵玉明主编：《周新武纪念文集》，北京广播学院出版社 2002 年版。

[114] 于根元主编：《推广普通话，促进语言文字规范化》，语文出版社 1998 年版。

[115] 于根元主编：《新时期推广普通话方略研究》，中国经济出版社 2005 年版。

[116] 于根元：《二十世纪的中国语言学》，书海出版社 2000 年版。

[117] 于根元：《二十世纪的中国语言应用研究》，书海出版社 1996 年版。

[118] 张颂主编：《广播电视语言艺术——中国广播电视语言传播研究》，北京广播学院出版社 2001 年版。

[119] 张颂主编：《语言文字规范化文集》，北京广播学院出版社 1996 年版。

[120] 张颂主编：《中国播音学》（修订版），中国传媒大学出版社 2009 年版。

[121] 张颂：《播音语言通论——危机与对策》，北京广播学院出版社 1994 年版。

[122] 赵新娜、黄培云编：《赵元任年谱》，商务印书馆 2001 年版。

[123] 赵玉明、王福顺主编：《广播电视辞典》，北京广播学院出版社 1999 年版。

[124] 赵玉明、王福顺主编：《中外广播电视百科全书》，中国广播电视出版社 1994 年版。

[125] 赵玉明主编：《风范长存——左荧纪念文集》，中国传媒大学出版社 2005 年版。

[126] 赵玉明主编：《中国广播电视人物辞典》，北京广播学院出版社 2000 年版。

[127] 赵玉明主编：《中国广播电视通史》（上卷），北京广播学院出版社 2000 年版。

[128] 赵玉明主编：《中国广播电视通史》，北京广播学院出版社 2004 年版。

[129] 赵玉明：《中国广播电视史文集》（续集），中国广播电视出版社 2000 年版。

[130] 赵玉明：《中国广播电视史文集》，中国广播电视出版社 1993 年版。

[131] 赵玉明主编：《中国解放区广播史》，中国广播电视出版社 1992 年版。

[132] 赵玉明：《中国现代广播简史》（修订本），中国广播电视出版社 2001 年版。

[133] 赵元任：《汉语口语语法》，商务出版社 2001 年版。

[134] 中国广播电视年鉴编辑委员会编：《中国广播电视年鉴》，中国广播电视出版社、北京广播学院出版社、中国广播电视年鉴出版社（1986 年为首卷，已出 1986—2004 年共十八卷）。

[135] 中国广播电视学会史学研究委员会、北京广播学院新闻系编选：《延安（陕北）新华广播电台回忆录新编》，中国广播电视出版社 2000 年版。

[136] 中国社会科学院民族研究所、“少数民族语言政策比较研究”课题组、国家语委政策法规室编：《国家民族与语言——语言政策国别研究》，语文出版社 2003 年版。

[137] 中国社会科学院新闻研究所编：《中国共产党新闻工作文件汇编》，新华出版社 1980 年版。

[138] 中国社会科学院语言研究所词典编辑室编：《现代汉语词典》（第 5 版），商务印书馆 2005 年版。

[139] 中国语文杂志社编：《汉民族的共同语和标准音》，中华书局 1956 年版。

[140] 中华人民共和国广播电视简史编辑部编：《当代中国广播电影电视大事记》，中国广播电视出版社 1997 年版。

[141] 中央广播事业局办公室：《全国广播工作会议文件选编》（第 1—10 次会议），1982 年版。

[142] 中央广播事业局编印：《苏联广播工作经验》，1954 年 10 月。

[143] 《中央人民广播电台五十年（1940—1990）》（画册），1990 年印制。

[144] 中央人民广播电台研究室、北京广播学院新闻系编：《解放区广播历史资料选编》（1940—1949），中国广播电视出版社 1985 年版。

[145] 周新武主编：《华东人民之声（史实）》，中国广播电视出版社 1994 年版。

[146] 左漠野主编：《当代中国的广播电视》（上、下卷），中国社会科学出版社 1987 年版。